Grátis CD – Mapa Astral

O PODER DOS ANIVERSÁRIOS

A influência dos dias, estrelas & números em sua vida

Saffi Crawford e
Geraldine Sullivan

LEÃO

Prestígio editorial

Do original
The power of Birthdays's stars & numbers

ISBN original 0-345-41819-0

Direção Editorial Pedro Almeida
Tradução Walter Agostinho
Preparação de Originais Marcos Marcionilo
Capa W/Brasil / Alexandre Suannes
Imagem da Capa Marcel Valvassori
Projeto Gráfico e Diagramação Osmane Garcia Filho
Revisão Marcia Alves Batista e Elaine Silveira

Dados Internacionais de Catalogação na Publicação (CIP)
(Câmara Brasileira do Livro, SP, Brasil)

Crawford, Saffi
O poder dos aniversários : a influência dos dias, estrelas e números em sua vida / Saffi Crawford e Geraldine Sullivan ; [tradução Walter Agostinho]. — 2. ed. — São Paulo : Ediouro, 2005.

Título original: *The power of birthdays, stars & numbers*
Obra em 12 v. - Conteúdo desta edição: Leão

ISBN: 85-99170-10-4

1. Aniversários 2. Astrologia e Psicologia 3. Numerologia 4. Ocultismo 5. Personalidade 6. Zodíaco I. Sullivan, Geraldine. II. Título.

05-0387 CDD-133.52

Índice para catálogo sistemático:
1. Signos do zodíaco e personalidade : Astrologia : Ocultismo 133.52

Prestígio Editorial
Rua Nova Jerusalém, 345 – CEP 21042-230
Rio de Janeiro — RJ
Tel.: (21) 3882-8200 – Fax: (21) 2260-6522
e-mail: relume@relumedumara.com.br
vendas@ediouro.com.br
internet: www.ediouro.com.br

Para nossas famílias,
que tiveram paciência conosco enquanto
concluíamos este livro e por todo o seu apoio:
nossos pais, Margaret e Michael Sullivan, Leon e
Kristina Grushko, Melissa Crawford, Ricky
Foulcer e Cleo Foulcer.

Agradecimentos

Um agradecimento especial a nosso editor, Ginny Faber; a nossa agente, Julie Castiglia, e a Chuck Wein, pelo apoio que deram a nosso projeto desde o início.

Também queremos agradecer em particular a Jason Zuzga, Huw Davies e Jane Laing, pelo encorajamento e assistência na edição, e a Mark Reiner, pelas contribuições no projeto de arte.

Queremos mencionar outros que possibilitaram este projeto: Pat Foster, Josephine Shannon, Tom Sullivan, Deirdre Edwards, Julianna Doyle, Alexia Beck, Tasha Griffiths e Anne Leman.

Sumário

Introdução

Nas páginas deste livro, você encontrará um perfil completo da personalidade das pessoas nascidas sob o signo de Leão. Este livro vai muito além da astrologia do signo solar, oferecendo uma compreensão profunda das características exclusivas de cada dia. Utilizamos nossos conhecimentos de Astrologia, de Psicologia, de Numerologia e de Estrelas Fixas. Só depois de sintetizar todas essas disciplinas é que criamos os perfis diários abrangentes.

Não há forças cósmicas idênticas para dois dias diferentes — cada dia é singularmente especial. Cada perfil diário fornece informações fascinantes a respeito de você e acerca de seu futuro. Além disso, você também irá adquirir um conhecimento mais profundo das suas próprias habilidades e potenciais, além da compreensão do caráter e da motivação das pessoas à sua volta. A Astrologia e a Numerologia são linguagens de símbolos que exploram a relação entre a humanidade e o Universo. Elas nos dão indicação de nosso lugar no plano maior do Cosmos.

Desde os primórdios da sua história, a humanidade tem consciência das forças e ciclos da natureza. Esses ciclos naturais e ritmos cósmicos exercem influência em todos os organismos vivos. Embora estejam situadas fora do nosso sistema solar, as Estrelas Fixas também exercem influência sobre nós. Elas foram incorporadas pela Astrologia desde a antigüidade. Neste livro, apresentamos interpretações modernas da influência das Estrelas Fixas para cada dia do ciclo solar anual.

A Astrologia e a Numerologia são maneiras de interpretar essas influências, de mostrar como esses ciclos afetam a nossa vida. As diversas facetas do estudo astrológico incluem a Astronomia, o Simbolismo, a Psicologia, a Física e a Geometria, ao passo que a Numerologia sustenta a tese de que os números possuem uma dualidade de qualidade e quantidade. Todos os poderosos métodos interpretativos foram reunidos neste livro para traçar um perfil diário profundo e exclusivo.

O Poder dos Aniversários une duas diferentes maneiras de calcular o ciclo solar anual. O ano astrológico começa no dia 21 de março, a 0 grau de Áries, enquanto o ano numerológico, que se baseia no calendário ocidental, tem início a cada dia 1º de janeiro. Esses dois sistemas solares anuais, quando combinados, revelam a visão holística da Astronumerologia, que pode fornecer uma profunda compreensão psicológica de cada dia de aniversário.

As práticas convincentes de astrologia tomam por base um único momento no tempo e no espaço, fazendo com que cada mapa astrológico seja simbolicamente exclusivo. Embora os astrólogos exijam ano, data, hora e local de nascimento exatos para poder calcular um mapa astrológico pessoal, a Astrologia popular usa apenas os doze signos zodiacais. Essa divisão do ano em doze categorias mensais, juntamente com os planetas, pode ser vista como uma introdução ao estudo astrológico. Neste livro, vamos oferecer todos os recursos. Você poderá consultar seu dia natal, realizar os cálculos de numerologia e progressões e, com o cd, calcular o ascendente de qualquer pessoa e ter um breve relato de cada signo.

O Sol é o centro do nosso sistema solar. Os planetas, incluindo a Terra, orbitam em torno dele. A Terra efetua dois ciclos importantes: gira em torno do seu eixo e em torno do Sol em movimento anti-horário. É a rotação da Terra sobre o próprio eixo que produz o ciclo do dia e da noite. Do ponto de vista geocêntrico (da Terra), o Sol aparece para cruzar o céu do horizonte oriental para o horizonte ocidental. A trajetória aparente do Sol, tendo como pano de fundo as estrelas fixas nas doze constelações, descreve um caminho elíptico em torno da Terra. O eixo da Terra não apenas gira, mas é também inclinado, com o Pólo Norte voltado para o Sol e distante do mesmo em diferentes épocas do ano, o que faz com que haja quatro variações climáticas, as chamadas quatro estações. Esses pontos são comumente denominados equinócios da primavera e do outono e solstícios do verão e do inverno. Na Astrologia, essas quatro divisões do ano são chamadas de quatro pontos cardeais da roda zodiacal de 360 graus.

O ano astrológico tem início na primavera[1] a 0 grau de Áries; o solstício de verão é marcado a 0 grau de Câncer; o outono, a 0 grau de Libra; e o solstício de inverno, a 0 grau de Capricórnio. Como a roda zodiacal é dividida em doze arcos iguais de 30 graus cada, os quatro signos cardeais da roda zodiacal são seguidos dos quatro signos fixos: Touro, Leão, Escorpião e Aquário. Os quatro signos mutáveis, Gêmeos,Virgem, Sagitário e Peixes, completam os doze signos da roda zodiacal.

O zodíaco é dividido em doze signos diferentes. Mas, na prática avançada de Astrologia, esses signos têm outras divisões, associadas a outras forças. Os doze signos são divididos em três partes, chamadas de decanatos. Cada decanato cobre 10 graus do círculo do zodíaco, e os três decanatos de cada signo atuam como uma subinfluência e um complemento das qualidades do próprio signo. Cada decanato é associado a um signo e a um planeta adicionais. Neste livro, você encontrará não apenas o signo sob o qual você nasceu, mas também o seu decanato.

Como o Sol retorna aproximadamente ao mesmo grau a cada ano, os astrólogos se referem à data de nascimento de uma pessoa como o retorno solar. Ao dividir cada um dos doze signos zodiacais em trinta graus individuais, incluindo a Numerologia e as Estrelas Fixas, *O Poder dos Aniversários* cria um elo entre os doze signos zodiacais e a abrangente arte da Astrologia.

Também foi providenciada uma seção especial, que permite ao leitor investigar mais profundamente a própria personalidade e o próprio futuro por meio da Numerologia. Isso inclui o cálculo do número holístico e predições baseadas em números pessoais anuais.

Os perfis dos dias de aniversário

Cada perfil do dia de aniversário contém um discernimento específico das características de cada dia. O perfil fornece um conhecimento geral das configurações planetárias e numerológicas, juntamente com o signo do Sol, grau e decanato, que individualizam ainda mais o signo do Sol, pois adicionam subinfluências de outro signo ou planeta.

Também incluímos a técnica astrológica de predição conhecida como progressão. Os astrólogos usam regularmente as progressões do Sol para indicar importantes anos da vida de uma pessoa. Esses períodos de mudanças no desenvolvimento pessoal ocorrem aproximadamente três vezes na vida de uma pessoa, quando o Sol progredido muda de signo.

Os recursos e fraquezas ocultos em cada pessoa são revelados em "O seu secreto", além das opções profissionais adequadas, juntamente com uma lista de personalidades famosas nascidas naquele dia. Cada perfil vem acompanhado de uma detalhada explicação da numerologia correspondente a cada dia de aniversário. Cada dia descreve as qualidades dos números, e estes números são descritos mediante as qualidades da numerologia do mês. Embora todo dia e mês

1. N.T.: As autoras se referem ao Hemisfério Norte.

tenham um papel significativo na compreensão da personalidade, eles são secundários em relação ao número holístico pessoal, que influencia toda a vida e todos os aspectos da personalidade. Por isso, para entender a sua personalidade, você precisa ler não apenas a Numerologia do dia e mês do seu aniversário, mas o seu número holístico, descrito na introdução deste livro.

Se quiser conhecer a influência numerológica de cada ano sobre sua vida, você pode calcular o seu número anual pessoal, também fornecido na seção introdutória.

Cada dia de aniversário inclui a seção "Amor e Relacionamentos", que contém as datas e tipos de pessoas com as quais o leitor provavelmente terá ligações cármicas, relacionamentos amorosos, amizades, além dos parceiros ideais. Apesar de termos incluído diversas datas adequadas, essas listas não são conclusivas; assim, você pode ter relacionamentos importantes com pessoas que não estão listadas neste livro.

Cada perfil do dia de aniversário fornece ainda informações relacionadas à especial e poderosa influência das estrelas fixas espalhadas ao longo do caminho do ciclo solar anual sobre cada dia de aniversário. Diversas estrelas podem afetar o seu dia de aniversário, ou pode ser que não haja estrelas brilhantes ou próximas o suficiente ao local do Sol no céu galáctico daquele dia para exercer alguma influência relacionada ao Sol. Estão listadas todas as estrelas que têm influência relacionada ao Sol para cada dia de aniversário. E você também encontrará a influência da sua estrela primária.

No final do livro, há um apêndice de todas as estrelas fixas importantes relacionadas com o seu signo, para que você possa consultar as influências de todas as estrelas da sua lista. Esperamos que todos vocês aprendam mais e investiguem mais profundamente a rica complexidade das Estrelas Fixas.

As explicações especiais a respeito das características de cada dia são também descritas por meio das qualidades do número correspondente a cada dia. Eles são complementados pelas interpretações do número do mês.

Reunimos em um volume os assuntos nos quais nos especializamos, para que você disponha da referência mais abrangente disponível no campo da Personologia. Sintetizamos muitos anos de pesquisa, experiência em mapas astrais complexos e milhares de estudos de casos em perfis personológicos que lhe proporcionarão uma compreensão mais profunda da personalidade, capacidade e potencial de cada pessoa.Vamos agora conhecer todos os dias do seu signo. Cada um deles se inicia como cada pessoa — exclusivo e cheio de promessas.

Introdução à Astrologia

Desde os primórdios da nossa civilização, observamos os céus para obter uma maior compreensão do relacionamento entre a humanidade e o Universo. Para os primeiros seres humanos, a impermanência da existência na Terra provocava uma sensação de incerteza. Contudo, a recorrência dos fenômenos celestes, como o nascer e o pôr-do-sol em contraste, trazia tranqüilidade. Nossos ancestrais percebiam esse contraste como uma distinção fundamental entre os domínios celestial e terrestre. A Astrologia, portanto, é um estudo da interação significativa entre as estrelas, os ciclos planetários e os acontecimentos na Terra.

Como uma das poucas filosofias remanescentes que mantêm uma perspectiva holística, a Astrologia nos ensina que tudo está interconectado. Nada se mantém como uma lei por si só. Tudo é parte de um relacionamento constantemente mutável e dinâmico com os ciclos do Cosmos. E não estamos fora desse sistema vivo. Nós o afetamos e somos profundamente afetados por ele. Todas as pessoas são parte de um relacionamento mutante e dinâmico com as outras pessoas. O Universo é um jogo complexo de ciclos e forças, pois as polaridades opostas colocam umas às outras em ação, sendo elas mesmas parte de sistemas maiores. Os astrólogos reconhecem esse jogo e tentam compreendê-lo por intermédio do simbolismo.

Nenhuma pessoa está sozinha, já que todas as pessoas são parte de relacionamentos mutáveis e dinâmicos com as outras pessoas, e cada uma está envolvida em relacionamentos mutáveis e dinâmicos com os ciclos do Cosmos. Tudo o que é orgânico pulsa e se distingue pela sua periocidade. Essa existência cíclica, rítmica, é captada pela hipótese astrológica. A Astrologia abrange a complexidade, a simultaneidade da subjetividade e da objetividade. Objetivamente, a Astrologia mede o tempo pelos ciclos dos planetas, dando uma perspectiva única do sentido da duração. Subjetivamente, a Astrologia opera por meio de um simbolismo profundo, e o seu conhecimento se dá por intermédio do estudo do contexto.

A Astrologia sustenta que o curso da natureza é um círculo ou uma mandala. Nos 360 graus do círculo, experimentamos cada momento, individual e coletivamente. Cada grau é um fragmento separado do círculo, mas o círculo só existe a partir de cada grau. A mandala é um símbolo de toda a criação, uma forma auto-suficiente e perfeita, sem começo nem fim. O círculo representa tanto o Universo como todos os indivíduos humanos, além do universo interior. Todas as atividades da vida estão relacionadas a esse círculo. Sua estrutura também contém os ciclos do tempo.

Ao explorar a Astrologia, podem-se revelar as conexões entre os universos externo e interno e se obter uma maior consciência psicológica e espiritual. As duas maiores luzes da Astrologia são o Sol e a Lua, que correspondem ao ciclo do dia e da noite. No que se refere a esse ritmo, os calendários solar e lunar foram estabelecidos pelas primeiras culturas e interpretados como horas, dias, meses e anos. Em termos psicológicos, a união simbólica do Sol com a Lua é percebida como o "casamento místico", representando a união dos opostos dentro do indivíduo. Segundo a Filosofia oriental, essa união é caracterizada pelo *yin/yang*, ou pelos princípios masculino e feminino.

Um horóscopo pessoal é um "mapa" que mostra a posição precisa dos planetas do nosso sistema solar em relação à Terra, no momento do nascimento do indivíduo. No seu formato básico, o mapa natal consiste em dez planetas e doze signos zodiacais.

Os doze papéis astrológicos do sol

O amor, o ódio, o nascimento, a morte, a infância, a paternidade e a velhice são temas universalmente conhecidos por toda a humanidade. O espectro completo das experiências humanas é simbolizado pela roda Astrológica, à medida que o Sol faz a sua jornada simbólica pelos doze signos zodiacais. Segundo a Astrologia, todos nascemos para nos juntar ao grande ciclo da existência e para assumir um papel dentro do drama divino. Nas palavras de Shakespeare: "O mundo todo é um palco e todos os homens e mulheres são apenas atores".

Na visão do todo, tudo está em relação com tudo o mais, tudo está interconectado. Da mesma forma, na Astrologia, todos os doze signos estão incorporados às psiques dos indivíduos e da humanidade. Embora uma pessoa nasça em um signo em particular, para se integrar ao todo, ela precisa se conectar aos outros onze signos. Na nossa vida diária, experimentamos todas as facetas dos doze signos, mas o nosso signo do Sol pode ser interpretado como o maior papel que temos de aprender a desempenhar. Em termos psicológicos, Carl-Gustav Jung interpretou os papéis universais como arquétipos.

As pessoas normalmente pensam que estão representando os próprios papéis, mas, por meio da auto-realização, elas são levadas a reconhecer que os indivíduos são apenas condutores ou canais do divino e que por meio delas o Universo é visto de acordo com o tempo e espaço dos seus desempenhos. O astrólogo Dane Rudhyar disse em seu livro *Uma mandala astrológica:* "O ego em [um indivíduo] se torna uma lente cristalina por meio da qual a vontade de Deus se concentra no ato individualizado. Ele nada faz, mas A Mente Única o pensa. Sua vida se tornou sagrada porque não é mais a sua vida, mas todo o seu desempenho com e por intermédio do espaço do seu organismo total".

Os arquétipos e os papéis dos doze signos zodiacais

Cada signo zodiacal assume e desempenha os papéis de determinado arquétipo para manifestar o próprio poder de criação.Na lista a seguir, alguns dos maiores arquétipos e papéis estão associados a cada signo:

♈ ÁRIES: o líder, o entusiasta, o pioneiro, o guerreiro, o destemido, o competidor

♉ TOURO: o pragmático, o sensual, o amante da natureza, o cantor, o avaliador

♊ GÊMEOS: o comunicador, o intérprete, o escritor, o orador, o contador de histórias, o educador

♋ CÂNCER: a mãe, o provedor, o psíquico, o conselheiro, o protetor

♌ LEÃO: o performático, o rei ou rainha, a criança, o artista criador, o amante, o ator

♍ VIRGEM: o analista, o perfeccionista, o pesquisador, o servo, o purificador, o crítico

♎ LIBRA: o amante, o diplomata, o parceiro, o socializador, o anfitrião, o equilibrador, o negociador

♏ ESCORPIÃO: o controlador, o hipnotizador, o mágico, o detetive, o transformador

♐ SAGITÁRIO: o viajante, o filósofo, o otimista, o explorador, o estrangeiro

♑ CAPRICÓRNIO: o pai, a figura de autoridade, o trabalhador, o disciplinador, o tradicionalista

♒ AQUÁRIO: o humanista, o observador imparcial, o inventor, o cientista, o amigo, o excêntrico, o revolucionário, o anarquista

♓ PEIXES: o visionário, o romântico, o salvador, o místico, o curador, o sonhador, o poeta

Os doze signos zodiacais

♈ Áries

Cheios de energia e de idéias criativas, os arianos pertencem ao primeiro signo do zodíaco. Áries é um signo de fogo, e o nativo de Áries é altamente vigoroso e entusiasta; ele acredita genuinamente que o mundo está aí para que ele o explore e conquiste. Ardente e assertivo por natureza, o nativo de Áries avança rapidamente com projetos e atividades intermináveis, que gosta de iniciar. Os arianos são pioneiros e líderes do zodíaco. Mesmo os mais calmos desejam secretamente ser o número 1 ou o primeiro em alguma coisa. Regidos pelo planeta Marte, os arianos são agentes ativos e muito raramente ficam inativos. Combinando um corpo ativo com um espírito ousado e empreendedor, os arianos procuram avidamente estar à frente de qualquer atividade. Freqüentemente ousados e apaixonados, eles podem ser altamente idealistas e muito leais às pessoas que amam. Os arianos gostam de conversar longamente com os seus parceiros a respeito dos seus projetos favoritos, mas também sabem apoiá-los.

♈

PRIMEIRO SIGNO
CARDEAL FOGO
PLANETA REGENTE: MARTE
PARTE DO CORPO: CABEÇA
PALAVRAS-CHAVE:
ENERGIA, ATIVIDADE, LIDERANÇA

♈

Como a paciência não é o seu ponto forte, podemos sempre reconhecer os arianos pela abordagem direta, pela ação decisiva e pela falta de sutileza e tato. Essa mesma impaciência pode também torná-los intolerantes, impulsivos e com muita tendência a agir sem prudência. Contudo, sabem reagir às crises e têm habilidade para responder aos desafios de frente e para enfrentar com coragem situações difíceis.

Apesar de se colocarem contra a opinião pública, os arianos, em geral, recusam-se a comprometer seus ideais, mesmo que isso os coloque em situação difícil. À medida que envelhecem, no entanto, a maior parte deles irá aprender a ser humilde, não sem antes passar por muitos confrontos. Os homens deste signo adoram fazer o papel de cavaleiro errante e as mulheres têm uma aparência enérgica e assertiva.

Freqüente e facilmente, os arianos se enraivecem e se mostram ávidos por expressar as próprias opiniões, mas são também muito rápidos em perdoar e esquecer. Estimulados pela adrenalina e sem paciência para detalhes, estão em geral com pressa e trabalham melhor quando são eles que iniciam os projetos. Não obstante, as personalidades de Áries precisam evitar a ingenuidade e o autocentramento ou a tendência a implicar com as outras pessoas.

De modo geral, os arianos são cheios de energia criativa e inspiração e têm muita fé em si mesmos. Isso normalmente se manifesta na sua habilidade de liderança natural. Por isso, não é de surpreender que façam com que os outros os sigam.

Sem nunca se deixar levar pelo desânimo, sempre dinâmico e generoso, o espírito ariano vive para mais um dia de luta.

♉ Touro

Os cordatos taurinos são indivíduos serenamente determinados e muito sensíveis, que nunca desistem. Pacientes e persistentes, eles prosseguem, deixando os outros pelo caminho. Sua maneira calorosa, aparentemente calma e fácil reflete alegria pela simplicidade da vida.

Os taurinos não gostam de se apressar — tomam decisões cuidadosa e deliberadamente, colocando em primeiro plano a segurança e as questões de ordem financeira. Por terem Vênus como planeta regente, os taurinos são muitas vezes magnéticos, sensuais e muito atraentes ao sexo oposto. A influência de Vênus também confere amor à beleza, interesse pelas artes e refinamento.

♉

SEGUNDO SIGNO
FIXO TERRA
PLANETA REGENTE: VÊNUS
PARTES DO CORPO:
GARGANTA E PESCOÇO
PALAVRAS-CHAVE:
RESISTÊNCIA, PERSISTÊNCIA
E SENSUALIDADE

♉

Touro é um prático signo da Terra, e por isso os confortos básicos da vida, como comida e moradia, são muito importantes para os taurinos. Freqüentemente, eles se tornam especialistas em culinária, conhecedores de vinhos e gostam muito de diversão. Os taurinos são também os banqueiros simbólicos do zodíaco — a maioria deles costuma anotar cuidadosamente todas as transações financeiras. Quando chamados de materialistas, os taurinos respondem que são apenas sensatos e que sabem o valor do dinheiro. Eles podem se tornar especialistas na avaliação de tudo: de questões financeiras a si mesmos.

Taurinos costumam ser generosos com as pessoas que amam, mas devem evitar ser muito possessivos. Amigos leais e devotados, freqüentemente sofrem em silêncio para manter a paz, mas tornam-se obstinados e teimosos se forem muito pressionados. As personalidades taurinas precisam sentir que estão com os pés no chão e que têm estabilidade. Por isso preferem manter as coisas do jeito em que estão. Em períodos de mudanças e de instabilidade, podem ter dificuldade para se adaptar a novas situações. Felizmente, sempre podem encontrar conforto no amor que têm pela arte, na criatividade, nas alegrias da natureza ou na música.

Em geral, os taurinos têm uma voz atraente e calma e são, muitas vezes, bons cantores. Contudo, se estão estressados, podem ter problemas na garganta, embora tendam a ser fortes e saudáveis. Personalidades taurinas amam o prazer e o conforto, mas precisam se resguardar da tendência ao excesso de auto-indulgência para com as coisas boas da vida.

Muitas vezes, esses indivíduos são pragmáticos e perseverantes e se esforçam diligentemente por conquistar os seus objetivos. Firmes em suas decisões para construir uma fundação sólida, os taurinos podem atrair e alcançar o sucesso.

♊ Gêmeos

Comunicadores naturais com uma interminável sede de conhecimento, os geminianos são eternos estudantes. Como pertencem a um signo de ar e são muito inteligentes, os nativos de Gêmeos estão sempre em movimento, sempre tentando satisfazer a própria curiosidade mental. Extremamente rápidos para apreender os pontos importantes de qualquer assunto, eles adquirem um conhecimento geral amplo, que adoram dividir com os outros. Os geminianos podem ser inteligentes, multitalentosos e entusiásticos, mas devem se prevenir contra a tendência a desperdiçar energia. Por meio da disciplina e da educação mental, os geminianos podem aprender a desenvolver um pensamento mais profundo.

♊

TERCEIRO SIGNO
MUTÁVEL AR
PLANETA REGENTE: MERCÚRIO
PARTES DO CORPO: PULMÕES, BRAÇOS, MÃOS
PALAVRAS-CHAVE: VERSATILIDADE, LOQUACIDADE, INGENUIDADE

♊

Associados a Mercúrio, os nativos deste signo muitas vezes possuem uma qualidade andrógina e têm um corpo elegante e jovem. Os geminianos costumam ter um rosto brilhante e expressivo e gostam de usar as mãos quando expressam as suas idéias. Como gostam de falar, podem conversar durante horas, o que em geral resulta em contas telefônicas altíssimas. Com uma aparência jovem, os geminianos são muitas vezes comparados à criança eterna — sempre maravilhados.

Uma vez que seu sistema nervoso é sensível, os geminianos acham difícil concentrar toda a sua atenção em uma coisa ou pessoa. Como o seu símbolo, os gêmeos, eles são conhecidos por serem capazes de fazer pelo menos duas coisas ao mesmo tempo, e também por serem flexíveis, versáteis e adaptáveis. Aéreos e sofisticados, os geminianos não gostam de assumir compromissos e não gostam de se chatear ou de chatear os outros. Conhecidos por não serem consistentes, os geminianos parecem ter muitas personalidades e mudanças de humor. Os nativos de Gêmeos são, em geral, intelectuais e normalmente interessam-se mais por desafios mentais do que por paixões terrenas.

Leves e amigáveis, os geminianos têm uma relação fácil com os outros e estão sempre dispostos a compartilhar a verdadeira mina de informações que têm nas mãos. Com o seu charme jovial e espirituosidade natural, ninguém se surpreende ao saber que eles são os mais encantadores amigos e companheiros. Divertidos e cheios de idéias, os nativos de gêmeos são altamente expressivos quando liberam o seu espírito mercurial.

♋ Câncer

Os emotivos e sensíveis cancerianos são regidos pelos sentimentos. Como seu planeta regente, a Lua, eles passam por todo o espectro de emoções ligadas às mudanças da maré. Os nativos de Câncer têm o poder do mais profundo oceano e a vulnerabilidade de um caranguejo solitário em uma praia deserta. Como o caranguejo, eles têm uma concha protetora de timidez ou reserva para ocultar sua grande sensibilidade e cautela. Quando se retiram para recuperar as forças, não se deve jamais interpretar isso como fraqueza.

Solidários e gentis, os cancerianos têm uma grande necessidade de acalentar. Por isso, muitas vezes, assumem o papel de pai ou terapeuta. Podem ter uma inclinação extremamente protetora e defendem os que amam. De tudo! Não é de surpreender que a casa e a família tenham um papel importante na sua necessidade de segurança. Em geral caseiros, os nativos de Câncer são muitas vezes *gourmets* e podem até ficar inseguros se não tiverem a geladeira cheia.

> ♋
>
> *QUARTO SIGNO*
> *CARDEAL ÁGUA*
> *PLANETA REGENTE: LUA*
> *PARTES DO CORPO: SEIOS E ESTÔMAGO*
> *PALAVRAS-CHAVE: SENSIBILIDADE, SOLIDARIEDADE, AFEIÇÃO*
>
> ♋

Apesar da constante variação de humor, essas personalidades são naturalmente afáveis e podem até precisar evitar sufocar os outros com o seu amor e devoção protetores. Câncer é um signo da água, e os cancerianos são muitas vezes tímidos e sentimentais, com tendência a se prender ao passado e a se tornarem ávidos colecionadores. Os objetos da sua coleção podem incluir desde móveis de família até antigüidades e memórias contidas em fotografias e cartas. Os cancerianos podem também ter tendência a se prender ao dinheiro, que costumam guardar em cadernetas de poupança para períodos difíceis.

Os nativos de câncer muitas vezes possuem uma personalidade complexa. Por um lado, parecem ser uma fortaleza, mas por outro parecem ter a vulnerabilidade de uma criança. Eles são mestres na arte da resistência passiva.

Com a Lua colorindo as suas respostas, os cancerianos são naturalmente intuitivos ou mediúnicos e podem ser facilmente feridos. A sua poderosa imaginação e compreensão sensível podem encontrar uma via de expressão por meio do mundo da criação e da arte. E, acima de tudo, quando confiam suficientemente em alguém para mostrar seus sentimentos, podem ser fortes, leais e protetores.

♌ Leão

Calorosos, amorosos e generosos, os leoninos possuem um grande coração. Seus gestos amáveis e magnânimos vêm do amor que têm ao senso dramático, pois gostam de se exibir e se sentem as pessoas mais felizes do mundo quando conseguem uma platéia que os aprecie. Felizmente, para compensar sua tendência a ser o centro das atenções, os leoninos também são atenciosos com os outros. Eles podem aprovar generosamente os projetos alheios e cumulá-los de elogios.

> ♌
>
> *QUINTO SIGNO*
> *FIXO FOGO*
> *PLANETA REGENTE: SOL*
> *PARTE DO CORPO: CORAÇÃO*
> *PALAVRAS-CHAVE: VITALIDADE, CONFIANÇA, AUTO-EXPRESSÃO*
>
> ♌

Regidos pelo Sol, os leoninos possuem uma jovialidade divertida e uma grande necessidade de se expressar. Como vêem a si próprios nos papéis principais, e não em papéis coadjuvantes, os nativos de Leão muitas vezes têm problemas com a vaidade e o orgulho. Para eles, é difícil admitir que estão errados e a bajulação os deixa vulneráveis à manipulação. Contudo, os leoninos compensam facilmente as próprias falhas com sua personalidade ensolarada, senso de divertimento e generosidade. Essas pessoas amigáveis e gregárias são as parceiras ideais para eventos sociais, festas, idas ao teatro e longos feriados.

O desejo de brilhar, combinado com o seu ar régio e imponente, leva-o a posições de autoridade, nas quais podem exibir suas formidáveis habilidades de liderança. Os leoninos assumem naturalmente o comando. Como às vezes fazem isso sem que lhes seja pedido, podem ser acusados de muito mandões. Contudo, geralmente trabalham duro para cumprir as responsabilidades e são excelentes gerentes e líderes. Os leoninos que não preencherem seu potencial natural podem ficar preguiçosos e desanimados.

Os nativos deste signo são conhecidos pela coragem e preferem desempenhar um papel forte e protetor em relação aos outros, em vez de se comportarem como fracos e indefesos. Mesmo quando os leoninos mais calmos ocultam o orgulho e a grandeza atrás de uma fachada modesta, deixam entrever a sua dignidade régia. Os leoninos pressupõem que as outras pessoas possuem um senso de integridade similar ao seu e por isso tomam cuidado, no caso de uma desavença, em respeitá-las. Eles gostam de causar uma boa impressão nas pessoas e têm consciência do impacto que causam sobre os outros.

Como são de um signo fixo de fogo, os leoninos podem ser animados e entusiásticos, embora um tanto teimosos. Sua criatividade e teatralidade combinadas os tornam grandes românticos. Os leoninos amam o amor, amam ser amados. Independentemente de onde alguém os conheça, sua personalidade ensolarada causa uma impressão duradoura.

♍ Virgem

Analíticos e eficientes, os virginianos têm um forte senso de ética. Eles precisam de ordem em suas vidas e desejam que as coisas sejam feitas de forma metódica. Os virginianos estão sempre examinando e aperfeiçoando os sistemas existentes, para melhorá-los. Infelizmente, esse perfeccionismo pode se estender às críticas às pessoas ao redor, fazendo com que elas resistam às suas mensagens. Por outro lado, os nativos deste signo não gostam quando você aponta os seus defeitos, pois já têm bastante consciência deles e são os mais ferrenhos críticos de si mesmos. Essa habilidade para avaliar as próprias falhas pode fazer com que os virginianos sejam modestos e moderados. Muitas vezes, eles sempre medem o próprio valor pelo metro da ajuda aos outros.

♍

SEXTO SIGNO
MUTÁVEL TERRA
PLANETA REGENTE: MERCÚRIO
PARTE DO CORPO: INTESTINO
PALAVRAS-CHAVE: DISCERNIMENTO, EFICIÊNCIA, SERVIÇO

♍

Regidos por Mercúrio, os virginianos são inteligentes, articulados e com capacidade de discernimento, e, devido ao elemento Terra, podem ser pessoas práticas, organizadoras capazes, que trabalham duro e prestam atenção aos detalhes. Econômicos e prudentes com o dinheiro, os virginianos às vezes são pães-duros, mas podem ser mais do que generosos com o tempo e o dinheiro quando alguém precisa de ajuda. Contudo, eles esperam que as pessoas a quem ajudam se esforcem para ajudar a si mesmas. Os virginianos, de maneira geral, não gostam de estupidez ou vulgaridade e têm mentes lógicas que instintivamente buscam a ordem no meio da confusão. Eles usualmente analisam os mínimos detalhes, mas devem evitar a tendência a avaliar repetidas vezes as mesmas questões, sob risco de deixar de ver a situação como um todo.

Com padrões extremamente altos, os nativos de Virgem podem ser altamente discriminadores e cansativos em certas áreas. Eles muitas vezes se interessam por limpeza e alimentação, acreditam na importância dos exercícios e de um estilo de vida saudável. Apesar disso, podem, às vezes, sofrer de tensão mental, com risco de se tornarem superansiosos e neuróticos. Isso freqüentemente é decorrência da pressão do trabalho: devido ao forte senso de obrigação e dever, os virginianos muitas vezes assumem mais do que podem fazer. Geralmente funcionários maravilhosos, os virginianos não gostam de desordem e são defensores da meticulosidade e da eficiência.

Confiáveis e sinceros, com uma maneira metódica de encarar a vida, os virginianos serão sempre os pilares do apoio prático e sensato. Na verdade, eles sempre oferecem ajuda antes de serem requisitados.

♎ Libra

Os nativos de Libra são os diplomatas do zodíaco. Para evitar a desarmonia, usam o charme, dão o sorriso mais encantador do mundo e fazem o possível para manter a paz. Afetuosos, graciosos e refinados, os librianos têm necessidade de ser populares. Como pertencem a um signo de ar, eles possuem leveza, são amigáveis, inteligentes e sociáveis.

Regidos por Vênus e com uma consciência aguçada dos relacionamentos, os librianos são sempre capazes de ver as coisas do ponto de vista do outro. Esse princípio de equilíbrio muitas vezes faz com que precisem de um parceiro que aja como espelho para que possam se entender melhor. Especialistas quando se trata de justiça e de imparcialidade, os librianos pesam tudo cuidadosamente antes de tomar uma decisão. Discutem os prós e os contras de qualquer situação ou problema com uma lógica e discernimento impressionantes. Essa habilidade garante a sua excelência na arte de ceder e negociar. Infelizmente, isso pode causar indecisão e uma falta de habilidade para chegar a uma conclusão final.

SÉTIMO SIGNO
CARDEAL AR
PLANETA REGENTE: VÊNUS
PARTE DO CORPO: RINS
PALAVRAS-CHAVE: EQUILÍBRIO, DIPLOMACIA, RELACIONAMENTO

Equilíbrio é uma palavra-chave poderosa para os librianos. Embora desejem genuinamente a harmonia, eles estão sujeitos a períodos difíceis quando um dos pratos de suas balanças pesa muito para um dos lados. Contudo, à medida que desenvolvem a própria autoconsciência e ajustamento interno, eles se tornam mais confiáveis. Isso diminui a sua tendência a se tornar dependentes de outras pessoas. Os librianos precisam aprender a defender as suas crenças, mesmo que elas provoquem desavenças.

Regidos por Vênus, os nativos deste signo são sociáveis, elegantes e grandes amantes da beleza e do luxo. Em geral, têm uma casa atraente e têm alguma forma de expressão artística. Com um dom natural para apreciar as cores, precisam estar rodeados por ambientes de bom gosto e harmoniosos, senão podem se sentir infelizes. Esse amor pela beleza pode também ser percebido em sua aparência, pois inevitavelmente se esforçam para ficar atraentes.

Excelentes anfitriões, os librianos gostam de atividades amorosas que combinem sociabilidade e amor, como casamentos ou pequenas festas de amigos e familiares. Na verdade, eles são grandes românticos que gostam de ser presenteados com chocolates ou flores, pois isso preenche a sua necessidade de beleza e a sua fraqueza por qualquer coisa doce. Com um pouco de amor e afeição, você sempre pode conquistar o coração de um libriano.

♏ Escorpião

Os magnéticos escorpianos pertencem ao mais apaixonado signo do zodíaco. Qualquer coisa que façam, fazem-na poderosa e intensamente. Com os escorpianos, nada é pela metade: eles são criaturas de poder, vontade e de extremos.

♏

OITAVO SIGNO
FIXO ÁGUA
PLANETA REGENTE: PLUTÃO
PARTE DO CORPO: ÓRGÃOS SEXUAIS
PALAVRAS-CHAVE: REGENERAÇÃO, MISTÉRIO, PODER

♏

Como pertencem a um signo de água, os escorpianos preferem investigar a vida em um nível emocional mais profundo. A linguagem frívola de um diletante não é para eles; os escorpianos querem a história verdadeira e investigam a verdade. Eles são especialistas em receber sinais subliminares, como o seu planeta regente, Plutão, o senhor do submundo. Assim, os escorpianos percebem psiquicamente o que as outras pessoas inconscientemente sentem e o que dizem. Como um detetive ou psicólogo, eles perguntam tudo a seu respeito, mas raramente dizem coisas acerca de si mesmos. Esse sigilo é, usualmente, um manto de poder. Como têm sentimentos profundos, os nativos de Escorpião podem ser dolorosamente feridos e por isso preferem manter o controle.

Uma grande lição de vida para os escorpianos envolve a superação do desejo mediante o uso criativo da vontade. Como o seu signo está conectado às raízes do impulso sexual, os seus sentimentos são fortes e intensos, levando-os, algumas vezes, ao ciúme e à possessividade.

A morte simbólica ou a transformação é uma experiência poderosa pela qual os escorpianos não têm medo de passar. Há momentos em que eles desejam se afastar de tudo para avaliar os seus sentimentos intensos. Não conseguem ser falsos, mesmo que isso signifique uma perda total. Esse traço, naturalmente, dá-lhes uma enorme força, pois não têm medo de se desfazer e de renunciar. Depois que se decidem a fazer algo, sua força de vontade é enorme. Como são de um signo fixo, têm uma resistência extraordinária e mantêm a perseverança até o final.

Os escorpianos são em geral competitivos e não gostam de perder. Quando são derrotados, muitas vezes querem provar que estão certos ou se vingar, não importa quanto tempo tenham de esperar. Por outro lado, quando estão do lado de alguém, são apaixonadamente leais e amorosos, entregando-se totalmente, independentemente de esforço ou sacrifício.

Escorpião é um signo de regeneração. Os nativos deste signo têm potencial para uma tremenda força que emana da sua conexão com as forças criativas fundamentais da natureza. O símbolo mágico da fênix renascendo das cinzas representa a sua habilidade de renascer, para subir novamente das profundezas às alturas com uma nova compreensão e poder. Para os escorpianos é tudo ou nada; eles não querem viver em um nível superficial e precisam de desafios para trazer à tona o poder e sentirem-se vivos.

♐ Sagitário

Os sagitarianos são espíritos livres, com um estilo amigável e independente. Não gostam de ser amarrados e são idealistas incuráveis, sempre procurando expandir horizontes e melhorar a própria situação. Otimistas e despreocupados, eles têm amor à verdade, à honestidade e à justiça, o que faz com que tenham uma maneira muito filosófica de abordar a vida.

Indivíduos animados, os nativos deste signo pensam em larga escala e têm grande visão. Sua habilidade para perceber o "grande plano" significa que estão sempre trabalhando em algum projeto para o futuro. Adoram explorar e são viajantes inveterados, da mente e do mundo. Como dão muito valor ao conhecimento e à sabedoria, eles procuram inspiração para si mesmos e para os outros, desejando, genuinamente, animar as pessoas com suas palavras divertidas e inteligentes ou com um sorriso. Infelizmente, muitas vezes alcançam o efeito oposto, pois se esquecem de pensar antes de falar. Diretos e francos, os sagitarianos dizem qualquer coisa que vem à mente com uma honestidade e uma franqueza que espantam. Contudo, depois de dar um fora, os sagitarianos se desculpam animadamente, o que faz parte do seu charme, pois assim eles podem, genuinamente, garantir que não tinham intenção de ofender e acabam sempre sendo perdoados.

♐

NONO SIGNO
MUTÁVEL FOGO
PARTE DO CORPO: QUADRIS E COXAS
PALAVRAS-CHAVE: HONESTIDADE, EXPLORAÇÃO, IDEALISMO

♐

Por meio de sua constante necessidade de expansão, os sagitarianos freqüentemente se dedicam ao aprendizado mais elevado e gostam de explorar assuntos como filosofia, religião, viagens e direito. Alguns sagitarianos são mais esportivos do que intelectuais e se divertem com jogos. Geralmente afortunados, eles adoram correr riscos de uma forma ou de outra, e podem ser levados ao jogo ou à especulação.

O que quer que os sagitarianos façam, fazem-no com estilo. Diante de sua necessidade de desfrutar as coisas boas da vida, eles muitas vezes querem o melhor. Mas é importante que tomem cuidado para não levar o gosto por extravagâncias longe demais e se tornar ávidos ou auto-indulgentes. Para compensar, os sagitarianos são bem-humorados e sinceros. Adoram a liberdade de se movimentar e por isso preferem deixar todas as opções abertas.

Entusiásticos, calorosos e generosos, os nativos de Sagitário são como os arqueiros, que miram com suas flechas à distância. Eles sabem como se divertir e são ávidos por aventuras.

♑ Capricórnio

Por serem os mais realistas, os capricornianos sabem muito bem que nada se ganha sem trabalho árduo. Eles têm um forte senso de dever e esperam com paciência a realização das próprias ambições. Como a cabra, eles no final subirão ao topo da montanha, mesmo que isso demore a vida inteira.

Trabalhadores árduos, diligentes e determinados, os capricornianos precisam ter um propósito, pois sem objetivo preciso sentem-se perdidos. Eles desejam ordem e estrutura para se sentir completos e geralmente fazem listas de tarefas diárias. A segurança é importante para eles e, influenciados por seu planeta regente, Saturno, encaram a vida de forma cautelosa e conservadora. Nutrem um grande respeito pela autoridade e admiram a sabedoria da idade e a experiência. Isso se estende ao trabalho que fazem, pois os nativos de Capricórnio são muito conscienciosos. Contudo, podem também ser teimosos, frios e calculistas, usando sua dureza saturnina para alcançar metas egoístas, em vez de usá-la para se autodisciplinar, normalmente uma das suas maiores qualidades.

♑

DÉCIMO SIGNO
CARDINAL TERRA
PARTE DO CORPO: OSSOS
PALAVRAS-CHAVE: AMBIÇÃO, CONSCIÊNCIA, DILIGÊNCIA

♑

As características de economia, praticidade e parcimônia do elemento terra do capricorniano se misturam bem com o seu desejo de *status* e prestígio, permitindo que eles conquistem posições de poder sem desperdiçar esforços. Não são frívolos nem volúveis — assumem as responsabilidades seriamente e colocam a casa e a família no topo de suas prioridades. Infelizmente, os capricornianos podem também ser pessimistas, sentindo que nunca são bons o suficiente, e devem se proteger da depressão. Quando têm dúvidas quanto a si próprios e quanto às suas habilidades, eles podem desistir antes mesmo de tentar, mas quando têm a segurança proporcionada por uma sólida base, podem ser incansáveis no impulso para o sucesso. Mais do que qualquer outra coisa, os nativos deste signo precisam desenvolver uma perspectiva otimista e positiva.

Lembre-se de que sob o exterior ligeiramente tímido e reservado dos capricornianos, há um maravilhoso senso de humor e uma tenacidade que deriva da disciplina interior. Quando as pessoas precisam de ajuda, sabem que sempre podem contar com um capricorniano confiável e sólido.

♒ Aquário

Originais e anticonvencionais, os aquarianos são progressistas e independentes. O interesse dos aquarianos pela raça humana é como um exercício intelectual. Sempre agindo como observadores imparciais, eles são capazes de um ponto de vista impessoal e não emocional. Essa tendência significa que eles podem pensar em termos de consciência de grupo, percebendo que as pessoas são indivíduos separados que operam dentro de um todo maior. Essa consciência humanitária é uma forte característica dos aquarianos, que sempre trabalham por objetivos universais e filantrópicos e fazem campanhas por causas justas. A falta de separatismo faz dos aquarianos pessoas amigáveis e úteis, permitindo que falem a estranhos como se os conhecessem.

DÉCIMO-PRIMEIRO SIGNO
FIXO AR
PARTE DO CORPO: TORNOZELOS E PANTURRILHAS
PALAVRAS-CHAVE: DESAPEGO, HUMANITARISMO, INDEPENDÊNCIA

A inclinação à rebeldia dos nativos de Aquário se origina do seu planeta regente, Urano, que é conhecido pela habilidade de perceber tendências futuras, como também pela grande necessidade de liberdade. Aquarianos não gostam de receber ordens e gostam de pensar independentemente e de fazer as coisas do seu jeito único. A insistência em seguir um determinado caminho certamente faz com que eles muitas vezes sigam exatamente o caminho oposto. A combinação da grande necessidade de ser do contra com o seu signo fixo pode torná-los pessoas teimosas. Felizmente, eles sempre estão abertos a ouvir pontos de vista diferentes, contanto que sejam apresentados com objetividade. A perspectiva futurista dos aquarianos permite-lhes abraçar os avanços tecnológicos sem se sentir intimidados. Como Urano, os aquarianos têm uma qualidade excêntrica, que pode se manifestar na forma de uma intuição mental. Isso pode sempre produzir o "efeito eureca", quando subitamente descobrem que alguma coisa é verdadeira. Essa genialidade burlesca pode torná-los voláteis e imprevisíveis, mas também altamente inventivos.

Embora cada aquariano tenha uma aparência individual, todos sabem que são parte de um grupo unido que defendem os direitos humanos e as causas sociais. Mesmo que o resto do mundo não possa compreendê-los atualmente, os aquarianos serão compreendidos no futuro.

♓ Peixes

Os piscianos possuem uma natureza sentimental altamente desenvolvida. Os sensíveis piscianos constantemente recebem impressões do ambiente exterior, embora estejam sempre aguçadamente conscientes das próprias motivações interiores. Eles sempre se retiram para o mundo privado dos sonhos para desfrutar os devaneios da sua poderosa e extraordinária imaginação e, às vezes, para escapar da realidade mais dura da vida. O símbolo de Peixes é representado por dois peixes nadando em direções opostas, indicando uma personalidade dual de extremos. Às vezes, os nativos de Peixes podem se sentir cansados e letárgicos, ou apenas erráticos, e, em outros momentos, podem ser eficientes, precisos e extremamente trabalhadores.

♓

DÉCIMO-SEGUNDO SIGNO
MUTÁVEL ÁGUA
PARTE DO CORPO: PÉS
PALAVRAS-CHAVE: COMPAIXÃO, RECEPTIVIDADE, IMAGINAÇÃO

♓

Espiritualmente abertos a todas as emoções mais sutis, piscianos podem demonstrar generosidade e compaixão. Como nem sempre possuem fronteiras bem demarcadas, podem muitas vezes se dissolver nas necessidades de outras pessoas. Por isso, os piscianos precisam ser cuidadosos para não perder o próprio senso de autovalorização ou até mesmo para não se martirizar. Em geral, precisam ser sempre animados como forma de estimular sua confiança e, às vezes, podem ser bastante obstinados, não permitindo que ninguém os influencie. O signo menos egoísta do zodíaco, Peixes pode ser extremamente paciente, mas se for provocado pode se tornar surpreendentemente agressivo.

Sentimentais, amáveis e emotivos, os piscianos são muito receptivos ao meio ambiente ou aos sentimentos dos outros. Combinada com a sua impressionante imaginação, essa qualidade faz com que os piscianos sejam excelentes em qualquer tipo de cura, música, arte, teatro ou fotografia, e, em particular, em assuntos de natureza espiritual. Assim como os peixes que nadam em direções opostas, os piscianos também podem sofrer oscilações de humor. Às vezes, são extremamente otimistas e em outras ocasiões podem se tornar vagos ou sofrer de falta de impulso e desistir facilmente. Nesses momentos, eles devem se resguardar do escapismo ou do desânimo. É especialmente fácil para os piscianos idealistas projetarem as próprias expectativas elevadas e seus sonhos em outras pessoas e acabarem desiludidos.

Felizmente, eles podem usar essa habilidade psíquica natural para se conectar diretamente com a consciência de toda a humanidade. São os visionários que podem levantar os ânimos dos que estão à sua volta com humor, charme e simpatia.

Os dez planetas

Cada um dos planetas representa uma função psicológica e corresponde aos diversos aspectos da nossa personalidade. Os traços de caráter são sugeridos pelas posições dos planetas e pela relação que eles mantêm entre si. Na Astrologia, o Sol e a Lua, tecnicamente chamados de *luminares*, estão incluídos nos dez planetas que compõem o nosso sistema solar. Os assuntos-chave associados a cada planeta estão listados a seguir.

☉ O sol

Como centro de energia do nosso sistema solar, o Sol irradia o poder da luz e da vitalidade e está relacionado à força doadora da vida. Na Astrologia, ele representa a fonte de energia de cada criatura viva e fornece uma afirmação vigorosa de individualidade. O Sol significa o centro do nosso ser, nosso senso de identidade e ego. O glifo do Sol é um círculo com um ponto no centro, indicando o coração do nosso universo físico. No simbolismo esotérico, esse círculo representa a totalidade do infinito ou da eternidade; o ponto no meio significa um ponto particular no tempo e no espaço dentro dessa totalidade. Força de vontade, energia, força e auto-expressão são apenas alguns dos atributos do Sol. Ele também representa a ambição e o orgulho, a consciência e a autoconfiança e é uma metáfora do pai e do arquétipo masculino. Na mitologia, os reis e os heróis são freqüentemente associados a Hélio ou ao Sol, que é o planeta que rege Leão.

Positivo: vitalidade, individualidade, criatividade, vigor, força de vontade, inspiração, autoconsciência, o ego, identidade

Negativo: egoísmo, autocentramento, orgulho, arrogância, dominação

☾ A lua

A Lua recebe a luz refletida do Sol e é o único satélite que orbita em torno da Terra. A influência da Lua é essencialmente receptiva e não-racional. A Lua simboliza as nossas necessidades emocionais e instintos e governa o elemento água, incluindo os oceanos e as marés, além da vida noturna. Na Mitologia, Ísis, Ártemis e Diana representam as diversas faces da deusa Lua. Tradicionalmente, a Lua está associada ao feminino e à antiga concepção grega de Gaia. Geralmente associada às intuições e à habilidade psíquica, a Lua é também muito retratada no folclore, na poesia e na mitologia. Sua divindade é particularmente expressa por meio da feminilidade e do ciclo de fertilidade, concepção, nascimento, maternidade e abundância da natureza.

Na Astrologia Psicológica, a Lua representa as nossas reações inconscientes e experiências subjetivas. Ela também corresponde ao ímpeto inconsciente de satisfazer as nossas necessidades básicas. A Lua reflete as nossas diferentes tensões e nos força a expressar esses sentimentos. A Lua também influencia as flutuações desses sentimentos ou humores e governa o signo de Câncer.

Positivo: sensibilidade, nutrição, receptividade, intuição, habilidade psíquica

Negativo: humor instável, supersensibilidade, excesso de emotividade

☿ Mercúrio

Na Mitologia, Mercúrio é o mensageiro dos deuses, que deu ao homem a linguagem e a capacidade de se comunicar e de aprender. Entre os gregos, Mercúrio era conhecido como Hermes, que deu de presente à humanidade a escrita e a linguagem.

Mercúrio tem um talento para a retórica e para a impostura mental, um reflexo da habilidade de desenvolver a mente consciente até que nos tornemos bastante inteligentes para o nosso próprio bem. Embora seja muitas vezes retratado como uma figura masculina jovem, Mercúrio não é feminino nem masculino. Isso simboliza o seu papel como um meio neutro de troca de informações. Mercúrio reflete o pensamento intelectual e racional e os poderes de discriminação e está associado ao comércio.

Psicologicamente, Mercúrio representa a habilidade mental e a necessidade de compreender e se comunicar, seja por meio do discurso, da escrita, do ensino, ou de qualquer outra forma de expressão mental.

Mercúrio rege os signos de Gêmeos e Virgem.

Positivo: inteligência, agilidade mental, capacidade de comunicação, intelectualidade
Negativo: impostura, intelecto fraco ou desenvolvimento excessivo do intelecto, falta de lógica

♀ Vênus

Na Mitologia, Vênus é a deusa do amor e da beleza, a mãe de Eros. Para os gregos, ela era conhecida como Afrodite. Simbolizando o princípio feminino, Vênus harmoniza e cria a unidade, além de também conferir o apreço pela natureza e pela arte.

Na área da Psicologia, Vênus representa o impulso para se relacionar com os outros, a expressão das necessidades amorosas e aquilo que traz prazer. Vênus é popular, charmosa e sedutora, embora possa ser um tanto indulgente e despreocupada.

Por tentar evitar confrontos a todo custo, Vênus procura neutralizar as ameaças, cativando ou seduzindo os seus opositores. Como a função de Vênus é promover a união, a atração exerce um papel importante. Vênus confere ênfase à aparência externa, à sociabilidade, ao amor romântico e ao sexo oposto. O planeta Vênus confere ainda um caráter doce, apreço pela natureza e desejos fortes. Vênus também 'suaviza' tudo o que toca e dota de senso estético e bom gosto, refinamento natural e talento para a arte e a música. Vênus governa tudo o que você valoriza e revela as suas atitudes em relação ao dinheiro e posses, além da autovalorização.

Vênus rege os signos de Touro e Libra.

Positivo: amor à beleza e à arte, calor humano, sociabilidade, senso de valor, cooperação
Negativo: busca do prazer, indulgência excessiva, preguiça, luxúria

♂ Marte

Na Mitologia, Marte é o deus da guerra.

Marte governa o nosso instinto de sobrevivência, seja nas ocasiões em que lutamos, seja nas ocasiões em que fugimos. Por ser a antítese de Vênus, Marte representa o princípio masculino e é competitivo, assertivo e pronto para a ação. Marte é cheio de energia e impulso e dá prova de coragem e vigor dinâmico quando enfrenta os adversários.

Marte também é associado ao arquétipo do herói. As qualidades marcianas são freqüentemente associadas a atos de bravura e indicam uma mentalidade destemida. Na vida moderna, podemos usar a energia de Marte para impulsionar a nossa carreira, realizar os nossos objetivos ou defender as nossas convicções.

Como a função de Marte diz respeito à nossa vontade de sobrevivência, ela é relacionada à liberação de adrenalina nos nossos corpos e à habilidade de reagir rapidamente. Em excesso, essas mesmas energias que geram assertividade e nos ajudam a lutar também podem se manifestar em um temperamento difícil, na raiva, na agressão e na impaciência. No entanto, sem Marte nós não teríamos dinamismo, vigor, iniciativa ou impulso para alcançar as nossas ambições pelo esforço.

Marte governa o signo de Áries.

Positivo: assertividade, coragem, dinamismo, ação, vigor

Negativo: agressividade, violência, comportamento grosseiro, raiva, inquietude

♃ Júpiter

Júpiter é o maior planeta do nosso sistema solar. Com o mesmo nome do deus do panteão romano (conhecido como Zeus entre os gregos), na Mitologia, Júpiter era associado à sabedoria, à vitória e à justiça. Em consonância com o seu grande tamanho, Júpiter expande ou exagera. Ele representa a nossa habilidade de ir além dos nossos horizontes atuais e buscar um plano ou visão maior, com otimismo e confiança.

O desejo de descobrir o sentido e a verdade maiores significa que Júpiter aborda a vida de forma filosófica. O desejo por um conhecimento mais amplo inspira um maior aprendizado e está ligado às universidades ou professores espirituais.

Além disso, como Senhor da Verdade, Júpiter é, com freqüência, associado ao sistema judicial, aos tribunais, à lei e à ordem.

Juntamente com o impulso de expansão mental, a sorte e abundância estão muitas vezes ligadas a Júpiter. Júpiter estimula o anseio por experiências e viagens a lugares distantes e exóticos. A expansão excessiva, contudo, pode levar à avidez, ao falso otimismo, à insinceridade e ao ego inflado. No melhor dos casos, Júpiter simboliza o idealista generoso e bem-humorado, que tem fé e sabedoria para tornar os próprios planos realidade.

Júpiter rege Sagitário.

Positivo: desejo de verdade, generosidade, idealismo, otimismo, viagens longas, aprendizado elevado

Negativo: exagero, excesso de expansão, falso otimismo, avidez

♄ Saturno

Na Mitologia, Saturno é o Velho Senhor, o Tempo, o Ceifador. Nos períodos grego e romano, Saturno era o deus da ordem social e era reproduzido como o colhedor, com uma foice simbolizando o princípio de que colhemos o que plantamos. Saturno representa a justiça perfeita ou a lei da causa e do efeito.

Psicologicamente, Saturno é o arquétipo do velho homem sábio, do professor. Aceitando a responsabilidade e a disciplina para atingirmos a auto-realização, nós nos tornamos mais velhos e mais sábios. O trabalho e o treinamento árduos sugeridos pela influência restritiva de Saturno, em última análise, valem a pena, porque são a única maneira de aprendizado. Para equilibrar a expansividade de Júpiter, temos a influência restritiva de Saturno, que pode conter o excesso de presunção e manter a ordem. A influência restritiva de Saturno, no entanto, pode gerar pessimismo, medo e seriedade excessiva.

Saturno quer definição, forma e estrutura. Ele cria fronteiras para manter controle, regulação e segurança. Saturno representa qualquer coisa dura, desde os nossos ossos e dentes até as situações em que precisamos ser duros com nós mesmos.

Como este planeta requer que enfrentemos as nossas responsabilidades e deveres, as suas lições são às vezes pouco confortáveis. Saturno é totalmente justo e imparcial: o trabalho dedicado é recompensado. Com Saturno, você não pode esperar algo do nada. Ele fornece determinação e perseverança para sermos bem-sucedidos.

Saturno governa o signo de Capricórnio.

Positivo: disciplina, ordem, autoridade, sabedoria, realismo, paciência, perseverança

Negativo: pessimismo, medo, excesso de severidade

♅ Urano

O antigo nome de Urano era Céu Noturno e, na Mitologia, Urano era o pai de Saturno.

A vastidão dos céus simboliza a nossa habilidade de abrir as mentes para o universal. Urano traz iluminação e liberdade de espírito, rompendo com a restrição e a segurança de Saturno. Esse tipo de liberdade requer que deixemos espaço em nossa vida para o inesperado, ou que ousemos expressar a nossa individualidade, apesar das pressões do conformismo. Mas se forçarmos muito, corremos o risco de nos tornar rebeldes sem causa.

Por uma análise psicológica, por intermédio de Urano nós podemos ampliar o nosso ponto de vista para ter uma visão universal e compreender a humanidade como uma família de irmãos e de irmãs. Urano nos leva a lutar pelos direitos humanos e pela liberdade de expressar o nosso eu. Urano governa a energia elétrica de todos os tipos: ondas de televisão e de rádio, campos magnéticos, *lasers*, computadores e a nova tecnologia eletrônica.

Sempre olhando para o futuro e com capacidade de pensar de forma simbólica e abstrata, Urano representa a intuição e a inventividade. Isso de uma forma geral significa estar à frente da sociedade como um todo e se expressar de maneira individualista e não-convencional.

Urano rege o signo zodiacal Aquário.

Positivo: liberdade, humanitarismo, desapego, objetividade

Negativo: rebelião, excentricidade, tendências revolucionárias, teimosia

♆ Netuno

Na Mitologia, Netuno é o rei do mar, profundo, insondável e misterioso. Assim como o oceano pode dissolver as rochas em areia, Netuno pode, lenta e sutilmente, dissolver as barreiras criadas pelo ego, levando-nos à experiência mística. A névoa que paira sobre o mar é análoga à névoa que circunda este planeta, onde nada é sólido e tudo é ilusório e enigmático.

Psicologicamente, a função de Netuno é nos ajudar a transcender as nossas limitações, por meio do refinamento e da purificação de nossa natureza emocional. Diferentemente de Saturno, ele não tem fronteiras, mas sim um senso de unidade com todas as coisas. Contudo, essa habilidade para se misturar com tudo pode gerar uma sensação de incerteza. A extrema sensibilidade a tudo, indicada pela influência de Netuno, pode conferir uma grande compaixão pelo sofrimento da humanidade.

Ele ainda oferece a habilidade de se perder na inspiração criativa da arte, da música ou do teatro. Netuno pode dar ao artista a inspiração e a imaginação para tudo o que é possível. Com uma percepção e imaginação elevadas, pode ser fácil escapar para um mundo de fantasia, para o excesso de drogas ou de álcool, ou enganar a si mesmo e entrar em confusão. O trabalho positivo com Netuno envolve uma visão do nosso ideal que nos leva a alcançar os nossos sonhos.

Netuno rege o signo zodiacal de Peixes.

Positivo: sensibilidade, visão, compaixão, inspiração, transcendência

Negativo: ilusão, engano, escapismo, confusão, incerteza

♇ Plutão

Mitologicamente, Plutão, o rei do submundo, representa transformação, morte e renascimento. Plutão significa mudança profunda, e sua energia é intensa e poderosa. Sob a influência de Plutão, podemos ter a habilidade de penetrar ou ler o subconsciente a partir de sinais subliminares que ele gera, especialmente por meio da linguagem corporal. Isso pode ser usado positivamente em áreas como a Psicologia Profunda, mas também pode ser usado para controlar os outros.

A descoberta do planeta Plutão aconteceu na mesma época da descoberta das partículas subatômicas e da publicação da teoria do inconsciente de Jung. Seja governando personagens sombrias do submundo, fanáticos ou terroristas, ou grandes transformadores que trabalham para o bem da sociedade, a energia de Plutão pode ser extrema. Ele também pode provocar esse mesmo nível de reação intensa dentro de nós. Plutão freqüentemente simboliza a reação do tudo ou nada. Como parte de nossos esforços em direção ao auto-aperfeiçoamento, há sempre momentos em que devemos deixar para trás o velho sem garantias para o futuro. A energia da morte e do renascimento é poderosamente simbolizada por Plutão. Com a ajuda de Plutão, aceitamos as mudanças da nossa vida e aprendemos a deixar para trás, na hora certa, o passado ou qualquer coisa que tenhamos de superar. Plutão nos ensina que todo fim é um novo começo e que a vida continua. Esse conhecimento nos ajuda em todo o processo de reconstrução.

Plutão governa o signo de Escorpião.

Positivo: poder, transformação, regeneração, revelação do oculto

Negativo: abuso do poder, obsessão, compulsão

Decanatos

Um decanato consiste em 10 dos 360 graus do círculo zodiacal. Cada signo tem 30 graus daquele círculo, e assim cada signo contém três decanatos espacialmente equivalentes, embora simbolicamente diferentes. Lembre-se de que 30 graus do zodíaco equivalem a uma porção de 30 graus do caminho da Terra em volta do céu. À medida que o Sol passa pelo signo zodiacal (a constelação zodiacal no céu celestial oposta à posição da Terra em relação ao Sol) no curso de um mês astrológico, o Sol passa por três decanatos, um após o outro. O Sol se move para um novo decanato a cada dez dias, aproximadamente. Cada um dos três decanatos adiciona as influências do próprio planeta e signo às influências básicas gerais do signo do Sol.

Considerando o decanato, além do signo do Sol, podemos apurar a leitura da data de nascimento individual. Por exemplo, um capricorniano nascido no segundo decanato estará sob a influência do signo de Touro. Os egípcios antigos consideravam os significados dos decanatos tão importantes quanto os do signo do Sol.

As influências dos decanatos são determinadas pelo elemento associado ao signo que os contém. Cada signo se associa simbolicamente a um dos quatro elementos fundamentais:

- O elemento **fogo** rege: Áries, Leão, Sagitário
  Regentes planetários: Marte, Sol, Júpiter
- O elemento **terra** rege: Touro,Virgem, Capricórnio
  Regentes planetários: Vênus, Mercúrio, Saturno
- O elemento **ar** rege: Gêmeos, Libra, Aquário
  Regentes planetários: Mercúrio, Vênus, Urano
- O elemento **água** rege: Câncer, Escorpião, Peixes
  Regentes planetários: Lua, Plutão, Netuno

A seqüência dos três decanatos obedece ao mesmo padrão de cada um dos doze signos solares. Os decanatos de cada signo do Sol estão associados aos três signos associados ao elemento ligado ao do signo do Sol. Por exemplo, como você pôde ver anteriormente, Áries está ligado ao elemento fogo. Todas as pessoas nascidas sob o signo de Áries pertencem ao elemento fogo. Todos os três decanatos de Áries estão associados a signos correspondentes ao fogo. O primeiro decanato de Áries está associado ao signo do Sol mais próximo de Áries e ligado ao fogo, nomeadamente, o próprio signo de Áries. Em seguida, viajando em direção oposta ao do relógio ao longo do círculo do zodíaco, o próximo elemento fogo será Leão. Leão está, por isso, associado ao segundo decanato. Continuando o percurso pelo círculo, alcançamos o terceiro signo relacionado ao elemento fogo: Sagitário. O terceiro decanato de Áries está associado a Sagitário. Acontece o mesmo para todos os decanatos de todos os signos do Sol.

Cada signo, indo além, está associado a um planeta. Assim como o signo do Sol tem um regente planetário, o mesmo acontece para cada signo do decanato. O decanato de Áries é regido pelo planeta Marte e o decanato de Sagitário é regido pelo planeta Júpiter.

No diagrama a seguir, você poderá ver claramente como os decanatos operam dentro dos diferentes signos. Apresentamos uma lista dos signos do Sol e as influências dos decanatos localizados dentro de cada um deles, juntamente com os dias associados a cada decanato.

ÁRIES, 21 DE MARÇO A 20 DE ABRIL

Áries-Áries	Decanato de Marte: 20-21 de março a 30 de março
Áries-Leão	Decanato do Sol: 31 de março a 9 de abril
Áries-Sagitário	Decanato de Júpiter: 10 de abril a 20-21 de abril

TOURO, 21 DE ABRIL A 21 DE MAIO

Touro-Touro	Decanato de Vênus: 20-21 de abril a 30 de abril
Touro-Virgem	Decanato de Mercúrio: 1 de maio a 10 de maio
Touro-Capricórnio	Decanato de Saturno: 11 de maio a 21-22 de maio

GÊMEOS, 22 de MAIO A 21 DE JUNHO

Gêmeos-Gêmeos	Decanato de Mercúrio: 21-22 de maio a 31 de maio
Gêmeos-Libra	Decanato de Vênus: 1 de junho a 10 de junho
Gêmeos-Aquário	Decanato de Urano: 11 de junho a 21-22 de junho

CÂNCER, 22 DE JUNHO A 22 DE JULHO

Câncer-Câncer	Decanato da Lua: 21-22 de junho a 1 de julho
Câncer-Escorpião	Decanato de Plutão: 2 de julho a 11 de julho
Câncer-Peixes	Decanato de Netuno: 12 de julho a 22-23 de julho

LEÃO, 23 DE JULHO A 22 DE AGOSTO

Leão-Leão	Decanato do Sol: 23-24 de julho a 2 de agosto
Leão-Sagitário	Decanato de Júpiter: 3 de agosto a 12 de agosto
Leão-Áries	Decanato de Marte: 13 de agosto a 22-23 de agosto

VIRGEM, 23 DE AGOSTO A 22 DE SETEMBRO

Virgem-Virgem	Decanato de Mercúrio: 22-23 de agosto a 2 de setembro
Virgem-Capricórnio	Decanato de Saturno: 3 de setembro a 12 de setembro
Virgem-Touro	Decanato de Vênus: 13 de setembro a 22-23 de setembro

LIBRA, 23 DE SETEMBRO A 21 DE OUTUBRO

Libra-Libra	Decanato de Vênus: 22-23 de setembro a 3 de outubro
Libra-Aquário	Decanato de Urano: 4 de outubro a 13 de outubro
Libra-Gêmeos	Decanato de Mercúrio: 14 de outubro a 22-23 de outubro

ESCORPIÃO, 23 DE OUTUBRO A 21 DE NOVEMBRO

Escorpião-Escorpião	Decanato de Plutão: 22-23 de outubro a 2 de novembro
Escorpião-Peixes	Decanato de Netuno: 3 de novembro a 12 de novembro
Escorpião-Câncer	Decanato da Lua: 13 de novembro a 21-22 de novembro

SAGITÁRIO, 22 DE NOVEMBRO A 21 DE DEZEMBRO

Sagitário-Sagitário	Decanato de Júpiter: 21-22 de novembro a 2 de dezembro
Sagitário-Áries	Decanato de Marte: 3 de dezembro a 12 de dezembro
Sagitário-Leão	Decanato do Sol: 13 de dezembro a 21-22 de dezembro

CAPRICÓRNIO, 22 DE DEZEMBRO A 20 DE JANEIRO

Capricor.-Capricor.	Decanato de Saturno: 21-22 de dezembro a 31 de dezembro
Capricórnio-Touro	Decanato de Vênus: 1 de janeiro a 10 de janeiro
Capricórnio-Virgem	Decanato de Mercúrio: 11 de janeiro a 20-21 de janeiro

AQUÁRIO, 21 DE JANEIRO A 19 DE FEVEREIRO

Aquário-Aquário	Decanato de Urano: 20-21 de janeiro a 30 de janeiro
Aquário-Gêmeos	Decanato de Mercúrio: 31 de janeiro a 9 de fevereiro
Aquário-Libra	Decanato de Vênus: 10 de fevereiro a 19-20 de fevereiro

PEIXES, 20 DE FEVEREIRO A 20 DE MARÇO

Peixes-Peixes	Decanato de Netuno: 19-20 de fevereiro a 1 de março
Peixes-Câncer	Decanato da Lua: 2 de março a 11 de março
Peixes-Escorpião	Decanato de Plutão: 12 de março a 20-21 de março

Progressões

As progressões astrológicas são muito usadas como uma técnica do sistema de predições. O mais conhecido método de progressão se faz pela substituição de "um dia por um ano" como modo de mostrar simbolicamente as nossas vidas em câmera lenta. Nesse sistema simbólico de interpretação, os movimentos planetários ao longo de um dia são traduzidos como o movimento de planetas ao longo de um ano. Por exemplo, as posições dos corpos celestiais nos 24 dias depois do nascimento correspondem ao 24º ano da vida da pessoa.

O Sol é o signo do grande círculo estelar do zodíaco oposto à posição da Terra em relação ao Sol. Como a Terra orbita em torno do Sol, este se move através dos diversos signos localizados nos intervalos de 30 graus deste grande círculo estelar.

Neste livro, seguimos essa jornada do Sol através dos vários signos e interpretamos como isto afeta cada indivíduo. Com o sistema de progressão de "um dia por um ano", o Sol demora aproximadamente trinta anos, e não trinta dias, para viajar por cada signo zodiacal. Por exemplo, se você nasceu na cúspide entre dois signos, no sistema "um dia por um ano" o seu Sol progredido chega à próxima cúspide depois de trinta anos, no seu 30º aniversário. Se você nasceu no décimo quinto dia de um determinado signo do Sol, o seu Sol progredido se move até o próximo signo do Sol depois de quinze anos; no seu 30º aniversário, você terá alcançado a metade deste signo.

Se você nasceu perto do final do signo zodiacal ou em uma cúspide, o seu Sol progride até o próximo signo zodiacal em poucos anos. Nessas ocasiões, você pode sentir uma afinidade maior com o signo seguinte do que com o seu signo solar. Colocamos abaixo três exemplos e um mapa correspondente das progressões do Sol; os períodos de mudança estão assinalados com um X.

EXEMPLO 1: Se você nasceu no início do signo de Gêmeos, isto é, no dia 23 de maio, o seu Sol progride através de Gêmeos durante vinte e oito anos. Ele se move para o signo de Câncer quando você tem cerca de 29 anos. Em seguida, o Sol demora mais trinta anos para completar a jornada através do signo de Câncer e se mover para Leão, quando você completa 59 anos.

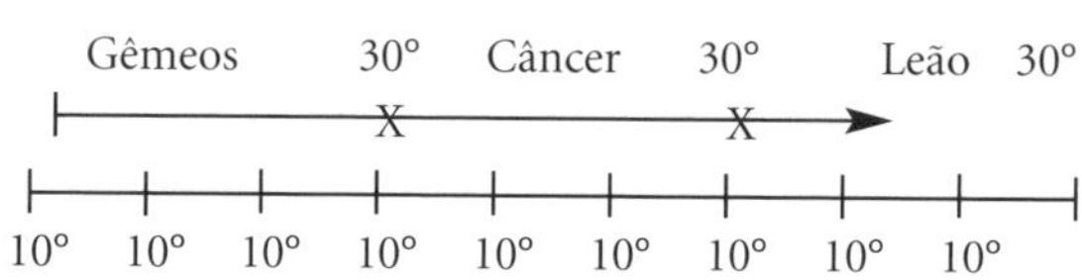

EXEMPLO 2: Se você nasceu no meio do signo de Virgem, isto é, no dia 7 de setembro, o seu Sol progredido irá mudar de signo zodiacal e entrar em Libra quando você tiver 15 anos. O Sol precisará então de mais trinta anos para atravessar o signo de Libra, antes de entrar no signo de Escorpião, quando você tiver aproximadamente 45 anos. Outra mudança ocorrerá aos 75 anos, quando o seu Sol progredido entrar no signo de Sagitário.

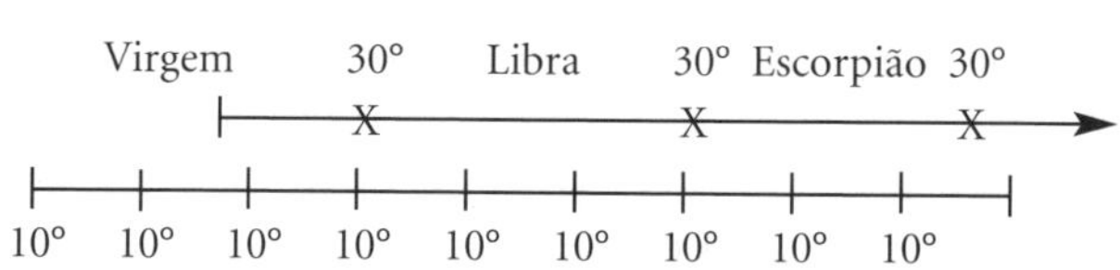

EXEMPLO 3: Se você nasceu nos últimos dias de Sagitário, o seu Sol progride até Capricórnio quando você ainda é bebê. O Sol precisa então de trinta anos para atravessar Capricórnio. Outra mudança ocorrerá aos 31 anos, quando o seu Sol progredido entrar no signo de Aquário. Quando você completar 61 anos, o seu Sol progredido mudará novamente de signo e entrará em Peixes.

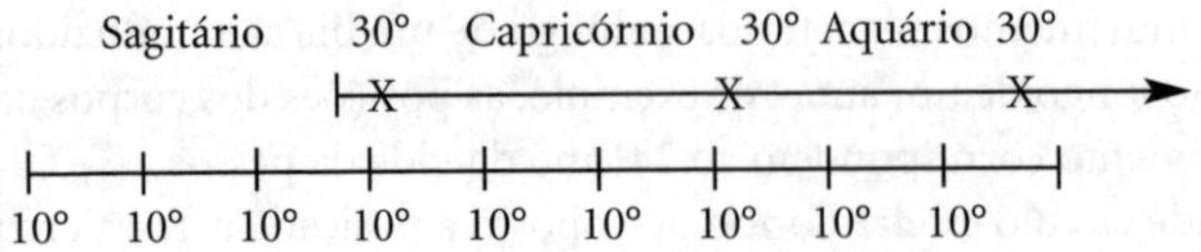

Introdução às Estrelas Fixas

As Estrelas Fixas pertencem ao grande Cosmos e não ao nosso sistema solar. Diferentemente dos planetas que orbitam o nosso Sol, as estrelas fixas também são sóis; de fato, dependendo da sua magnitude, algumas estrelas fixas são muito maiores e mais brilhantes do que o nosso Sol. Quando falamos a respeito de estrelas fixas, usamos o termo "anos-luz" para descrever as vastas distâncias que são difíceis de calcular ou entender. Devido à distância que essas estrelas estão da Terra, para nós elas parecem estacionárias e são, por isso, chamadas de estrelas "fixas". A influência das Estrelas Fixas é referente à sua força, que é calculada pelo seu brilho.

Embora haja milhões de Estrelas Fixas no Universo, na prática astrológica, relativamente poucas delas são consideradas — propriamente, as que estão localizadas perto do anel zodiacal. A observação e a relação das Estrelas Fixas com os eventos do mundo tiveram início milhares de anos atrás. Os nomes delas foram dados nas eras mesopotâmica e babilônica. As Estrelas Fixas foram mencionadas na Epopéia de Gilgamesh e, juntamente com os cometas, eclipses e planetas, desempenhavam um importante papel na interpretação dos fenômenos do tempo. Além dos babilônicos, os egípcios acreditavam na poderosa influência das Estrelas Fixas. Como conheciam o poder da natureza e eram dependentes do rio Nilo para a sobrevivência, os egípcios celebravam o solstício de verão do calendário agrícola com ritos de fertilidade e associavam o nascer da estrela Sirius à inundação do rio Nilo. Recentemente, surgiram muitos indícios de que os egípcios alinharam as majestosas pirâmides de Giza ao Cinturão Oriental. Embora muitos historiadores ainda achem que as grandes pirâmides são uma testemunha dos grandes reis do Egito, diversas novas descobertas arqueológicas revelam uma nítida conexão entre o projeto da Pirâmide de Queóps e as estrelas circumpolares.

Na história do nascimento de Jesus, uma estrela guiou os três homens sábios ao estábulo de Belém. Na Grécia, em torno do ano 250 a.C., foram registrados catálogos de Estrelas Fixas. A observação das Estrelas Fixas continuou por toda a História e foi incorporada à compreensão celestial dos antigos. As Estrelas Fixas eram associadas a diferentes aspectos da vida; a origem da sua interpretação deriva dos símbolos com os quais as constelações eram associadas. Por exemplo, na constelação de *Alpha Leonis*, ou Leão, a estrela fixa mais brilhante é *Regulus* (também chamada de Coração do Leão), que simboliza força, poder e autoridade. Ela é uma das Estrelas Fixas mais importantes do céu e está associada à realeza e às honrarias. Usualmente, ela aparece nos mapas de reis, rainhas, regentes e altos funcionários de governo. Essa estrela está também associada às pessoas que são favorecidas pelo público e confere autoridade.

A importância das estrelas fixas deriva do fato de que os corpos materiais do Cosmos estão em estado de corrente elétrica e são circundados por um campo magnético. Mesmo a emissão mais fraca pode influenciar a Terra. Isso é incrivelmente semelhante ao termo "efeito borboleta", usado pela moderna teoria do caos, que acredita que até mesmo uma asa de borboleta batendo no ar pode criar um efeito ondular que leva a uma transformação do sistema meteorológico em outra parte do mundo.

Como as Estrelas Fixas são essencialmente as mesmas que o nosso próprio Sol, elas têm campos de força similares. O efeito das estrelas é medido por sua magnitude e brilho.

As Estrelas Fixas proporcionam uma compreensão fascinante do subconsciente e do potencial ou problemas que um indivíduo pode ter. Essa interpretação, contudo, deve ser analisada cuidadosamente em relação ao horóscopo natal completo; as Estrelas Fixas não são interpretadas separadamente, mas sempre tomadas como uma subinfluência nas qualidades celestiais dos planetas. As Estrelas Fixas devem ser entendidas como uma força que amplia ou diminui as forças dos planetas com os quais mantêm contato.

Listamos nas páginas dos dias de aniversário as Estrelas Fixas mais influentes para cada dia. Freqüentemente, outras Estrelas Fixas exercem influências adicionais, e nós incluímos as suas interpretações no apêndice acerca de Estrelas Fixas no final deste livro.

Observe que nem todos os dias deste livro estão associados a uma estrela fixa. Discutimos apenas as estrelas associadas ao Sol, e quando não há estrelas de grande influência próxima ao Sol em um determinado dia, esse dia de aniversário não tem estrelas fixas. É provável, no entanto, que haja outras estrelas fixas associadas às posições dos planetas naquele dia. Com um mapa natal, você poderá usar o apêndice deste livro para entender as influências que as Estrelas Fixas associadas ao seu planeta exercem sobre você. Nossa discussão a respeito das Estrelas Fixas neste livro pretende ser somente uma introdução ao seu intrincado e fascinante reino.

Estrelas Fixas: regras básicas de interpretação

Em um ano, o Sol viaja através dos 360 graus do círculo zodiacal. Os doze signos astrológicos ocupam, cada um, 30 graus deste círculo. As estrelas fixas ocupam pontos de graus únicos, mas as suas órbitas, ou espectro de influência, podem ter muitos graus. A magnitude da estrela afeta a potência da sua influência. Tanto o espectro quanto a potência devem ser calculados para a determinação do potencial de duração e força da influência exercidos pela Estrela Fixa. Quando o Sol ou um planeta estão dentro da órbita de uma estrela fixa, a influência da estrela é nitidamente sentida, mais poderosamente no momento da conjunção e com uma intensidade menor à medida que o Sol ou o planeta se movem para fora da órbita.

Magnitude da Estrela Fixa

O poder de uma estrela é julgado por sua magnitude.

A maior magnitude: entre 0 e -1.

Magnitude 1: orb de 2° 30'
Magnitude 2: orb de 2° 10'
Magnitude 3: orb de 1° 40'
Magnitude 4: orb de 1° 30'
Magnitude 5: estrelas, agrupamentos e nebulosa: orb menor que 1°

Neste livro, ilustramos as influências positivas e negativas dessas estrelas sobre o dia de aniversário individual. Tentamos não apenas fornecer as interpretações clássicas, mas também sugerir os seus efeitos vistos à luz das interpretações da Psicologia Moderna.

Demos uma classificação de força para cada estrela, que corresponde a sua magnitude. Uma magnitude de -1, a maior, recebe uma classificação de força correspondente a dez estrelas. Uma magnitude de 5, a mais fraca, recebe uma classificação de duas estrelas.

Lista das estrelas fixas de Leão

♌

Altarf	★★★★★
Praesep	★★
North Asellus	★★★★★
South Asellus	★★★★
Kochab	★★★★★★★★
Acubens	★★★★
Dubhe	★★★★★★★★
Merak	★★★★★★★★
Al Genubi	★★★★★★
Alphard	★★★★★★★★
Adhafera	★★★★★
Al Jabhah	★★★★★
Regulus	★★★★★★★★★★
Phecda	★★★★★★

♌

Introdução à Numerologia

A crença de que os números possuem poderes sagrados é compartilhada não apenas pelas culturas arcaicas e pelos filósofos gregos, mas também pelos estudiosos renascentistas e muitos matemáticos contemporâneos.

Os entalhes gravados em ossos encontrados no Zaire, que datam entre 9000 e 750 a.C., correspondem às marcas das fases lunares e são um dos primeiros sinais da adiantada atividade matemática.

A Numerologia é tão Antiga quanto a Astrologia e tem a sua origem nas culturas mesopotâmica, judaica e grega antigas. Por exemplo, acreditava-se que os números e cartas do Antigo Testamento estavam relacionados a significados ocultos relativos a mensagens, sonhos e nomes de pessoas. Cada cultura desenvolveu o seu próprio sistema de interpretação de números para dar sentido ao Universo e à natureza humana. Os mais respeitados sistemas que contêm a Numerologia são as teorias de Pitágoras, da cabalística, do I Ching e dos maias.

Muitos filósofos gregos ficavam intrigados com o mistério dos números. Um dos mais extraordinários pensadores da antiga época grega foi Pitágoras, que dizia que os números eram sagrados e que "todas as coisas são números". Ele era um líder religioso, místico e estudioso de matemática pura. Diferentemente de muitos matemáticos modernos, ele unia a teologia ao pensamento racional. Pitágoras deixou um legado único à cultura ocidental e um início para a identificação dos números. Ao descobrir a importância da ligação entre a música e os números, ele estabeleceu uma conexão harmônica entre as notas musicais e a Matemática. Ao perceber que os números correspondiam às formas, ele foi o primeiro a descrever as figuras oblongas, o quadrado e o triângulo como um conjunto de pontos ou números. Seus seguidores, os pitagóricos, foram também os primeiros a acreditar que os princípios da Matemática eram a base de todas as coisas existentes e, desde então, entre esses princípios, os números são por natureza arquétipos primários, pois eles, acima de qualquer outra coisa, estabelecem a ordem na natureza e no Universo.

Alguns matemáticos contemporâneos dão eco a essas crenças e argumentam que quanto mais profundamente se percebe a maneira como o Universo funciona, mais se percebe que o Cosmos tem uma essência matemática. Os números e a Matemática salientam o modo mais preciso pelo qual o Universo se comporta.

Há três padrões básicos de números. Podemos ver os números por meio de teorias matemáticas, de definições filosóficas e de simbolismo numérico. No início do século XX, Jung interpretou o número como um arquétipo de ordem que se tornou consciente e afirmou que os números são instrumentos para a criação da ordem. Ele acreditava que um número tem uma natureza qualitativa e quantitativa. De fato, mesmo as investigações da física das partículas sugerem que as mudanças na quantidade atômica resultam em diferenças qualitativas perceptíveis no mundo macroscópico.

A Numerologia, da mesma maneira que a Astrologia, é um sistema simbólico, uma das diversas ferramentas que podemos usar para entender a nós mesmos e a nossa vida. Os números possuem uma natureza dual e podem representar tanto uma força negativa quanto uma força positiva. A exploração do seu significado pode nos ajudar a descobrir e desenvolver o nosso potencial pessoal e nos guiar na nossa vida.

Neste livro, nós nos concentramos particularmente nas interpretações qualitativas dos números em relação ao dia e mês de nascimento de uma pessoa e mostramos nas páginas a seguir como é simples descobrir o seu número holístico.

Como calcular o seu número holístico

O seu número holístico é simbolizado pela soma total dos números do dia, ano e mês do seu aniversário. Esse número revela o propósito da sua vida ou desafio, com os atributos positivos e negativos. Entendendo o seu número holístico, você pode atingir um nível mais alto de autoconsciência. Tudo o que você precisa é somar todos os dígitos, um por um. Por exemplo:

28 de junho de 1956 (28/6/1956) = 2 + 8 + 6 + 1 + 9 + 5 + 6 = 37 = 3 + 7 = 10 = 1 + 0 = 1.
O seu número holístico é 1, que também pode ser lido como 37/1
20 de outubro de 1961 (20/10/1961) = 2 + 0 + 1 + 0 + 1 + 9 + 6 + 1 + 20 = 2 + 0 = 2.
O seu número holístico é 2, que também pode ser lido como 20/2.

Os nove números básicos

A qualidade de cada um dos nove números básicos pode ter uma expressão positiva ou negativa na personalidade da pessoa, dependendo de como ela aborda os desafios da vida.

Número 1

A dinâmica do número 1 é consciente. Os atributos positivos do número 1 são assertividade, criatividade, singularidade e independência. Se o seu número holístico é 1, isso sugere que você é uma pessoa inventiva e cheia de vitalidade, ambição e impulso. Pioneiro e com um espírito ousado, você gosta de assumir um papel de liderança e de expressar a própria originalidade. À medida que conhece a própria força criativa e individualidade, você passa a ter mais necessidade de se expressar e de estar preparado para enfrentar a vida. Freqüentemente, isso pode significar pensar de forma diferente ou agir por conta própria. Às vezes, você pode se sentir isolado do seu ambiente imediato, principalmente se está dando início a novas idéias. A inspiração é a chave para a sua motivação, e o desenvolvimento da sua intuição irá ajudá-lo a decidir o que fazer quando confrontado com diversas escolhas. A sua grande força de vontade e determinação levam-no a liderar e não a ser liderado. Por toda a sua vida, você está propenso a ter experiências que irão ensiná-lo a superar as suas inseguranças, sejam elas de ordem emocional, física ou mental. Assumir a responsabilidade sobre as suas ações também faz parte da sua lição de vida. No melhor dos casos, você é uma pessoa confiante e confiável, que inspira os outros de uma forma positiva. O desenvolvimento da tolerância, da compaixão e da paciência irá ajudá-lo a alcançar os seus objetivos. Quando pode aperfeiçoar as suas habilidades, sente-se encorajado para exibir um pouco da sua originalidade. Os desafios que se colocam para as pessoas de número 1 incluem oscilações entre a falta de confiança e o excesso de confiança, ser uma pessoa exigente, arrogante, egoísta e um tanto ditatorial.

Número 2

A dinâmica do número 2 é sensorial. Os atributos positivos são sociabilidade, receptividade e habilidade para equilibrar as suas necessidades com as necessidades dos outros. Os indivíduos de número 2 têm jeito para lidar com as pessoas e muitas vezes aprendem por meio do trabalho cooperativo. Se o seu número holístico é 2, você é uma pessoa atenciosa e sensível aos sentimentos dos outros e tem uma natureza cortês e romântica.Você é também diplomático, amigável e sociável, com interesse por relações públicas. Intuitivo e adaptável, prospera quando é encorajado, mas pode ser suscetível à bajulação. Você precisa aprender a distinguir entre ser cooperativo e ajudar os outros e ser subserviente e se martirizar devido a inseguranças emocionais. A sua confiança pode ser abalada caso se torne excessivamente dependente; por isso, você precisa dar e receber em medidas iguais. Se você for uma pessoa carente ou vulnerável, outras pessoas podem facilmente se aproveitar da sua natureza gentil. O indivíduo número 2 precisa aprender a lidar com confrontos sem agressividade e aprender a dizer não sem se sentir culpado.Você também se beneficia ao receber ajuda alheia sem parecer fraco. A auto-aceitação é o caminho certo para as pessoas número 2. As suas realizações positivas são alcançar harmonia interior, desenvolver objetivos com propósito e estabelecer limites.

Os desafios para as pessoas número 2 são dependência, inquietude, insegurança, sensibilidade excessiva, ser facilmente desencorajado, desconfiança habitual das pessoas e baixa auto-estima.

Número 3

A dinâmica do número 3 é expressiva ou emocional. Os atributos positivos são a auto-expressão criativa, à sensibilidade, à imaginação e à versatilidade. Se o seu número holístico é 3, isso sugere que você é uma pessoa entusiástica, que gosta de se divertir, é sociável e amigável. Você pode exibir a sua natureza multitalentosa por meio de diversas atividades artísticas. Contudo, fazer escolhas pode ser um de seus desafios. Como uma pessoa número 3, você gosta de interagir com os outros, por intermédio de diversões, de reuniões sociais e de conversas íntimas. Amante da liberdade e emotivo, você precisa expressar a alegria de viver. Você também sabe sintetizar bem o seu conhecimento e transmitir as suas idéias. As pessoas número 3 costumam evitar conflitos, mantendo-se animadas e otimistas. Como o seu aprendizado se relaciona ao crescimento emocional e à auto-expressão, talvez você precise desenvolver uma compreensão mais profunda dos seus sentimentos, e, em vez de manipular as situações, deve expressar aberta e diretamente os seus sentimentos.

Os indivíduos número 3 podem também ter instabilidade emocional ou sentimentos negativos, como inveja e ódio. Embora sejam espirituosos e saibam lidar com as palavras, se se sentirem tímidos e inseguros podem se isolar ou ficar inibidos, achando difícil expressar os sentimentos. A realização e a satisfação emocional normalmente derivam da alegria de compartilhar e aprender a respeito do amor e da compaixão.

Os desafios para o número 3 são a preocupação e a dúvida quanto a si mesmos, a tendência para desperdiçar energia, exagero, intolerância, sentir-se despreparado, indecisão e irresponsabilidade.

Número 4

A dinâmica do número 4 é física. Os atributos positivos do número 4 são praticidade, capacidade de organização e autodisciplina. Se o seu número holístico é 4, você é uma pessoa honesta, direta e trabalhadora, que deseja ter estabilidade. Os indivíduos número 4 são pacientes, meticulosos e sabem que a metodologia e a preparação são essenciais. Qualquer coisa que fizerem na vida precisa ter um propósito e uma aplicação prática. Embora sejam indivíduos severos e que não demonstram as emoções, são leais e confiáveis.

Como número 4, você tem habilidades ligadas à forma, técnica e mecânica. Astutas e preocupadas com a própria segurança, as pessoas de número 4 são atraídas pelo mundo financeiro ou de negócios em geral. Você tende à teimosia e à rigidez e seria bom aprender a ser mais flexível e adaptável. A sua ambição e vitalidade geralmente o ajudam a resistir, enquanto outros desistem por falta de energia. No entanto, talvez seja necessário aprender a não assumir mais do que pode. Embora proteja as pessoas de quem cuida, você precisa superar a tendência a controlar as situações e a ser dominador.

Os indivíduos número 4 são, em geral, conhecidos como construtores e, de fato, podem muitas vezes ser os fundadores de projetos e empreendimentos.

Os desafios para o número 4 são dogmatismo, obstinação, falta de confiabilidade, oscilações entre ser muito preguiçoso ou trabalhar em excesso, dificuldade para deixar o passado para trás e dar em excesso.

Número 5

A dinâmica do número 5 é instintiva. Os atributos positivos do número 5 são engenhosidade, reações rápidas e ação decisiva. Os indivíduos número 5 são entusiásticos e amantes da liberdade. Se tiver uma disposição positiva, você é uma pessoa autodisciplinada e concentrada, com uma mente alerta e astuta. Embora possa ser uma pessoa responsável, você precisa de autonomia para se movimentar livremente.

Geralmente versátil e empreendedor, você gosta de conhecer novas pessoas e de ter experiências diferentes. Liberal e mentalmente aberto, você pode facilmente se adaptar a novas situações ou ter uma atitude progressista. Muitas vezes habilidoso e eficiente, você pode aprender rapidamente e captar as situações com a sua abordagem realista. As viagens e mudanças são parte do estilo de vida do número 5.

Como é provável que seja uma pessoa que segue o fluxo da vida, você aceita bem as mudanças e se adapta a novos ambientes com pouca resistência. Os traços negativos do número 5 são muitas vezes a inquietude, a impaciência e a falta de consistência. Sem propósito e sem perseverança, o número 5 pode vagar pela vida sem objetivos, procurando uma vocação verdadeira; assim, o melhor é não deixar as coisas ao acaso.

Profundidade de entendimento e maior conhecimento podem ajudá-lo a utilizar o seu grande potencial. Se aprender a combinar o seu pensamento rápido com os seus fortes instintos, você pode facilmente se destacar com as suas reações rápidas. Espirituoso e audacioso, você tem uma personalidade cortês e ousada.

Os desafios para o número 5 são comportamento impetuoso e errático, conduta irresponsável, impaciência, falta de consideração, rudeza e tendência a desperdiçar a própria energia.

Número 6

A dinâmica do número 6 é emocional e universal. Os atributos positivos do número 6 são idealismo, criatividade, humanitarismo, compaixão e visão. Os indivíduos número 6 são sensíveis e responsáveis, e muitas vezes julgam a vida de acordo com os próprios sentimentos.

Direto em suas reações, você espelha o seu ambiente imediato e o comportamento das pessoas. Você tanto pode ter amor à casa como ser mundano e pode se envolver com a sua comunidade. Com fortes laços familiares, você pode ser um bom pai, apoiando e animando os seus filhos. Como um indivíduo que age como conselheiro confiável e prático, você tem amigos que sempre o procuram em épocas difíceis. Muitas vezes perfeccionista, você gosta de atividades criativas ou artísticas. Com bom gosto e estilo, senso de beleza e forma, você gosta de decorar a sua casa. Se tem ideais elevados, sabe separar a realidade mundana da vida comum. No entanto, para tornar o mundo um lugar melhor, você deveria se ater aos seus ideais utópicos e tentar viver de acordo com o seu elevado padrão moral. Seria bom, todavia, aprender a superar a tendência a ser crítico e a julgar. Aprendendo a equilibrar os seus sentimentos e pensamentos, você pode criar com as suas limitações. Como uma pessoa número 6, você precisa superar a tendência a se preocupar ou a ficar frustrado. Quanto mais dá, mais recebe.

Os desafios do número 6 são insatisfação, esnobismo, falta de compaixão, criticismo excessivo, dominação e interferência na vida alheia.

Número 7

A dinâmica do número 7 é a intuição e a capacidade mental e racional. Alguns dos atributos positivos do número 7 são honestidade e confiabilidade, capacidade de discernimento, atenção aos detalhes, metodologia e engenhosidade. Analíticos e ponderados, os indivíduos de número 7 são autocentrados e reflexivos e têm habilidade para a perfeição e a precisão. A sua perspectiva autônoma indica que você também é autoconfiante e assertivo. Como prefere tomar as próprias decisões, muitas vezes aprende melhor por meio da experiência pessoal. Se tem tendência a ser excessivamente sensível e inseguro, pode se tornar distante e reservado. Quando não consegue expressar os seus sentimentos, você pode se sentir mal-interpretado.

A habilidade para diferenciar e refinar sugere que, embora possa se tornar uma pessoa que vive procurando defeitos, você pode ser excelente no aperfeiçoamento dos sistemas existentes. Você é bem-informado e meticuloso, o que significa que gosta de reunir informações e tem uma memória excelente. Você sabe analisar a si mesmo e busca uma maior autoconsciência, porque ficar sozinho é muitas vezes importante para a sua introspecção; contudo, tome o cuidado de evitar o isolamento.

O seu interesse em ler, em escrever ou em assuntos espirituais é, muitas vezes, uma fonte de inspiração e de ampliação dos seus horizontes. O desejo de obter uma maior compreensão pode incluir a educação e o mundo acadêmico ou da pesquisa em um campo especializado. Embora intuitivos, os indivíduos número 7 podem se deixar levar pelo excesso de racionalização, o que pode levá-los a se perder em detalhes. Isso, contudo, muitas vezes traz uma falta de fé ou cria uma sensação de dúvida quanto a si próprio e de insegurança. Embora tenha a tendência a ser reservado, enigmático ou retraído, você é curioso e muitas vezes faz perguntas sutis, sem deixar que ninguém saiba o que realmente pensa.

Os desafios a serem superados pelo número 7 são desconfiança, insinceridade, retraimento, ceticismo, confusão, criticismo exagerado, desapego e insensibilidade.

Número 8

A dinâmica do número 8 é emocional e de poder material. Os atributos positivos do número 8 são a força e as convicções fortes. Motivados e determinados, são trabalhadores e autoritários. A força ou o poder sugeridos pelo número 8 mostram um caráter com valores fortes, habilidade de execução e capacidade de julgamento.

Como número 8, você procura a segurança e a consistência em situações permanentes. Autoritário e desejoso de dominação e de sucesso material, o número 8 muitas vezes aspira a grandes realizações e possui uma natureza ambiciosa. Muitas vezes, assume posições de responsabilidade e liderança devido à sua dedicação e perseverança. Como uma pessoa número 8, você tem um senso natural para os negócios e irá se beneficiar muito desenvolvendo as suas habilidades organizacionais e executivas inatas. Talvez você precise aprender a delegar a sua autoridade ou a administrar de forma justa. Se estiver em posição de influência, você pode fornecer aos outros conselhos práticos e proteção. Como um indivíduo número 8, você precisa lidar com poder, paciência e tolerância, aprender a perdoar, a compreender e a considerar as fraquezas das pessoas quando fizer um julgamento. A pessoa de número 8 procura segurança por meio de planos em longo prazo e investimentos para o futuro. Em geral, você tem poder de curar a si e aos outros e se beneficia mais quando aprende a canalizar essas forças em prol das pessoas que estão à sua volta.

Os desafios colocados para o número 8 são impaciência, intolerância, excesso de trabalho, sede de poder, dominação e falta de planejamento.

Número 9

A dinâmica do número 9 é o coletivo ou o universal. Os atributos positivos do número 9 são a compaixão, a tolerância, a paciência, a integridade, a sensibilidade e o humanitarismo. Os indivíduos de número 9 são usualmente magnéticos e carismáticos, com mentes preceptivas e habilidade psíquica que apontam para uma receptividade universal.

Se o seu número holístico é 9, você é, muitas vezes, generoso e intuitivo e tem fortes premonições. Idealista e impressionável, como número 9 você muitas vezes tem visão e julga a vida de acordo com os seus sentimentos e sua receptividade. Esse senso de sabedoria profética implica que, como número 9, você possui sabedoria interior e uma elevada conscientização. Embora possa ser uma pessoa generosa e compassiva, com uma grande imaginação, você pode se iludir ou ficar emocionalmente frustrado quando percebe que as outras pessoas não correspondem às suas expectativas elevadas. Isso pode resultar em oscilações de humor ou em uma tendência para se deixar levar pelo escapismo.

Como número 9, você precisa encontrar a satisfação interior e evitar o desânimo ou a melancolia. Você também deve desenvolver a compreensão, a tolerância e a paciência, bem como aprender a exercer a impessoalidade. Além disso pode ser destinado a servir aos outros ou a contribuir para o bem-estar da humanidade. Sendo universal, você provavelmente irá se beneficiar muito de viagens pelo mundo e com a interação com outras pessoas de outros círculos sociais. A necessidade de superar os desafios e a tendência a ser excessivamente sensível indicam que você se beneficia quando mantém o equilíbrio e evita ter sonhos irreais. A combinação de inspiração e idealismo com uma vida interior intensa e sonhos vívidos sugere que você pode ser a pessoa mais feliz do mundo se procurar um caminho espiritual.

Os desafios que se colocam para o número 9 são nervosismo, egoísmo, teimosia, falta de senso prático, deixar-se levar facilmente, complexo de inferioridade e preocupação.

Como calcular o seu número pessoal anual

Para calcular o seu número pessoal para um determinado ano, simplesmente some o seu mês pessoal com o dia do seu aniversário e o ano em questão. Por exemplo, se você nasceu no dia 28 de junho de 1956 e quer saber como será o ano de 2001, simplesmente substitua o ano do seu nascimento por 2001. Por exemplo:

Substitua o ano do seu nascimento (1956) por 2001.
28 de junho de 2001 = 2 + 8 + 6 + 2 + 0 + 0 + 1 = 19
A vibração será sentida por apenas um ano, de 1° de janeiro de 2001 a 31 de dezembro de 2001.

Interpretações dos nove anos pessoais

Os números pessoais anuais têm ciclos de nove anos.As palavras-chave a seguir descrevem a qualidade da vibração de cada ano pessoal.

Ano 1

É tempo de novos começos.Você terá numerosas oportunidades para a expansão de projetos que já foram estabelecidos ou para o início de programas que têm a marca da sua própria individualidade. Embora haja a possibilidade de você vir a tomar uma nova direção, fazer as escolhas certas exige coragem e confiança. Por isso, ouça a sua voz interior e evite ser desencorajado pelos outros. Se as mudanças estão no ar, esta é a hora de agir. O auto-aperfeiçoamento é verdadeiramente importante para você e é importante que neste ano você seja independente, positivo e ambicioso; se não o for, poderá perder oportunidades que o ano número 1 tem a oferecer. Qualquer tentativa de retrocesso será negada ou é desaconselhável. Na busca para realizar os seus sonhos, evite a preguiça ou a insegurança. A experiência mais gratificante para as pessoas número 1 é criar uma nova idéia ou invenção que beneficie os outros.

Ano 2

Este é um ano de relacionamentos, cooperação e paciência. Você provavelmente irá expandir o seu círculo social e conhecerá pessoas novas. Ao desenvolver a sua capacidade de agir como um apaziguador, você aumenta as suas chances de estabelecer relacionamentos ou parcerias duradouras. Pode ser que você se depare com alguém que represente um verdadeiro desafio e o melhor é enfrentar a situação, pois, se mantiver a mente aberta e positiva, terá muito a aprender com essa pessoa.

Aprender a fazer acordos, manter o equilíbrio, ser diplomático e desenvolver a sua habilidade de comunicação são possibilidades oferecidas a você este ano.

Este é, de forma geral, um ano para o aperfeiçoamento por meio da autoconscientização. Lembre-se de que a maneira pela qual você se relaciona com as pessoas pode ensinar-lhe muitas coisas acerca de si mesmo. O ano número 2 lhe oferece a experiência de estar em boa companhia e de formar novas parcerias baseadas em sinceridade, que lhe permitirão manter a liberdade e a independência.

Ajude os outros enquanto ajuda a si mesmo.

Ano 3

Este é um ano de auto-expressão emocional mediante atividades criativas, diversão e amor. É também uma época para comemorações, e é provável que você sinta necessidade de se divertir mais. As suas energias criativas irão fluir, permitindo que se expresse mais completa e livremente. É um período em que você pode se apaixonar e o seu otimismo jovial irá ajudá-lo a satisfazer a sua necessidade de amor e alegria. Você pode também expandir o seu círculo social, mas evite a tendência ao ciúme, à preocupação, à indecisão e ao desperdício de energia. O número 3 indica também um ano de criatividade e de expansão: ter um filho, viajar por prazer, levar a arte, a música e a cultura para a sua casa, tornando-a mais agradável. Programas sociais, cinema, exibições artísticas e reuniões com os amigos na sua casa são coisas que você quer ou precisa fazer este ano.

Se quiser se expressar artisticamente, esta é uma época excelente para adotar um *hobby* ou uma atividade criativa que sempre tenha sonhado iniciar, como atuar em teatro amador, pintar, dançar, cantar ou escrever.

Tenha confiança em si mesmo, experimente novos projetos e lembre-se de se divertir. As experiências mais gratificantes que o ano número 3 tem a oferecer são o aprendizado das coisas boas da vida e a experiência do crescimento emocional.

Ano 4

Em um ano número 4, a chave é ter uma boa estrutura. Neste ano, a organização, a ordem, a paciência e a aplicação prática irão ajudá-lo a estabelecer uma base mais firme. Neste ano, você pode realizar muitas coisas e terá oportunidades para isso. A necessidade de ter uma perspectiva pragmática sugere que desafios financeiros ou materiais também podem ocorrer, especialmente se os seus recursos forem mal-administrados. Contudo, qualquer que seja a sua situação, esta é a época para fazer uma revisão nas suas finanças e nas questões legais ou ligadas a seguros, bem como fazer os arranjos necessários para que tudo fique mais simples ou eficiente.

Os anos número 4 são bons para os negócios, construção e reformas em propriedades, ou simplesmente para se mudar para um local melhor. No entanto, tome cuidado para não tomar decisões pouco práticas em relação ao seu patrimônio ou apólice de seguro, pois mais tarde você pode se arrepender. O desafio mais importante para este ano é construir uma base sólida e não se deixar levar pela rebeldia ou pela preguiça. A experiência mais gratificante pode ser a conquista de algo de que você venha a se orgulhar.

Ano 5

Este é um ano de mudanças, o que muitas vezes indica que a sua situação, profissional ou pessoal, está em processo de transformação. Oportunidades de viagem (pequenas viagens ou longas jornadas) ou de mudança de emprego podem dar vez a muita atividade. Os seus instintos são poderosos e a necessidade de mudança pode tornar-se crucial. Você pode procurar novas pessoas e novas experiências.

Espere o inesperado e surpresas agradáveis.

Em um ano número 5, é vital fazer ajustes para as mudanças. Tente manter a perspectiva e evite a impaciência, a agitação e o tédio; seja também cuidadoso para não agir no calor do momento e depois se arrepender. Esta é uma época para agir com propósito e determinação, por isso renove a sua aparência ou faça alterações na sua rotina regular para evitar a mesmice. Os elementos mais gratificantes de um ano de número 5 são as experiências de novos aprendizados, novos rostos e novos lugares, bem como saber que você pode conquistar muito em um curto período de tempo.

Ano 6

Este é um ano para assumir responsabilidades, em casa ou no mundo. Como o número 6 é universal, você precisa se interessar mais pelo mundo de modo geral, sem se restringir ao próprio meio. Esta é a época para você se estabelecer em um novo ambiente. As novas responsabilidades muitas vezes dizem respeito aos seus familiares ou à vontade de tornar a sua casa confortável e bonita. Servir aos outros, como por exemplo participar de um trabalho comunitário, faz deste ano uma época de dedicação. Contudo, se trabalhar arduamente durante este ano, você irá colher recompensas positivas posteriormente, pois as oportunidades e os ganhos inesperados vêm da ajuda que dá aos outros. Procure dispor de tempo para estar com seus amigos e entes queridos, pois, neste ano, eles podem precisar de seu apoio. Por ser uma época de incorporação da harmonia e da beleza em sua vida, o ano número 6 oferece uma boa oportunidade para fazer melhorias na sua casa e torná-la mais confortável e luxuosa.

Ano 7

Este é um ano para o auto-aperfeiçoamento, a obtenção de novos conhecimentos e o desenvolvimento mental. O desejo de ter uma nova compreensão ou aprendizado pode encabeçar a sua lista de prioridades, sugerindo que vale a pena fazer uma avaliação de sua vida, refletir acerca dos seus esforços e realizações passados e planejar o futuro. É também um bom ano para aprimorar as suas habilidades ou para dedicar-se ao estudo de um novo assunto. Novas oportunidades podem vir por meio de seu trabalho, como, por exemplo, um aprendizado que pode melhorar a sua posição profissional ou o seu desempenho. Você terá necessidade de passar mais tempo sozinho ou, se estiver sozinho, desejará conhecer novas pessoas com as quais possa compartilhar seus interesses e se comunicar com facilidade. Um livro ou artigo poderão influenciá-lo de maneira profunda ou levá-lo a compreender as coisas sob novos aspectos. Escrever, ler ou se juntar a um grupo intelectualmente estimulante podem ser experiências interessantes. Evite isolar-se do mundo ou criticar excessivamente os que estão à sua volta, pois, em um ano número 7, mal-entendidos têm mais probabilidade de ocorrer. O mais gratificante este ano será procurar alcançar uma compreensão mais profunda da vida e expressar as suas idéias de uma nova maneira.

Ano 8

Este é um ano para agir com decisão, estabelecer e atualizar todos os esforços feitos nos últimos sete anos. Se quiser ser bem-sucedido, este não é o ano para sonhar acordado — você precisará se esforçar e seguir adiante. É provável que surjam oportunidades por intermédio de promoções ou de ganhos financeiros. Planos ou investimentos feitos no passado darão frutos. Este é também um ano de trabalho árduo e de responsabilidades adicionais. Por isso, evite o excesso de trabalho.

Pode ser que você se interesse em fazer investimentos em longo prazo, como, por exemplo, comprar uma propriedade, pois sentirá a necessidade de criar raízes e controlar a sua vida ou ter segurança duradoura. Boas oportunidades de negócios poderão surgir este ano e você terá sorte. Entretanto, é essencial que saiba gerenciar as suas finanças para garantir um bom retorno. Neste ano, procure ter consideração pelos outros e desfrutar o que a vida tem a oferecer, sem querer dominar os outros ou se concentrar somente nos seus ganhos pessoais.

Ano 9

Este é o ano mais importante e espiritual do ciclo numerológico. É um ano de completude, de buscar amarrar o que está solto. Um novo ciclo ainda não nasceu, mas o anterior está se acabando. O fundamental é que no ano número 9 você colhe o que planta. Esta é também uma época para avaliar a sua posição e descartar tudo o que não é essencial. Evite agarrar-se ao passado; se você tiver superado certas situações ou mesmo pessoas, esta é a época de dizer adeus e de planejar o futuro, especialmente no final do ano.

O simbolismo universal do número 9 também indica a conquista da maturidade e a compreensão dos princípios fundamentais da vida — do ciclo de morte e renascimento, do término e do recomeço. O número 9 representa a base do movimento eterno da vida, de mudança e de continuidade. As experiências mais gratificantes para o ano de número 9 são compaixão e perdão. Os seus bons atos não serão vãos: sua caridade para com os outros irá torná-lo uma pessoa melhor e lhe dará coragem para seguir adiante.

Interpretação dos 31 dias pessoais

O número do dia pessoal corresponde ao dia do mês que você nasceu. Ele nunca muda.

Dia 1

O grande desejo de ser o primeiro e independente é sugerido pelo dia do seu aniversário. Como número 1, você tem inclinação para ser original, inovador e corajoso, além de dispor de muita energia. Muitas vezes, há a necessidade de estabelecer uma identidade marcante e de desenvolver a autoconfiança e a assertividade. O espírito pioneiro aqui indicado o encoraja a tomar as suas decisões ou a agir por conta própria, o que o estimula a desenvolver habilidades executivas ou de liderança.

Cheio de entusiasmo e de idéias originais, você freqüentemente mostra aos outros o caminho a seguir. Contudo, a necessidade de ser admirado e popular pode minar a sua confiança, e a tendência a depender dos outros pode surgir da falta de confiança. Com o dia de aniversário número 1, pode ser que você precise aprender que o mundo não gira ao seu redor e tenha de evitar o autocentramento e o autoritarismo.

A vitória e o sucesso são possíveis por meio de novas idéias ou empreendimentos.

- ⬆ **Positivo**: liderança, criatividade, progressão, vigor, otimismo, forte convicção, competitividade, independência, espírito gregário
- ⬇ **Negativo**: arrogância, ciúme, egocentrismo, orgulho, antagonismo, falta de controle, egoísmo, fraqueza, instabilidade, impaciência

Dia 2

Sensibilidade e uma grande necessidade de pertencer a um grupo são sugeridos pelo dia de aniversário número 2. Você é, na maioria das vezes, uma pessoa adaptável e compreensiva, que tem prazer em participar de atividades cooperativas, nas quais possa interagir com os outros. Receptivo e influenciado pelo seu ambiente, você possui uma personalidade amigável e calorosa, tem boas habilidades sociais e uma abordagem diplomática. O amor pela harmonia e a inclinação para trabalhar melhor com os outros podem inspirá-lo a agir como mediador em assuntos familiares ou a atuar como apaziguador. Na sua tentativa de agradar os outros, você corre o risco de se tornar excessivamente dependente. Quando desenvolve a autoconfiança, você pode superar a tendência a se magoar com facilidade com as ações e críticas alheias. Nas suas relações amorosas e sociedades, aprenda a confiar na sua intuição. Evite a inclinação à manipulação.

Positivo: boas parcerias, gentileza, tato, receptividade, intuição, consideração, harmonia, boa vontade extrema, agradável

Negativo: desconfiança, subserviência, timidez, hipersensibilidade, egoísmo, facilmente magoável, ardiloso, mentiroso

Dia 3

Necessidade de amor, criatividade e expressão emocional são indicados pelo dia de nascimento número 3. Uma pessoa que gosta de se divertir, de fácil trato e boa companhia, você gosta de atividades sociais amigáveis e tem muitos interesses. A sua versatilidade e necessidade de auto-expressão podem levá-lo a ter numerosas experiências. A sua inclinação para se entediar facilmente pode levá-lo a se tornar indeciso ou a querer abraçar o mundo com as pernas. Mas como uma pessoa com o dia de aniversário número 3, você é em geral artístico e charmoso e tem senso de humor.

Talvez seja preciso desenvolver a auto-estima e evitar a tendência a se preocupar, a sentir ciúmes e outras manifestações de insegurança emocional. As relações pessoais e uma atmosfera amorosa são de importância vital para você, pois lhe dão entusiasmo e inspiração.

Positivo: humor, felicidade, amizade, produtividade, criatividade, habilidade artística, poder de desejar, amor à liberdade, talento com as palavras

Negativo: tédio, vaidade, exagero, extravagância, auto-indulgência, preguiça, hipocrisia, preocupação, indecisão, insegurança

Dia 4

A sólida estrutura e o poder de organização sugeridos pelo dia de aniversário número 4 indicam que você, muitas vezes, precisa de estabilidade e de ordem. Dotado de energia, habilidades práticas e muita determinação, você pode ser bem-sucedido se trabalhar firmemente. Com dia de nascimento número 4, você é uma pessoa sensível à forma e à composição e é capaz de criar sistemas práticos. Preocupado com a própria segurança, você quer construir uma base sólida para si e para sua família. Confiável mas retraído, você acredita que as ações falam mais alto do que as palavras. A maneira pragmática com que encara a vida lhe confere senso para negócios e habilidade para alcançar o sucesso material na vida. Como uma pessoa número 4, você, em geral, é honesto, franco e justo. No entanto, talvez precise aprender a expressar os seus sentimentos e evitar a teimosia e a falta de tato.

Os desafios postos ao indivíduo de número 4 podem incluir a superação de períodos de instabilidade, preocupação financeira ou de crueldade.

Positivo: organização, autodisciplina, firmeza, trabalho árduo, engenhosidade, habilidade manual, pragmatismo, confiabilidade, precisão

Negativo: comportamento destrutivo, falta de comunicação, repressão, rigidez, preguiça, pão-durismo, autoritarismo, severidade

Dia 5

Fortes instintos, natureza aventureira e desejo de liberdade são indicados pelo dia de aniversário número 5. Sua disposição para explorar ou experimentar qualquer novidade e a sua abordagem animada sugerem que a vida tem muito a lhe oferecer. Viagens e muitas oportunidades de mudança, algumas inesperadas, podem levá-lo a passar por uma verdadeira transformação de pontos de vista e crenças. Com o dia de aniversário número 5, você precisa sentir que a vida é empolgante; no entanto, talvez precise desenvolver uma atitude responsável e evitar a tendência à imprevisibilidade, a excessos e à agitação.

Muitas vezes, o dia de aniversário número 5 significa que você precisa aprender a ser paciente e a prestar atenção aos pormenores. Você pode alcançar o sucesso se evitar ações precipitadas ou especulativas. O talento natural do indivíduo número 5 é saber como seguir o fluxo da vida e ser desapegado.

⬆ **Positivo**: versatilidade, capacidade de adaptação, progressão, instinto forte, magnetismo, sorte, ousadia, amor à liberdade, rapidez, inteligência, curiosidade, misticismo, sociabilidade

⬇ **Negativo**: falta de confiabilidade, instabilidade, procrastinação, inconsistência, excesso de confiança, obstinação

Dia 6

Compaixão, idealismo e natureza atenciosa são alguns dos atributos sugeridos pelo dia de aniversário número 6. Este é o número da amizade universal e indica que você, muitas vezes, é um visionário ou humanitário, que pode ser responsável, amoroso e prestativo.

Embora possa ser, em muitas ocasiões, uma pessoa mundana e voltada para a sua vida profissional, com o dia de aniversário número 6, você é uma pessoa caseira e um pai de família dedicado. As suas intensas emoções e o desejo de promover a harmonia universal muitas vezes o encorajam a trabalhar arduamente pelo que acredita, seja mediante atividades na sua comunidade ou outro tipo de trabalho voluntário.

Os tipos mais sensíveis precisam encontrar uma forma de expressão criativa e são, muitas vezes, atraídos pelo mundo das diversões, da arte ou do *design*. Entre os desafios a ser enfrentados por algumas pessoas com o dia de aniversário número 6, estão o desenvolvimento da autoconfiança e da compaixão pelos amigos e vizinhos, bem como o aprendizado da responsabilidade. Pode ser que você precise superar a tendência a interferir na vida alheia, a preocupação, a insatisfação e a solidariedade com as pessoas erradas.

⬆ **Positivo**: fraternidade universal, compaixão, confiabilidade, compreensão, solidariedade, idealismo, vida doméstica, ideais humanitários, estabilidade, talento artístico, equilíbrio

⬇ **Negativo**: ansiedade, timidez, irracionalidade, teimosia, franqueza, desarmonia, perfeccionismo, comportamento dominador, irresponsabilidade, egoísmo, desconfiança, autocentramento

Dia 7

Analíticos e ponderados, os indivíduos de número 7 são, em geral, perfeccionistas, críticos e egocêntricos. Você, na maioria das vezes, prefere tomar as próprias decisões e sempre aprende melhor com a experiência pessoal. Por sua necessidade de elevar a autoconsciência, você gosta de reunir informações e tem interesse em ler, em escrever ou em assuntos ligados à espiritualidade. O desejo de aprender pode também levá-lo ao mundo acadêmico ou ao aperfeiçoamento constante das próprias habilidades. Como um indivíduo número 7, você muitas vezes pode se deixar levar pelo excesso de racionalização ou se perder em detalhes. Em outros momentos, pode se tornar uma pessoa extremamente sensível à crítica ou se sentir incompreendido. A tendência a ser enigmático ou dissimulado muitas vezes o leva a desenvolver a arte de fazer perguntas sutis sem deixar que ninguém saiba o que você realmente está pensando. Pode ser que o indivíduo número 7 também precise evitar ser excessivamente crítico, dogmático, pouco comunicativo e arrogante.

Positivo: educação, confiabilidade, meticulosidade, idealismo, honestidade, habilidade física, orientação científica e racional, reflexão

Negativo: ilusão, tendência à solidão, dissimulação, ceticismo, confusão, distanciamento, frieza

Dia 8

A força e o poder sugeridos pelo dia de aniversário número 8 mostram uma personalidade com princípios fortes e julgamento sólido. O número 8 muitas vezes indica que você aspira a grandes realizações e possui uma natureza ambiciosa. O desejo de dominação, segurança e sucesso material também é indicado por este dia de aniversário. Como uma pessoa número 8, você tem um senso natural para negócios e irá se beneficiar muito se desenvolver as suas habilidades organizacionais e executivas. Se tiver disposição para trabalhar duro, você sempre poderá arcar com grandes responsabilidades, mas talvez precise aprender a administrar a própria autoridade ou a delegar tarefas de forma justa e imparcial. Muitas pessoas com dia de aniversário número 8 costumam se sentir atraídas por atividades ligadas à justiça, lei e ordem, ou por posições de liderança em gerenciamento administrativo, bancário e financeiro. A forte necessidade de se sentir seguro ou estabelecido pode levá-lo a fazer planos ou investimentos em longo prazo. Muitos indivíduos com o dia de aniversário número 8 também possuem um grande poder de curar a si mesmos e aos outros e podem se beneficiar se aprenderem a canalizar essas forças para o aperfeiçoamento da humanidade.

Positivo: liderança, meticulosidade, capacidade de trabalho, tradição, autoridade, proteção, poder de cura, capacidade de julgamento

Negativo: impaciência, intolerância, avareza, agitação, excesso de trabalho, sede de poder, comportamento dominador, facilidade de ser desencorajado, falta de planejamento, comportamento controlador

Dia 9

Benevolência, compaixão e sensibilidade emocional estão associadas ao dia de aniversário número 9. Criativo e gentil, você é muitas vezes considerado inteligente e generoso. Você tem intuição, habilidades psíquicas e receptividade universal que, se forem positivamente canalizadas, podem inspirá-lo a seguir o caminho espiritual. Com o dia de aniversário número 9, você usualmente sente que a sua vida já está traçada e que não há muito espaço para manobrá-la. Você talvez precise desenvolver a compreensão, a tolerância e a paciência, bem como aprender a se tornar impessoal.

Este dia de aniversário sugere uma necessidade de superar desafios e uma tendência a ser excessivamente sensível e a sofrer de instabilidade emocional. Mesmo assim, as pessoas com o dia de aniversário número 9 estão destinadas a conquistar na vida e a servir à humanidade.

É provável que você se beneficie muito de viagens pelo mundo e da interação com pessoas dos mais diversos círculos sociais. Talvez precise evitar a tendência a ter sonhos irrealistas ou a inclinação ao escapismo.

Positivo: idealismo, humanitarismo, criatividade, sensibilidade, generosidade, magnetismo, natureza poética, caridade, distanciamento, sorte, popularidade

Negativo: frustração, nervosismo, incerteza, egoísmo, falta de senso prático, amargura, falta de personalidade, complexo de inferioridade, medo, preocupação, isolamento

Dia 10

Como as pessoas de dia de aniversário número 1, você provavelmente se esforça para alcançar as suas realizações e conquistas. Não obstante, talvez precise superar diversos obstáculos antes de conquistar as suas metas. Em geral, há uma forte necessidade de estabelecer uma identidade única, e o dia de aniversário número 10 indica que você pode ser inovador, autoconfiante e ambicioso. Você pensa grande e é em geral mundano. Muitas vezes vigoroso e original, você defende as próprias crenças, mesmo quando elas são diferentes das dos outros. Às vezes, pode se sentir sozinho ou pouco popular. A sua habilidade para iniciar as coisas sozinho e o seu espírito pioneiro freqüentemente o encorajam a viajar para locais distantes ou a se aventurar por conta própria. A sua tendência a depender dos outros muitas vezes deriva da falta de confiança, do medo, ou da necessidade de ser admirado e reconhecido. Com o dia de aniversário número 10, você talvez precise aprender que o mundo não gira ao seu redor e deve evitar o egoísmo e o autoritarismo. O sucesso e a realização são importantes para todas as pessoas que têm o dia de aniversário número 10, e muitas vezes você chegará ao topo da sua profissão. Como isso muitas vezes implica o envolvimento com questões mais amplas, pode ser que você não tenha inclinação para a vida doméstica.

Positivo: liderança, criatividade, progressão, vigor, otimismo, fortes convicções, competitividade, independência, senso gregário

Negativo: arrogância, ciúme, orgulho, antagonismo, falta de controle, egoísmo, fraqueza, instabilidade, impaciência

Dia 11

A vibração especial do dia de aniversário número 11 sugere que o idealismo, a inspiração e a inovação são altamente importantes para você. Um misto de humildade e de confiança geralmente o desafia a trabalhar o próprio autocontrole, tanto material quanto espiritual. Mediante a experiência, você pode aprender a lidar com os dois lados da sua natureza e a desenvolver uma atitude menos radical, quando acredita nos próprios sentimentos. Embora tenha intuição, você pode desperdiçar as suas energias e muitas vezes precisa encontrar um objetivo sobre o qual possa concentrar a sua atenção. Usualmente, você é altamente enérgico e vigoroso, mas deve evitar se tornar excessivamente ansioso ou perder o senso prático.

Com o dia de aniversário número 11, você, na pior das hipóteses, pode ter dificuldade em separar os seus sentimentos do que deseja realizar. Na melhor, pode ter características geniais que podem gerar benefícios para as outras pessoas.

Positivo: equilíbrio, foco, objetividade, entusiasmo, inspiração, espiritualidade, idealismo, intuição, inteligência, natureza expansiva, inventividade, natureza artística, disposição para servir, habilidade de cura, humanitarismo, fé, habilidade psíquica

Negativo: complexo de superioridade, emotividade excessiva, desonestidade, falta de objetivos, facilidade para ser magoado, tensão, egoísmo, falta de clareza, dominação, mesquinhez

Dia 12

O desejo de estabelecer uma verdadeira individualidade é muitas vezes sugerido pelo dia de aniversário número 12. Em geral intuitivo, prestativo e amigável, você tem boa capacidade de raciocínio. Inovador, compreensivo e sensível, você também sabe usar o tato e métodos cooperativos para alcançar os seus objetivos e metas. Para os outros, você muitas vezes parece ser confiante, embora a dúvida quanto a si mesmo e a desconfiança possam minar a sua personalidade naturalmente expansiva e sua perspectiva positiva. Quando alcança o equilíbrio entre a necessidade de auto-expressão e a inclinação natural para apoiar as outras pessoas, você pode encontrar a satisfação emocional e a realização pessoal. No entanto, talvez precise desenvolver a autoconfiança ou aprender a não ser facilmente desencorajado pelas outras pessoas.

Positivo: criatividade, atração, iniciativa, disciplina, promoção dos outros

Negativo: reclusão, excentricidade, falta de cooperação, excesso de sensibilidade, falta de auto-estima

Dia 13

Sensibilidade, entusiasmo e inspiração são muitas vezes identificados com o dia de aniversário número 13. Numericamente, você está associado à ambição e ao trabalho árduo e pode conquistar muito por meio da auto-expressão criativa. Pode ser, contudo, que você precise desenvolver uma perspectiva pragmática, se quiser transformar os seus talentos criativos em resultado concreto. A sua abordagem original e inovadora inspira novas e excitantes idéias que, freqüentemente, resultam em trabalhos que impressionam as pessoas.

Com o dia de aniversário número 13, você é sério, romântico, charmoso e amante das diversões, e com dedicação pode prosperar na vida. As suas poderosas emoções e desejo de liberdade e de auto-expressão emocional podem ser os seus grandes trunfos. Porém, quando aprende a importância das parcerias e da cooperação, você tem mais oportunidades de compartilhar o seu grande talento com as outras pessoas. Como muitos outros que fazem aniversário no dia 13, você talvez queira viajar ou se estabelecer em um novo ambiente, em busca de uma vida melhor. Os idealistas podem escolher uma carreira no mundo do entretenimento e procurar caminhos para expressar seu talento criativo.

Positivo: ambição, criatividade, amor à liberdade, auto-expressão, iniciativa
Negativo: impulsividade, indecisão, autoritarismo, natureza pouco emotiva, rebeldia

Dia 14

Potencial intelectual, perspectiva pragmática e forte determinação são algumas das qualidades das pessoas nascidas no dia 14. Muitas vezes, você possui um forte desejo de estabelecer uma sólida base e de alcançar o sucesso por meio do trabalho árduo. De fato, com o dia de aniversário número 14, você normalmente prioriza o trabalho e julga a si próprio e aos outros tomando como base a realização profissional.

Embora você precise de estabilidade, a agitação indicada pelo número 14 impele-o a seguir adiante e a assumir novos desafios, em uma constante tentativa de aperfeiçoamento. Essa insatisfação inata também pode inspirá-lo a passar por grandes mudanças na vida, especialmente se não estiver satisfeito com sua situação profissional e com sua condição financeira. Como muitas pessoas associadas a este dia de aniversário, você pode muitas vezes chegar ao topo da sua profissão.

As características ocultas indicadas pelo dia de aniversário número 14 sugerem que você sempre será beneficiado se explorar os seus talentos criativos e se aprender a expressar os seus sentimentos mais abertamente. O amor pode, em algumas ocasiões, apresentar-se como um verdadeiro desafio, embora a sua versatilidade, senso prático e grande intuição possam atropelar a sua tendência à teimosia. Com a sua mente perceptiva, você reage rapidamente aos problemas e gosta de resolvê-los. Tendo o dia de aniversário 14, você gosta de jogos e de correr riscos, e pode ter bastante sorte.

Positivo: ações decisivas, trabalho árduo, sorte, criatividade, pragmatismo, imaginação, diligência
Negativo: cautela excessiva ou impulsividade excessiva, instabilidade, imprevidência, teimosia

Dia 15

Versatilidade, generosidade e inquietude são qualidades sugeridas pelo dia de aniversário número 15. Geralmente, você é uma pessoa rápida e animada e tem uma personalidade carismática. Os seus grandes trunfos são a sua grande intuição e a habilidade para aprender rapidamente mediante a combinação entre prática e teoria. Em muitas ocasiões, você consegue conciliar o ganho financeiro com o aprendizado de novas habilidades. Muitas vezes, você pode utilizar a sua intuição e perceber rapidamente as oportunidades que surgem. Com o aniversário número 15, você possui talento para atrair dinheiro e receber ajuda de outros. Habitualmente despreocupado e animado, você saúda o inesperado. Embora seja naturalmente aventureiro, você precisa ter uma base verdadeira, ou algum local que considere a sua verdadeira casa. Embora tenha muito vigor e ambição, às vezes você pode se tornar teimoso ou obstinado. Evite a mesmice. Se combinar as suas habilidades práticas com suas idéias originais e superar a tendência a ser agitado e a se sentir insatisfeito, você pode ser mais bem-sucedido nos seus empreendimentos.

Positivo: disposição, generosidade, responsabilidade, amabilidade, cooperação, apreço, idéias criativas

Negativo: destrutividade, agitação, irresponsabilidade, egocentrismo, medo de mudanças, perda da fé, preocupação, indecisão, materialismo, mau uso do poder

Dia 16

O dia de aniversário número 16 sugere que você é uma pessoa ambiciosa, mas emotiva, cuidadosa e amigável. O seu grande desejo de se realizar e a necessidade de conhecer o mundo podem encorajá-lo a se afastar da sua família. Muitas vezes, você julga a vida de acordo com os seus sentimentos e tem a capacidade de compreender profundamente as pessoas e as situações. Como uma personalidade de número 16, no entanto, você pode sofrer tensões interiores quando se defronta com a necessidade de conciliar a sua auto-expressão com a responsabilidade para com os outros.

Com o dia de aniversário número 16, você pode se interessar por assuntos mundanos e trabalhar em corporações internacionais ou ligadas a meios de comunicação internacionais. Mas você pode também se envolver com organizações de caridade e trabalhar em prol de causas justas. Os que são criativos podem ter talento para escrever e receber súbitos rasgos de inspiração. A inquietude interior indicada pelo dia de aniversário 16 freqüentemente indica um despertar espiritual do "eu", especialmente nos períodos de instabilidade ou de mudança. Se você fizer aniversário no dia 16, precisa aprender a equilibrar o excesso de confiança com a insegurança. Embora muitos de vocês venham de famílias unidas, sempre preferem viver sozinhos ou viajar muito.

Positivo: educação elevada, responsabilidade para com a casa e a família, intuição, sociabilidade, cooperação, discernimento

Negativo: preocupação, inabilidade para se sentir satisfeito, irresponsabilidade, autopromoção, dogmatismo, ceticismo, alvoroço, irritabilidade, egoísmo, falta de solidariedade

Dia 17

Com o dia de aniversário número 17, você é muitas vezes uma pessoa arguta, de natureza reservada e dotada de habilidade analítica. Com capacidade para pensar de forma independente, você é uma pessoa culta ou cheia de habilidades e confia em sua experiência pessoal. Usualmente, você se vale de seu conhecimento de forma específica para se desenvolver na sua especialização e tem capacidade para o sucesso material ou para ocupar uma posição proeminente, como especialista ou pesquisador. Reservado, retrospectivo e distante, com um grande interesse por fatos e números, você, em geral, tem um comportamento sério e ponderado e gosta de fazer as coisas em um ritmo próprio. Mas se desenvolver a sua capacidade de comunicação, você pode descobrir muito mais acerca de si mesmo com o auxílio das outras pessoas. Contudo, depois de optar por um curso de ação, pode ser bastante determinado e não dar ouvidos ao conselho dos outros. Freqüentemente capaz de longos períodos de concentração e de resistência, você pode aprender muito mais com a experiência. Não obstante, você pode aprender mais rapidamente se deixar o ceticismo de lado.

Positivo: ponderação, capacidade para se tornar um especialista, planejamento, aptidão para os negócios, habilidade para atrair dinheiro, pensamento independente, natureza trabalhadora, precisão, habilidade para o trabalho de pesquisa, habilidade científica

Negativo: distanciamento, solidão, teimosia, falta de cuidado, mudanças de humor, excesso de sensibilidade, estreiteza mental, criticismo, tendência à solidão, preocupação, desconfiança

Dia 18

Determinação, assertividade e ambição são alguns dos atributos associados ao dia de aniversário número 18. Dinâmico e ativo, você muitas vezes deseja o poder e precisa de desafios constantes. Muitas vezes uma pessoa capaz, trabalhadora e responsável, você alcança posições de autoridade e tem inclinação para carreiras ligadas à justiça, à organização social e ao governo. Mas o seu grande senso para os negócios e sua capacidade de organização podem levá-lo ao mundo do comércio. Com o aniversário no dia 18, você pode ser uma pessoa com tendência a discussões, uma pessoa crítica ou difícil de contentar. Há também uma inclinação ao excesso de trabalho. Por isso talvez você precise aprender a relaxar ou a diminuir o ritmo de vez em quando.

Como uma personalidade número 18, você tem poder de curar, aconselhar ou resolver problemas dos outros. Contudo, talvez precise aprender a distinguir entre o bom e mau uso do poder, aprendendo a viver com os outros.

Positivo: evolução, assertividade, intuição, coragem, resolução, capacidade de cura, eficiência, habilidade para aconselhar

Negativo: descontrole das emoções, preguiça, falta de ordem, egoísmo, insensibilidade, incapacidade de concluir trabalhos ou projetos, engano

Dia 19

Criativo, radiante, ambicioso e dinâmico, embora humanitário e sensível, com o dia de aniversário número 19, você é uma pessoa decidida e cheia de recursos. Você tem profundidade de visão, mas o lado sonhador da sua natureza é compassivo, idealista e sensível. A necessidade de se tornar alguém pode ser a força que o leva a ser uma pessoa dramática e a querer ocupar o centro das atenções. Muitas vezes, há um grande desejo de criar uma identidade individual. Contudo, para tanto, você precisa primeiro superar a influência exercida pela pressão dos outros.

Somente por meio de diversas experiências, você poderá desenvolver a sua autoconfiança e capacidade de liderança. Para os outros, você pode aparentar ser uma pessoa confiante, resistente e cheia de recursos, mas as suas tensões internas podem causar instabilidade emocional. Embora seja orgulhoso e sinta necessidade de achar que as outras pessoas apreciam os seus esforços, você precisa também aprender que o mundo não gira ao seu redor. Isso muitas vezes indica que a sua tendência a ser egoísta e arrogante deve ser superada. É provável que você precise aprender algo acerca de coragem, planejamento e estrutura, bem como a superar o medo de ficar sozinho. Criativo e carismático, você sente que o mundo está aí para ser explorado e terá mais possibilidade de ser bem-sucedido se trabalhar sozinho ou em grandes corporações.

Positivo: dinamismo, centramento, criatividade, liderança, sorte, progressão, otimismo, fortes convicções, competitividade, independência, espírito gregário

Negativo: autocentramento, depressão, preocupação, medo de rejeição, instabilidade, materialismo, egoísmo, impaciência

Dia 20

Com o dia de aniversário número 20, você é uma pessoa intuitiva, sensível, adaptável e compreensiva, e muitas vezes se vê fazendo parte de um grupo maior. Em geral, você gosta de atividades cooperativas nas quais possa interagir, compartilhar experiências ou aprender com os outros. Influenciado pelo seu ambiente, você pode ser artístico ou musical. Normalmente charmoso e gracioso, você tem habilidades diplomáticas e sociais e pode freqüentar com facilidade diversos círculos sociais. Todavia, talvez precise desenvolver a autoconfiança ou superar a tendência a ser facilmente magoado pelas atitudes e críticas alheias. Em relacionamentos e sociedades em geral, você deve evitar a inclinação a se martirizar, a ser desconfiado ou a ser excessivamente dependente dos outros. Você é um mestre quando se trata de criar uma atmosfera agradável e harmônica e pode ser chamado a atuar como mediador em assuntos familiares ou apaziguador no trabalho, onde freqüentemente assiste aos outros.

Positivo: boas parcerias, gentileza, tato, receptividade, intuição, consideração, harmonia, agradável, amigável, boa vontade extrema

Negativo: desconfiança, subserviência, timidez, excesso de sensibilidade, egoísmo, tendência a ser facilmente magoado, ilusão

Dia 21

Vigor dinâmico e personalidade expansiva estão sempre presentes nas pessoas nascidas no dia 21. Com inclinação social, você tem muitos interesses e contatos e costuma ter sorte. Geralmente, você mostra aos outros a sua personalidade gregária e amigável. Altamente original e intuitivo, você possui um espírito independente.

Se você nasceu no dia 21, pode ser amante das diversões, magnético, criativo e dotado de charme social. Mas pode ser que você seja tímido e reservado, com necessidade de desenvolver a assertividade, especialmente nas relações mais próximas.Você tem muitas oportunidades e alcança o sucesso com as outras pessoas. Embora possa ter inclinação para relacionamentos cooperativos ou para o casamento, sempre quer ser reconhecido pelos próprios talentos e habilidades. As personalidades de número 21, contudo, devem evitar ser muito egoístas ou procurar a própria identidade nos sonhos de outras pessoas.Você pode também despender muito tempo com os seus relacionamentos e, assim, acabar se tornando uma pessoa dependente.

- **Positivo**: inspiração, criatividade, amor a uniões, relacionamentos duradouros
- **Negativo**: dependência, nervosismo, emotivo ao extremo, falta de visão, desapontamento, medo de mudança

Dia 22

Com o dia de aniversário 22, você é uma pessoa orgulhosa, prática, disciplinada e altamente intuitiva. Este é um número mestre, que pode vibrar tanto como número 22 quanto como número 4. Muitas vezes honesto, trabalhador, com capacidade natural de liderança, você tem uma personalidade carismática e uma capacidade de compreender profundamente as pessoas e suas motivações. Embora seja reservado, você sempre mostra uma preocupação cuidadosa e protetora com o bem-estar das pessoas. No entanto, você nunca perde de vista a sua posição pragmática ou realista. Freqüentemente culto e mundano, você tem muitos amigos e admiradores. Seus atributos mais evidentes são as suas habilidades práticas e executivas. A sua personalidade direta, mas tranqüila, ajuda-o a conquistar cargos gerenciais. Os que são mais competitivos alcançam o sucesso e prosperidade com a ajuda e o encorajamento de outros. Muitas pessoas nascidas neste dia têm fortes vínculos com irmãos e irmãs e muitas vezes os apóiam e protegem.

- **Positivo**: universalidade, intuição, pragmatismo, habilidade manual e construtora, organização, realismo, resolução de problemas, realização
- **Negativo**: vontade de enriquecimento rápido, nervosismo, complexo de inferioridade, autoritarismo, materialismo, falta de visão, preguiça, egoísmo, autopromoção

Dia 23

Intuição, sensibilidade emocional e criatividade são alguns dos atributos do dia de aniversário 23. Você é versátil, apaixonado, tem rapidez de raciocínio, atitude profissional e mente cheia de idéias criativas. Com a influência do número 23, você pode aprender novos assuntos facilmente, mas prefere a prática à teoria.Você precisa, contudo, superar a tendência a criticar os outros e desenvolver uma atitude menos egoísta. Amante das viagens, aventuras e desejoso de conhecer novas pessoas, sua inquietude leva-o a ter diversas experiências, às quais você se adapta para tirar o melhor proveito da situação. Em geral amigável e amante das diversões, dotado de coragem e vigor, você precisa levar uma vida ativa para realizar o seu verdadeiro potencial. Embora goste de ajudar os outros, se tiver propensão à indecisão e a mudar de idéia, pode aparentar ser uma pessoa irresponsável. Algumas pessoas de número 23 podem ter diversos relacionamentos curtos antes de encontrar a felicidade e o parceiro ideal.

Positivo: lealdade, responsabilidade, viagens, comunicação, intuição, criatividade, versatilidade, confiabilidade, fama

Negativo: egoísmo, insegurança, teimosia, natureza inflexível, criticismo, ciúme, retraimento, agitação

Dia 24

Percepção, responsabilidade e empreendimento são algumas das qualidades encontradas nas pessoas nascidas no dia 24. Embora você possa não gostar da rotina, é, na maioria das vezes, uma pessoa trabalhadora, dotada de senso prático e de boa capacidade de julgamento. A sensibilidade emocional do número 24 indica que você precisa de estabilidade, lei e ordem.Você também é sensível à forma e à estrutura e pode facilmente criar um sistema complexo, mas eficiente. Muitas vezes honesto, confiável e preocupado com a própria segurança, você precisa do amor e do apoio de um parceiro e deseja construir uma sólida base para si e para sua família. Confiável e justo, mas reservado, você se inclina a acreditar que as ações falam mais alto do que as palavras. A sua maneira pragmática de encarar a vida também lhe confere aptidão para os negócios e habilidade para ser materialmente bem-sucedido na vida. Com o dia de aniversário 24, você talvez precise superar períodos de instabilidade e a tendência a ser teimoso ou a ter idéias fixas. Aprendendo a confiar na sua intuição e a desenvolver habilidades sociais, você pode adquirir autodisciplina. Você deve, no entanto, evitar se comportar de forma destrutiva, pois isso pode ser interpretado pelos outros como rudeza e materialismo. O maior desafio para o dia de aniversário número 24 é aprender a conviver com as pessoas e superar a tendência à desconfiança, bem como construir uma base segura.

Positivo: energia, idealismo, habilidades práticas, determinação, honestidade, franqueza, imparcialidade, generosidade, amor à casa, atividade

Negativo: rudeza, materialismo, avareza, aversão à rotina, preguiça, infidelidade, dominação, teimosia, vingança

Dia 25

Intuitivo e ponderado, embora rápido e vigoroso, você precisa se expressar mediante experiências diferentes, como, por exemplo, idéias, pessoas ou lugares novos e empolgantes. O desejo de perfeição associado ao dia de aniversário 25 muitas vezes leva ao trabalho árduo e à produtividade. Porém, quando as coisas não acontecem conforme o planejado, você precisa ser menos impaciente ou crítico.

A sensibilidade emocional e o talento artístico e criativo são apenas alguns dos seus atributos ocultos. Talvez você precise evitar se subestimar, pois isso pode levar à frustração ou a um comportamento destrutivo. A sua grande necessidade de ter relacionamentos pessoais próximos duradouros, amor e afeição pode ser minada pela vibração agitada do número 25. Você, em geral, é uma pessoa instintiva e alerta, que pode ampliar o seu conhecimento por meio da aplicação prática, mais do que pela teoria. Sua capacidade de julgamento e a atenção que dispensa aos detalhes garantem o seu sucesso. Talvez seja importante desenvolver uma atitude menos cética e superar a tendência a tomar decisões impulsivas. Você pode sentir-se emocionalmente tenso ou mal-humorado devido ao medo que tem de mudanças. Como número 25, você possui uma grande energia mental; quando se concentra, ela o ajuda a considerar todos os fatos e a chegar a uma conclusão mais rapidamente do que qualquer outra pessoa. O sucesso e a felicidade serão seus quando aprender a confiar na própria intuição e quando desenvolver a perseverança e a paciência.

Positivo: intuição, busca da perfeição, percepção, criatividade, habilidade em lidar com as pessoas

Negativo: impulsividade, impaciência, irresponsabilidade, emotividade excessiva, ciúme, hermetismo, criticismo, mau humor, nervosismo

Dia 26

O dia de aniversário 26, freqüentemente, sugere que você aspira a grandes realizações e possui uma natureza ambiciosa. Muitas vezes, você tem uma maneira pragmática de encarar a vida, habilidade executiva e aptidão para os negócios. A força e o poder sugeridos pelo número 26 mostram que você tem uma personalidade cautelosa, princípios e boa capacidade de julgamento. Se você nasceu no dia 26 é, normalmente, uma pessoa responsável, com senso estético inato. O amor à vida doméstica e o forte instinto paternal podem também sugerir que você tem uma grande necessidade de construir uma sólida base ou uma estabilidade genuína. Mas, devido à teimosia ou à falta de autoconfiança, você pode, às vezes, desistir muito facilmente. Não obstante, com autocontrole e planejamento cuidadoso, você pode alcançar o sucesso.

A sua inclinação para causas idealistas e humanitárias pode levá-lo a se envolver em atividades educacionais ou comunitárias. Muitas vezes, você é um manancial de força para outras pessoas, apóia os amigos e familiares que o procuram em momentos de dificuldade. Você deve, no entanto, evitar as tendências materialistas e o desejo de controlar as situações e as pessoas.

Positivo: criatividade, praticidade, cuidado, responsabilidade, orgulho da família, entusiasmo, coragem

Negativo: teimosia, rebeldia, falta de entusiasmo, falta de persistência, instabilidade, dominação

Dia 27

O dia de aniversário 27 indica que você pode ter uma maior profundidade de pensamento se desenvolver a paciência e o autocontrole. Intuitivo, mas analítico, você é muitas vezes vigoroso, determinado e observador e presta muitas atenção aos detalhes. Muitas vezes idealista e sensível, dotado de uma mente fértil e criativa, você pode impressionar os outros com os seus pensamentos e idéias originais. Embora às vezes possa aparentar ser uma pessoa reservada, racional ou distante, na verdade, você pode estar escondendo uma tensão interna, que pode se manifestar como uma tendência à impulsividade, à indecisão, à confusão ou à desconfiança em face de mudanças iminentes. Se desenvolver a sua capacidade de se comunicar, você pode superar a relutância em expressar seus sentimentos mais profundos. Muitas vezes, a inspiração é a chave para o sucesso. Quando desenvolve uma perspectiva mais universal, você consegue controlar rompantes ou evitar se preocupar com o que os outros possam pensar ou dizer. A educação e a cultura são essenciais para as pessoas nascidas no dia 27 e, com as devidas qualificações, você pode ser bem-sucedido se escrever, pesquisar ou trabalhar em grandes organizações. Naturalmente versátil e imaginativo, dotado de grande intuição ou habilidade psíquica, você pode ser uma pessoa ambiciosa e cheia de idéias. No entanto, a inquietação pode levá-lo a se comportar de forma instável e impulsiva. Talvez você precise aprender a converter as suas idéias em resultados concretos. Embora seja muitas vezes afetivo e tenha consideração pelos outros, você pode, ocasionalmente, dar a impressão de ser uma pessoa excessivamente sensível e distante. Se desenvolver uma perspectiva mais neutra, você será capaz de ouvir e de aceitar as críticas ou idéias alheias.

Positivo: versatilidade, imaginação, criatividade, decisão, coragem, boa compreensão, capacidade mental, espiritualidade, inventividade, força mental

Negativo: mau humor, facilidade de se ofender, tendência a discutir com os outros, inquietação, nervosismo, desconfiança, sentimentalismo excessivo, tensão

Dia 28

Independente, idealista e anticonvencional, embora pragmático e determinado, você é, muitas vezes, a sua própria lei. O conflito interno entre o desejo de ser independente e o de querer pertencer a um grupo também é patente. Como o indivíduo número 1, você é ambicioso, direto e empreendedor. Sempre pronto para a ação e para se lançar em novos empreendimentos, você assume corajosamente os desafios da vida e, com o seu entusiasmo, pode facilmente inspirar os outros — se não a juntar-se a você, pelo menos a apoiá-lo no seu empreendimento mais recente. Entre as suas diversas qualidades incluem-se fortes convicções, abundância de recursos, bom juízo e habilidade para acumular conhecimento e usá-lo na solução dos problemas. Com o dia de aniversário 28, você normalmente tem capacidade de liderança e confia no seu senso comum, lógica e clareza de pensamento. Embora se preocupe com o sucesso e seja ambicioso, a sua família e a vida doméstica são muito importantes para você. Encontrar a estabilidade e cuidar dos entes queridos pode às vezes ser um desafio para você. Muitas vezes, você assume responsabilidades, mas pode também se tornar uma pessoa excessivamente entusiasmada, impaciente ou intolerante. Você deve também evitar o autoritarismo, o dogmatismo ou a rebeldia.

Positivo: compaixão, progressão, audácia, habilidade artística, criatividade, idealismo, ambição, capacidade para o trabalho árduo, vida familiar estável, força de vontade

Negativo: sonhador, sem compaixão, pouco sensato, autoritarismo, mau juízo, agressividade, falta de cooperativismo, falta de confiança, dependência de outras pessoas, orgulho

Dia 29

Visionários idealistas, dotados de uma natureza vigorosa, os indivíduos número 29 possuem uma personalidade poderosa e um extraordinário potencial. Você é muitas vezes altamente intuitivo, sensível e emotivo. Sua natureza compassiva e compreensiva inspira um sentimento humanitário e pode encorajar os outros a realizar as suas esperanças e sonhos. De fato, a inspiração é a chave para o seu sucesso... sem ela você pode experimentar uma falta de sentido na vida. Embora seja um verdadeiro sonhador, com freqüência, os aspectos extremos da sua natureza indicam que você tem de se resguardar contra a instabilidade emocional. Você pode oscilar entre ser muito amigável e caloroso e ser frio e indiferente com os outros; ou pode oscilar entre o otimismo e o pessimismo. Embora quem nasce no dia 29 seja uma pessoa competitiva e ambiciosa, você tem necessidade de ser popular e se interessa pelo que os outros pensam a seu respeito. No entanto, você precisa aprender a ser menos crítico, desconfiado, tímido ou distante e a ter mais consideração com os que estão ao seu redor. Se confiar nos seus sentimentos mais íntimos e se abrir o seu coração para os outros, você pode superar a tendência a se preocupar ou a usar a sua mente como escudo protetor. Use os seus pensamentos criativos para realizar alguma coisa de especial e única, que possa inspirar ou servir aos outros.

Positivo: inspiração, equilíbrio, paz interior, generosidade, sucesso, criatividade, intuição, misticismo, sonhos poderosos, interesse pelo mundo, fé

Negativo: falta de concentração, insegurança, nervosismo, temperamental, pessoa difícil, extremismo, isolamento, sensibilidade excessiva

Dia 30

Artístico e criativo, amigável e sociável são apenas alguns dos adjetivos usados para caracterizar as pessoas que fazem aniversário no dia 30. Você gosta de levar uma vida confortável e de se socializar e pode ser excepcionalmente carismático, leal e amigável. Emotivo e ambicioso, dotado de potencial criativo, você apreende as idéias e as expande no seu próprio estilo dramático. Com temperamento estável e espírito gregário, dotado de bom gosto e talento estético, você pode ser bem-sucedido em todos os tipos de trabalho relativos à arte, ao *design* e à música. O orgulho e a ambição, combinados com boas oportunidades, muitas vezes permitem que você chegue ao topo da sua profissão. Se você nasceu no dia 30, possui sentimentos fortes: estar apaixonado ou sentir-se contente é um requisito vital. Na sua busca de felicidade, evite ser preguiçoso, excessivamente indulgente, impaciente ou invejoso, pois isso pode provocar uma instabilidade emocional. Entre as pessoas que nasceram no dia 30, muitas têm reconhecimento ou fama, especialmente os músicos, atores e comediantes, mas talvez precisem fazer ainda alguns sacrifícios pelas pessoas que amam.

Positivo: amor à diversão, lealdade, amizade, capacidade de síntese, talento com as palavras, criatividade, sorte

Negativo: preguiça, obstinação, comportamento errático, impaciência, indulgência excessiva, indiferença, indecisão, inveja

Dia 31

Forte força de vontade, determinação e ênfase na auto-expressão são indicados pelo dia de aniversário 31. Você, muitas vezes, combina a sua intuição com a capacidade prática de tomar as decisões certas. Geralmente, você é incansável e determinado e tem necessidade de progredir materialmente; contudo, talvez você precise aprender a aceitar as limitações da vida e, por isso, precise construir uma sólida base. Se você nasceu no dia 31, é uma pessoa com idéias originais, dotada de senso estético e habilidade para ser bem-sucedida nos negócios, se não se precipitar e se seguir um plano de ação prático. Boa sorte e oportunidades também são sugeridas pelo número 31, além da capacidade de transformar passatempos em empreendimentos lucrativos. Contudo, talvez você precise aprender a não se desencorajar facilmente e a ter mais consideração pelos outros. Para você, é crucial ter tempo para o amor e para as diversões, dado que tende a ser uma pessoa muito trabalhadora. No entanto, precisa evitar a tendência a ser excessivamente indulgente ou egoísta, ou ser excessivamente otimista. Os indivíduos mais fracos associados ao dia de aniversário 31 são inseguros e desistem muito facilmente dos seus sonhos ou se deixam levar pelo mundo da fantasia.

Positivo: sorte, criatividade, originalidade, capacidade para construir e ser construtivo, persistência, praticidade, capacidade de comunicação, responsabilidade

Negativo: insegurança, impaciência, desconfiança, tendência a se desencorajar facilmente, falta de ambição, egoísmo, teimosia, materialismo

Os 31 dias de LEÃO

23 de julho a 22 de agosto

23 de Julho

Espírito de empreendimento, inteligência, sensibilidade e inquietação são algumas das qualidades associadas ao seu dia de aniversário. Como você nasceu na cúspide de Leão e Câncer, você se beneficia das influências do Sol e da Lua. Contudo, o Sol em Leão é predominante e a sua influência sugere que a dignidade, o orgulho, a criatividade, bem como a necessidade de autoexpressão são partes vitais do seu caráter. Assertivo desde a infância, você está constantemente buscando novos interesses e experiências. A sua natureza aventureira está sempre ávida para ir a qualquer lugar e muitas vezes é você quem toma a dianteira.

Apesar de o seu grande trunfo ser a sua mente rápida e penetrante, você pode, às vezes, acelerar demais o passo. No entanto, o seu potencial mental criativo é um elemento excelente para a aprendizagem de novas habilidades e o aperfeiçoamento do que você já sabe. Qualquer coisa que faça, a sua criatividade e sua engenhosidade causam impacto. Com os seus fortes instintos e senso de humor fora do comum, você é uma pessoa espirituosa e divertida.

♌

SOL: CÚSPIDE DE CÂNCER/LEÃO
DECANATO: LEÃO/SOL
GRAU: 29°30' CÂNCER - 1° LEÃO
MODO: FIXO
ELEMENTO: FOGO

♌

Um dos seus maiores desafios pode ser a impaciência e é somente por meio do desenvolvimento de uma atitude mais perseverante que você poderá superar a tendência a agir impulsivamente. Quando descobre algo que realmente o interesse, a sua inteligência rápida e sua versatilidade o ajudam a desenvolver com sucesso uma linha específica de trabalho. Se aperfeiçoar o seu poder de concentração e sua resistência mental, você pode adquirir uma perspectiva mais pragmática e desenvolver a capacidade de pensar com mais profundidade.

Para utilizar o grande potencial indicado pelo dia de seu aniversário, você precisa adotar uma abordagem científica e lógica, o que o ajudará a se tornar mais habilidoso e metódico, e a dar uma importância especial à conclusão dos seus projetos e atenção aos detalhes. Entre vários de seus talentos, você é capaz de ir direto ao âmago de uma questão e resolver problemas de um modo rápido e eficiente.

Quando você tem 30 anos de idade, o seu Sol progredido entra no signo de Virgem. Isso indica que nos trinta anos seguintes você sofrerá a influência das qualidades deste signo, como a praticidade, o discernimento, o criticismo e o perfeccionismo. Aos 60 anos de idade, quando o seu Sol progredido entra no signo de Libra, a sua vida passa por uma mudança, e você passa a dar uma crescente importância aos seus relacionamentos, criatividade e harmonia.

O Seu Eu Secreto

Idealista, otimista e dotado de grande entusiasmo pela vida, você gosta de fazer as coisas de um modo grandioso e para isto não tem medo de arriscar. Embora possua um senso prático interior, você precisa aprender que sem paciência, planejamento adequado e previsão, os seus sonhos podem virar castelos de areia. Contudo, como muitas vezes você tem sorte, circunstâncias à primeira vista desfavoráveis podem acabar sendo uma fonte de benefícios.

Como o amor e a amizade são de importância fundamental, você precisa aprender algumas coisas em relação às pessoas queridas. O lado inquieto da sua natureza sugere que embora seja sensível e emotivo, você pode, às vezes, ter incerteza quanto aos seus sentimentos, o que pode levá-lo a se entediar com facilidade ou a desperdiçar as suas energias. A sua disposição em ajudar as pessoas mostra a compaixão, embora o orgulho associado a este dia de aniversário sugira que você tem propensão à adulação.

Trabalho & Vocação

Como aprende as coisas rapidamente, você tem a capacidade de se realizar em diversas ocupações diferentes. Qualquer carreira que escolha, a sua ambição e necessidade de reconhecimento freqüentemente garantem que você alcançará o topo da sua profissão. O lado versátil da sua natureza sugere que você gosta de trabalhos que envolvam viagens e variedade. Sendo uma pessoa inquieta, você pode ter diversos tipos de experiências ou ocupações, pois deseja encontrar aquela que se adeque à sua natureza aventureira. Você pode ser particularmente bem-sucedido nos negócios ou em qualquer tipo de cargo gerencial. Com o seu amor à liberdade e espírito de empreendimento, você deseja ser independente e trabalhar por conta própria.

ESTRELAS FIXAS

Embora o grau do seu Sol não esteja associado a nenhuma estrela fixa, alguns de seus outros planetas certamente estão. Por meio do seu mapa astrológico, você pode encontrar a posição exata dos planetas na sua data de nascimento e poderá saber quais das estrelas fixas listadas neste livro são importantes para você.

Numerologia

Sensibilidade emocional e criatividade são alguns dos atributos do dia de aniversário número 23. Você, em geral, é uma pessoa versátil e que tem um pensamento rápido, possui uma atitude profissional e uma mente cheia de idéias inventivas. Com a influência do número 23, você pode aprender novos assuntos facilmente, mas prefere a prática à teoria. Você gosta de viagens, aventuras e de conhecer pessoas novas, e a inquietude indicada pelo número 23 o impele a ter muitos tipos diferentes de experiências e faz com que você seja adaptável a ponto de extrair o melhor de cada situação. A subinfluência do mês número 7 indica que embora você possa, às vezes, duvidar de si mesmo, prefere tomar as suas próprias decisões. Muitas vezes, uma pessoa cheia de talentos e inteligente, você precisa se expressar por meio de conquistas mentais. Você dedica grande parte do seu tempo a trabalhos que exijam pesquisa detalhada ou esforços independentes. Embora possa aparentar ser ponderado e cauteloso, você é uma pessoa imaginativa e altamente sensível, capaz de ter reações rápidas.

Positivo: lealdade, responsabilidade, viagens, comunicação, intuição, criatividade, versatilidade, confiabilidade, fama

Negativo: egoísmo, insegurança, teimosia, inflexibilidade, criticismo, reserva, preconceito

Amor & Relacionamentos

Gregário e entusiástico, você tem atração por pessoas imaginativas que possam inspirá-lo e encorajá-lo com sabedoria e conhecimento. A sua sensibilidade e sua intuição sugerem que você tem capacidade para julgar o caráter das pessoas e que pode ser amoroso e atencioso. Espirituoso e orgulhoso, você gosta de ter um papel importante no seu círculo social, ainda que a necessidade de privacidade também indique que você não se sente à vontade se alguém se mete na sua vida particular. A insatisfação pode levá-lo a experiências novas e animadas, como relacionamentos passageiros ou envolvimentos emocionais secretos.

ALGUÉM ESPECIAL

Para manter o interesse em relacionamentos duradouros, você pode procurar as pessoas nascidas nas seguintes datas:

Amor & amizade: jan: 13, 19, 23; fev: 11, 17, 21; mar: 9, 15, 19, 28, 29, 30; abr: 7, 13, 17, 26, 27; mai: 5, 11, 15, 24, 25, 26; jun: 3, 9, 13, 22, 23, 24; jul: 1, 7, 11, 20, 21, 22; ago: 5, 9, 18, 19, 20; set: 3, 7, 16, 17, 18; out: 1, 5, 14, 15, 16, 29, 31; nov: 3, 12, 13, 14, 27, 29; dez: 1, 10, 11, 12, 25, 27, 29

Relacionamentos benéficos: jan: 7, 15, 20, 31; fev: 5, 13, 18, 29; mar: 3, 11, 16, 27; abr: 1, 9, 14, 25; mai: 7, 12, 23; jun: 5, 10, 21; jul: 3, 8, 19; ago: 1, 6, 17, 30; set: 4, 15, 28; out: 2, 13, 26; nov: 11, 24; dez: 9, 22

Atrações fatais: jan: 19, 20, 21, 22

Relacionamentos desafiantes: jan: 6, 14, 30; fev: 4, 12, 28; mar: 2, 10, 26; abr: 8, 24; mai: 6, 22; jun: 4, 20; jul: 2, 18; ago: 16; set: 14; out: 12; nov: 10; dez: 8

Alma gêmea: abr: 30; mai: 28; jun: 26; jul: 24; ago: 22; set: 20; out: 18; nov: 16, 28; dez: 14, 26

24 de Julho

Ambicioso, prático e responsável, você é um leonino idealista, dotado de uma natureza solidária e corajosa. Você tem uma forma de pensar positiva e capacidade de organização e planejamento, além de fazer um bom uso do seu amplo conhecimento. Como se preocupa com a sua segurança, você quer estabelecer uma base segura para si próprio. Em geral, sente-se mais feliz quando está em atividade ou trabalhando, e não gosta de desperdiçar a sua energia em busca de prazeres evanescentes.

Como se sente particularmente atraído por pessoas inteligentes ou interessantes, você faz contatos que se baseiam em interesses comuns ou na busca de conhecimento e sabedoria. De um modo geral, a educação desempenha um papel importante no seu progresso, e pode incluir o estudo autodidata de um assunto específico que o inspire. Usando o seu refinado senso comum e cultivando a sua intuição, você, muitas vezes, pode aconselhar as pessoas ao seu redor.

♌

SOL: LEÃO
DECANATO: LEÃO/SOL
GRAU: 1° - 2° LEÃO
MODO: FIXO
ELEMENTO: FOGO

♌

Imaginativo e cheio de idéias para enriquecer, você compreende bem as tendências atuais e gosta de usar a sua criatividade ao mesmo tempo que ganha dinheiro. Na sua avidez pelo sucesso, no entanto, evite tornar-se muito crítico, teimoso ou agressivo, aprendendo a dar e a receber e dominando a arte sutil de negociar.

Quando você tem 29 anos de idade, o seu Sol progredido entra no signo de Virgem, dando início a um período de trinta anos de crescente ênfase no seu trabalho, eficiência prática e produtividade. Você passa a ter mais prazer quando ajuda às pessoas ou faz bem o seu trabalho. A sua vida passa por uma outra transformação aos 59 anos de idade, quando o seu Sol progredido entra no signo de Libra, estimulando-o a ser mais diplomático e a dar mais importância aos relacionamentos, ao equilíbrio e à harmonia.

O Seu Eu Secreto

Como você é uma pessoa cheia de talentos, tem interesse por diversos assuntos e gosta de se manter bem informado por meio da exploração de novas idéias. Isso impede que você fique entediado ou inquieto. Como é idealista, precisa encontrar um equilíbrio entre lutar pelo que acredita e aceitar o destino. Quando você estabelece uma filosofia de vida, aprende a aceitar as suas limitações.

Ainda que deseje estar sempre em movimento e progredindo, enquanto não aprender a parar e se entregar à reflexão ou contemplação será difícil encontrar a paz interior. A introspecção é uma ferramenta especialmente útil na sua busca para se tornar um ser integral. A sua casa pode também ter um papel importante para a sua segurança e a proteção da sua sensibilidade emocional. Você busca algum tipo de conhecimento ou sabedoria interior que lhe dê amor e serenidade. Essa busca pela sabedoria permanece com você até o fim da sua vida e pode incluir o estudo da metafísica ou da espiritualidade.

Trabalho & Vocação

O seu orgulho e forte senso de responsabilidade garantem que você quer fazer bem o seu trabalho. Você pode ser um excelente gerente, executivo ou líder, além de ser uma pessoa muito engenhosa. Como possui uma boa capacidade de organização e de estratégia, você pode se sobressair na área do comércio, especialmente no trabalho em parcerias ou cooperativos. Você pode também ser bem-sucedido na área de promoções e publicidade. A sua boa capacidade mental pode levá-lo a seguir carreiras nas áreas de Educação, Filosofia, Religião ou Psicologia. Com o seu forte senso dramático, as carreiras de ator, escritor ou político podem ser uma plataforma para você expressar as suas fortes opiniões.

ESTRELAS FIXAS

Embora o grau do seu Sol não esteja associado a nenhuma estrela fixa, alguns de seus outros planetas certamente estão. Por meio do seu mapa astrológico, você pode encontrar a posição exata dos planetas na sua data de nascimento e poderá saber quais das estrelas fixas listadas neste livro são importantes para você.

Numerologia

Com o dia de aniversário número 24, você tem aversão à rotina; contudo, você é uma pessoa trabalhadora, dotada de habilidades práticas e boa capacidade de julgamento. A sensibilidade emocional do dia de aniversário número 24 sugere que você precisa de estabilidade e ordem. Leal e justo, apesar de algumas vezes retraído, você tem inclinação a acreditar que as ações falam mais alto do que as palavras. Com essa maneira pragmática de encarar a vida, você pode desenvolver um bom senso para os negócios e a habilidade para superar os obstáculos e ser bem-sucedido. Como uma pessoa número 24, você precisa superar a tendência a ser teimoso ou a ter idéias fixas. A subinfluência do mês número 7 indica que você gosta de observar cuidadosamente as coisas antes de tomar alguma decisão. Como tem sensibilidade à estrutura e pode criar com facilidade um sistema eficiente, a sua criatividade e suas habilidades práticas são benéficas.

- **Positivo**: energia, idealismo, habilidades práticas, forte determinação, honestidade, franqueza, justiça, generosidade, amor pela casa, atividade, vigor
- **Negativo**: materialismo, avareza, instabilidade, crueldade, aversão à rotina, preguiça, falta de confiabilidade, teimosia

Amor & Relacionamentos

Intuitivo e arguto, você tem atração por relacionamentos fora do comum ou com pessoas que possam inspirá-lo a adquirir um maior conhecimento. Mesmo que a sua casa e sua família sejam importantes, a grande necessidade de liberdade e independência sugere que a sua inquietação e desejo de realização podem ameaçar a sua inclinação a permanecer em apenas um lugar por muito tempo. Você tem atração por pessoas que sabem mais do que você. Com a sua maneira dramática de se expressar, você terá sempre um jeito jovial e divertido.

ALGUÉM ESPECIAL

Você pode encontrar o parceiro certo entre as pessoas nascidas nas seguintes datas:

Amor & amizade: jan: 3, 4, 14, 20, 24; fev: 2, 12, 18, 22; mar: 10, 16, 20, 29, 30; abr: 8, 14, 18, 27, 28; mai: 6, 12, 16, 25, 26, 31; jun: 4, 10, 14, 23, 24, 29; jul: 2, 8, 12, 21, 22, 27; ago: 6, 10, 19, 20, 25; set: 4, 8, 17, 18, 23; out: 2, 6, 15, 16, 21, 30; nov: 4, 13, 14, 19, 28, 30; dez: 2, 11, 12, 17, 26, 28, 30

Relacionamentos benéficos: jan: 4, 8, 21; fev: 2, 6, 19; mar: 4, 17, 28; abr: 2, 15, 16; mai: 13, 24; jun: 11, 22; jul: 9, 20; ago: 7, 18, 31; set: 5, 16, 29; out: 3, 14, 27; nov: 1, 12, 25; dez: 10, 23

Atrações fatais: jan: 3, 21, 22, 23; fev: 1; mai: 31; jun: 29; jul: 27; ago: 25; set: 23; out: 21; nov: 19; dez: 17

Relacionamentos desafiantes: jan: 7, 10, 15, 31; fev: 5, 8, 13, 29; mar: 3, 6, 11, 27; abr: 1, 4, 9, 25; mai: 2, 7, 23; jun: 5, 21; ago: 3, 19; set: 15; out: 13; nov: 11; dez: 9

Alma gêmea: mar: 31; abr: 29; mai: 27; jun: 25; jul: 23; ago: 21; set: 19; out: 17, 29; nov: 15, 27; dez: 13, 25

25 de julho

Criativo e divertido, dotado de habilidade para comercializar os seus talentos, você é um leonino vivaz, cheio de charme, impulso e entusiasmo. A vitalidade mental e a atitude despreocupada indicadas pelo seu dia de aniversário, entretanto, também têm uma natureza mais profunda e mais introspectiva que precisa ser desenvolvida.

A subinfluência do regente do seu decanato, o Sol, significa que você é nobre e capaz de expressar as alegrias da vida. Versátil e generoso, dotado de uma mente curiosa, você tem muitos interesses e passatempos. Como é uma pessoa gregária e sociável, você pode, às vezes, querer fazer demais e acabar desperdiçando a sua energia. Contudo, você é uma pessoa habilidosa e artística, com potencial para ser bem-sucedido por meio de algum tipo de atividade criativa. Apesar de intelectualmente brilhante, a confusão quanto ao que realmente deseja pode ser uma fonte de preocupação e indecisão e pode levá-lo a explorar diferentes opções. Se estiver inspirado, você tem disposição para desenvolver a resistência e a persistência necessárias para enfrentar os desafios e transformar sonhos impossíveis em realidade.

♌

SOL: LEÃO
DECANATO: LEÃO/SOL
GRAU: 1°45'-3° LEÃO
MODO: FIXO
ELEMENTO: FOGO

♌

O seu espírito pioneiro e empreendedor e seu forte instinto de sobrevivência fazem de você um bom estrategista, e se desenvolver a disposição para trabalhar em projetos de longo prazo sem esperar recompensas imediatas, você pode mostrar o quanto é dedicado. Supere a tendência à insegurança emocional ou ao ciúme aprendendo a confiar espontaneamente nos próprios instintos.

Quando você tem 28 anos de idade, o seu Sol progredido entra no signo de Virgem, dando início a um período de trinta anos que o leva a desenvolver as suas habilidades analíticas e em que você sofre a influência das qualidades deste signo, como a praticidade e eficiência. Uma outra virada ocorre por volta dos 58 anos de idade, quando o seu Sol progredido entra no signo de Libra, estimulando-o a cooperar mais com as pessoas, a ser diplomático e a dar mais importância às suas parcerias e à harmonia.

O Seu Eu Secreto

Cultivando a fé, você pode aprender a depender dos seus recursos internos e a diminuir as suas dúvidas. Como é uma pessoa perspicaz e inteligente, você possui a capacidade de avaliar rapidamente as pessoas e os acontecimentos. Essa habilidade psicológica pode ser usada apenas para conquistar objetivos materiais ou para passar um pouco da sua sabedoria para as outras pessoas. Mesmo que precise de experiências estimulantes e desafiantes que o levem para a frente, você tem capacidade de ajudar aos outros de formas inesperadas.

Como pode ser irrequieto ou impaciente, você precisa aprender a concentrar as suas energias, liberando-as positivamente, por meio de exercícios, viagens ou passeios animados. Nas oportunidades de negócios nas quais possa ser ousado, tome cuidado para que o dinheiro não se vá tão rápido quanto veio.

Trabalho & Vocação

Naturalmente dramático e criativo, você pode utilizar esses dons em qualquer profissão, bem como no mundo do entretenimento. Apesar de parecer confiante, você precisa desenvolver a fé nas suas habilidades e superar o sentimento de dúvida quanto a si mesmo. Como é uma pessoa naturalmente charmosa e sociável, você com certeza será bem-sucedido em qualquer ocupação que envolva o trato com o público, assim como na política e em trabalhos comunitários. Você tem um talento especial com as palavras e pode se destacar como escritor ou na área de vendas. A sua necessidade de seguir uma carreira que ofereça variedade implica que você deve evitar ocupações monótonas. Se se envolver no mundo dos negócios, você o fará de forma criativa e pode trabalhar duro para apoiar qualquer causa que o interesse. A sua originalidade pode se manifestar por intermédio da arte ou da música.

ESTRELAS FIXAS

Embora o grau do seu Sol não esteja associado a nenhuma estrela fixa, alguns de seus outros planetas certamente estão. Por meio do seu mapa astrológico, você pode encontrar a posição exata dos planetas na sua data de nascimento e poderá saber quais das estrelas fixas listadas neste livro são importantes para você.

Numerologia

Rápido e vigoroso, ainda que intuitivo e ponderado, como indivíduo de número 25, você precisa se expressar por meio de diferentes experiências, que podem incluir novas idéias, pessoas e lugares. O desejo de perfeição o impele a trabalhar duro e a ser produtivo. Todavia, você precisa ficar menos impaciente ou crítico se as coisas não ocorrerem como planejado. Como número 25, você possui uma forte energia mental que, quando concentrada, ajuda-o a ver todos os fatos e a chegar a uma conclusão mais rápido do que qualquer outra pessoa. Você pode ter sucesso e felicidade quando aprende a confiar nos seus instintos e a desenvolver a perseverança e a paciência. A subinfluência do mês número 7 indica que, embora às vezes seja reservado e tenha medo de revelar os seus verdadeiros sentimentos, você busca meios para se expressar. Você em geral é instintivo e alerta e pode adquirir habilidades e conhecimento por meio da aplicação prática e da teoria.

Positivo: intuição elevada, perfeccionismo, percepção, mente criativa, habilidade para lidar com as pessoas

Negativo: impulsividade, impaciência, irresponsabilidade, excesso de emotividade, ciúme, dissimulação, instabilidade, criticismo, mau humor

Amor & Relacionamentos

Charmoso, dramático e criativo, dotado de um toque de sensibilidade, você tem facilidade para fazer amigos e influenciar as pessoas. Normalmente confiante e idealista, você é uma pessoa amorosa e atenciosa. Disposto a fazer grandes sacrifícios pelas pessoas que ama, você pode, às vezes, aparentar egoísmo ou reserva. Você deve aprender a escolher as pessoas com quem se envolve, mas quando encontra o parceiro ideal você é leal, atencioso e dedicado.

ALGUÉM ESPECIAL

Se estiver procurando por alguém especial, você pode ter mais sorte com as pessoas nascidas nas seguintes datas:

Amor & amizade: jan: 21, 25; fev: 19, 23; mar: 17, 21, 30; abr: 15, 19, 28, 29; mai: 13, 17, 26, 27; jun: 11, 15, 24, 25, 30; jul: 9, 13, 22, 23, 28; ago: 7, 11, 20, 21, 26, 30; set: 5, 9, 18, 19, 24, 28; out: 3, 7, 16, 17, 22, 26, 29; nov: 1, 5, 14, 15, 20, 24, 27; dez: 3, 12, 13, 18, 22, 25, 27, 29

Relacionamentos benéficos: jan: 5, 13, 16, 22, 28; fev: 3, 11, 14, 20, 26; mar: 1, 9, 12, 18, 24, 29; abr: 7, 10, 16, 22, 27; mai: 5, 8, 14, 20, 25; jun: 3, 6, 12, 18, 23; jul: 1, 4, 10, 16, 21; ago: 2, 8, 14, 19; set: 6, 12, 17; out: 4, 10, 15; nov: 2, 8, 13; dez: 6, 11

Atrações fatais: jan: 21, 22, 23, 24, 25; jun: 30; jul: 28; ago: 26; set: 24; out: 22; nov: 20; dez: 18

Relacionamentos desafiantes: jan: 2, 23, 30; fev: 21, 28; mar: 19, 26, 28; abr: 17, 24, 26; mai: 15, 22, 24; jun: 13, 20, 22; jul: 11, 18, 20; ago: 16, 18, 19; set: 7, 14, 16; out: 5, 12, 14; nov: 3, 10, 12; dez: 1, 8, 10

Alma gêmea: jan: 14, 22; fev: 12, 20; mar: 10, 18; abr: 8, 16; mai: 6, 14; jun: 4, 12; jul: 2, 10; ago: 8; set: 6; out: 4; nov: 28

26 de Julho

Atencioso e alegre, dotado de uma personalidade ambiciosa, você irradia confiança e pode ser uma pessoa charmosa e generosa. Como nativo de Leão, você é nobre e respeitável, além de ter um intelecto aguçado. Isso sugere que você é um bom psicólogo, que compreende as pessoas e as suas motivações. Com o seu toque pessoal, você tem talento para fazer com que as pessoas se sintam especiais e importantes.

A dupla influência do seu planeta regente, o Sol, sugere também que você é orgulhoso, mas precisa aprender a diferenciar entre se fazer respeitar e ser arrogante. Como gosta de ser bem tratado e de receber elogios, você não gosta de ser criticado. Criando harmonia e equilíbrio nos seus relacionamentos, você pode expressar os seus pensamentos e idéias mais facilmente.

Ainda que seja tenaz e persistente e tenha poder de resistência, você precisa superar a tendência a ter uma perspectiva muito rígida ou a ser obstinado e impaciente. Com calma, você pode apresentar as suas novas idéias para as outras pessoas de maneira lógica e divertida e, assim, persuadi-las a ver as coisas a partir do seu ponto de vista. Isso o ajuda a obter a liderança e a usar as suas idéias de forma construtiva.

♌

SOL: LEÃO
DECANATO: LEÃO/SOL
GRAU: 2°45'-3°30' LEÃO
MODO: FIXO
ELEMENTO: FOGO

♌

O seu pensamento incisivo e sua habilidade para pensar com rapidez indicam que você se comunica de forma assertiva e gosta de ser claro e direto. Apesar da sua precisão mental, o mais sábio é evitar a inclinação ao sarcasmo quando precisa liberar as suas frustrações.

A sua vitalidade natural e seu desejo de brilhar podem levá-lo ao mundo dos esportes, jogos e atividades sociais. A partir dos 27 anos de idade, quando o seu Sol progredido entra no signo de Virgem, surge uma necessidade crescente de incluir a ordem prática, a análise e a eficiência na sua vida. A sua vida passa por uma outra virada por volta dos seus 57 anos de idade, quando o seu Sol progredido entra no signo de Libra. A partir dessa época, você desenvolve o desejo de se envolver mais com os seus relacionamentos pessoais e pode transformar as suas considerações práticas em estéticas.

O Seu Eu Secreto

Você, de uma maneira geral, tem disposição para trabalhar duro para alcançar os seus objetivos e quer estar à frente nas suas atividades. Contudo, você pode, às vezes, ignorar os seus profundos sentimentos intuitivos na sua tentativa de seguir adiante. Você pode também ter momentos de *insight*, em uma velocidade impressionante, o que pode se refletir em uma perspectiva incrivelmente humorada que, sob a sua aparência cômica, abriga uma sabedoria profunda.

Você precisa estar sempre dando início a novos projetos, especialmente os que envolvem outras pessoas. Você é altamente sociável e precisa de discussões e debates estimulantes. Às vezes, você pode se interessar pelos assuntos alheios, sendo gentil, atencioso e cortês. Porém, se ficar muito sério, você pode se transformar em uma pessoa teimosa e criar problemas.

Trabalho & Vocação

A sua aparência naturalmente confiante e entusiasmada, combinada com o seu grande poder de influenciar as pessoas, sugere que você é o líder ideal. A sua eloqüência e intelecto aguçado fazem de você um candidato excelente para carreiras como promoção, negociação ou vendas. Você pode também ser escritor ou professor. Como é um psicólogo natural, você pode sentir atração por profissões como terapeuta ou relações públicas. Se se envolver com o mundo dos negócios, as suas habilidades de organização e estratégia muitas vezes o levam a participar de grandes projetos. Mas o mundo da arte ou do entretenimento pode levá-lo a seguir carreiras como cinema, por exemplo. Apesar de independente, você pode ter muitas vantagens quando trabalha com outras pessoas.

♌

ESTRELAS FIXAS

Embora o grau do seu Sol não esteja associado a nenhuma estrela fixa, alguns de seus outros planetas certamente estão. Por meio do seu mapa astrológico, você pode encontrar a posição exata dos planetas na sua data de nascimento e poderá saber quais das estrelas fixas listadas neste livro são importantes para você.

♌

Numerologia

Com o dia de aniversário número 26, você tem uma maneira pragmática de abordar a vida, habilidade executiva e um bom senso para os negócios. Em geral, uma pessoa responsável, dotada de um senso estético natural e com amor pela sua casa, você precisa construir uma sólida base ou encontrar uma verdadeira estabilidade. Muitas vezes um manancial de força para os outros, você está sempre disposto a apoiar os amigos e familiares que o procuram em períodos difíceis. No entanto, você precisa evitar a tendência ao materialismo e o desejo de controlar as pessoas e as situações. A subinfluência do mês número 7 indica que você deve procurar o equilíbrio entre as suas necessidades e obrigações para com os outros. Como é uma pessoa perfeccionista, você presta atenção aos detalhes e gosta de criar ambientes belos e harmônicos. O idealismo e a força sugeridos pelo seu dia de aniversário indicam que você possui uma natureza cautelosa e tem valores firmes e boa capacidade de julgamento.

Positivo: criatividade, praticidade, cuidado, responsabilidade, orgulho da família, entusiasmo, coragem

Negativo: teimosia, rebeldia, relacionamentos instáveis, falta de entusiasmo, falta de persistência

Amor & Relacionamentos

Você tem uma maneira jovial e alegre no que diz respeito aos seus relacionamentos que pode ser altamente atraente, mas um tanto irresponsável. Visto ser uma pessoa sociável e divertida, você tem facilidade para fazer amigos e é um excelente anfitrião. Você gosta de compartilhar com as pessoas queridas e pode ser caloroso e charmoso. Mesmo sendo uma pessoa namoradeira, você prefere ter um compromisso duradouro com alguém que possa entender as suas necessidades e seus desejos.

ALGUÉM ESPECIAL

Você pode começar procurando um parceiro animado entre as pessoas nascidas nas seguintes datas:

Amor & amizade: jan: 6, 16, 22, 26; fev: 4, 14, 20, 24; mar: 2, 12, 18, 22; abr: 10, 16, 20, 30; mai: 8, 14, 18, 28; jun: 6, 12, 16, 26; jul: 4, 10, 14, 24, 31; ago: 2, 8, 12, 22, 29; set: 6, 10, 20, 27; out: 4, 8, 18, 25; nov: 2, 6, 16, 23, 30; dez: 4, 14, 21, 28, 30

Relacionamentos benéficos: jan: 6, 17, 23, 31; fev: 4, 15, 21, 29; mar: 2, 13, 19, 27, 30; abr: 11, 17, 25, 28; mai: 9, 15, 23, 26; jun: 7, 13, 21, 24; jul: 5, 11, 19, 22; ago: 3, 9, 17, 20; set: 1, 7, 15, 18, 30; out: 5, 13, 16, 28; nov: 3, 11, 14, 26; dez: 1, 9, 12, 24

Atrações fatais: jan: 22, 23, 24, 25, 26

Relacionamentos desafiantes: jan: 24; fev: 22; mar: 20, 29; abr: 18, 27, 29; mai: 6, 16, 25, 27, 30; jun: 14, 22, 25, 28; jul: 12, 21, 23, 26; ago: 10, 19, 21, 24; set: 8, 17, 19, 22; out: 6, 15, 17, 20; nov: 4, 13, 15, 18; dez: 2, 11, 13, 16

Alma gêmea: jan: 13; fev: 11; mar: 9; abr: 7; mai: 5; jun: 3, 30; jul: 1, 28; ago: 26; set: 24; out: 22; nov: 20; dez: 18

27 de Julho

Amável, compreensivo e dotado de sexto sentido, você é um leonino receptivo e com um caráter forte. Criativo, com sede de conhecimento e grande necessidade de explorar novas possibilidades, você é dotado de uma mente curiosa e imaginativa. Você tem necessidade de se expressar por intermédio de palavras e pensamentos ou de novas idéias.

Pensador determinado e progressista, você busca o estímulo mental e sabe perceber as boas idéias. Com a capacidade de absorver rapidamente as informações, você raramente deixa escapar as mais recentes novidades e pode ser um colecionador de livros, revistas ou tecnologia de informática.

A subinfluência do regente do seu decanato, Leão, indica que você tem uma personalidade viva, charme e boa aparência. Ao se mostrar amigável, você gosta de se relacionar em um nível mais íntimo e de um toque pessoal. Contudo, você muitas vezes é uma pessoa extremista por natureza e precisa aprender a equilibrar o lado generoso da sua natureza com a tendência a ser excessivamente sensível, inseguro ou teimoso.

♌

SOL: LEÃO
DECANATO: LEÃO/SOL
GRAU: 3°45'-5° LEÃO
MODO: FIXO
ELEMENTO: FOGO

♌

Como é uma pessoa sociável, gregária e que se expressa de maneira vigorosa, você gosta de lidar com o público e tem habilidade diplomática e de relações públicas. Quando está inspirado, em qualquer coisa que faça, você, em geral, começa com grande entusiasmo, mas nem sempre com uma boa preparação. Essa tendência pode explicar porque você costuma se entediar ou ficar desanimado facilmente e sugere que ter muitos interesses pode perturbar a sua concentração mental.

Intuitivo e prático, você é um idealista produtivo, e, com a sua personalidade entusiástica, erudição e imaginação fértil, pode desenvolver pensamentos originais impressionantes. Entretanto, você precisa aprender a transformar as suas idéias maravilhosas em resultados concretos.

Depois dos 26 anos de idade, quando o seu Sol progredido entra no signo de Virgem, você se torna socialmente menos influente, pois o centro da sua atenção se desloca para uma vontade de se tornar mais analítico, prático e reflexivo. À medida que as suas obrigações aumentam, você passa também a desejar ser mais eficiente no seu trabalho. A partir dos 56 anos de idade, quando o seu Sol progredido entra no signo de Libra, a sua vida passa por uma outra mudança e você se torna mais despreocupado, adaptável e diplomático.

O Seu Eu Secreto

Apesar de pessoalmente ambicioso, o seu maior prazer é compartilhar com as outras pessoas. Como pode ser independente e dependente ao mesmo tempo, você precisa equilibrar os extremos da sua natureza emocional para estabelecer relacionamentos próximos e profundos. Talvez seja necessário dar uma atenção especial aos seus relacionamentos para que eles tenham a dose certa entre o dar e o receber.

Você pode ser uma pessoa amorosa, calorosa e altamente idealista, o que pode produzir uma elevada inspiração emocional que se manifesta por meio da arte, da música ou da espiritualidade. O contraste entre essas alturas e a vida mundana pode ocasionar uma certa tensão. Dando de si espontaneamente sem esperar que as pessoas façam as coisas da sua maneira, você pode evitar desapontamentos.

Trabalho & Vocação

Com a sua inteligência rápida, sua memória excepcional e sua habilidade de liderança, você pode dar uma contribuição valiosa para qualquer área profissional. Dada a sua atração pelas carreiras e atividades que envolvam o trato com as pessoas, você pode se destacar como vendedor, treinador, publicitário, agente ou como relações-públicas. Você pode também ser um excelente escritor, professor ou administrador. Se trabalhar no mundo dos negócios, você quer comandar o *show*, por isso é necessário ocupar algum cargo gerencial ou trabalhar por conta própria. Você pode compartilhar aquilo que sabe trabalhando como advogado ou consultor ou, ainda, trabalhar em defesa de alguma causa. Mas é possível também que você tenha interesse por carreiras em que possa usar a sua atração natural por cor, beleza e forma, ou música.

ESTRELAS FIXAS

Embora o grau do seu Sol não esteja associado a nenhuma estrela fixa, alguns de seus outros planetas certamente estão. Por meio do seu mapa astrológico, você pode encontrar a posição exata dos planetas na sua data de nascimento e poderá saber quais das estrelas fixas listadas neste livro são importantes para você.

Numerologia

O dia de aniversário número 27 indica que você é idealista e sensível. Intuitivo e analítico, dotado de uma imaginação fértil e criativa, você impressiona as pessoas com os seus pensamentos originais. Às vezes pode parecer reservado, excessivamente racional ou distante, mas você, na verdade, pode estar escondendo as suas tensões internas. Com o desenvolvimento da sua capacidade de comunicação, você pode superar a dificuldade de expressar os seus sentimentos mais profundos. A educação é um fator fundamental para as pessoas de número 27, e, quando desenvolve a profundidade de pensamento, você se torna mais paciente e autodisciplinado. A subinfluência do mês número 7 indica que você é uma pessoa carismática, dotada de uma mente imaginativa e fortes instintos. Você é uma pessoa vigorosa, determinada e observadora, que presta muita atenção aos detalhes. Desenvolvendo uma atitude positiva e aprendendo a ouvir os outros, você pode superar a tendência ao ceticismo ou à desconfiança. Para ter uma compreensão mais profunda da sabedoria da vida, você prefere ignorar o conselho dos outros e aprender por meio da experiência pessoal.

Positivo: versatilidade, imaginação, criatividade, resolução, bravura, boa compreensão, capacidade mental, inventividade

Negativo: desagradável, propenso a brigas, susceptível, irrequieto, nervoso, pouco confiável, emotivo ao extremo

Amor & Relacionamentos

Apesar de dinâmico e vigoroso, você não gosta de ficar sozinho. Amigável e sociável, você atrai as pessoas com a sua personalidade expansiva, mas prefere a intimidade proporcionada pelos amigos mais próximos. Ambicioso e automotivado, você atrai pessoas trabalhadoras, que se fazem sozinhas na vida. Para manter a alegria e os relacionamentos duradouros, você precisa superar a tendência a ser possessivo ou temperamental. Porém, quando se relaciona, você é charmoso, leal e apóia o seu parceiro.

ALGUÉM ESPECIAL

As sua chances de encontrar um parceiro amoroso são maiores com as pessoas nascidas nas seguintes datas:

Amor & amizade: jan: 1, 4, 27, 29; fev: 2, 25, 27; mar: 23, 25; abr: 21, 23; mai: 19, 21, 29; jun: 17, 19, 27; jul: 15, 17, 25; ago: 13, 15, 23; set: 11, 13, 21; out: 9, 11, 19; nov: 7, 9, 17; dez: 5, 7, 15

Relacionamentos benéficos: jan: 3, 10, 15, 18; fev: 1, 8, 13, 16; mar: 6, 11, 14, 29, 31; abr: 4, 9, 12, 27, 29; mai: 2, 7, 10, 25, 27; jun: 5, 8, 23, 25; jul: 3, 6, 21, 23; ago: 1, 4, 19, 21; set: 2, 17, 19; out: 15, 17; nov: 13, 15; dez: 11, 13

Atrações fatais: jan: 23, 24, 25, 26, 27; abr: 30; mai: 28; jun: 26; jul: 24; ago: 22; set: 20; out: 18; nov: 16; dez: 14

Relacionamentos desafiantes: jan: 9, 14, 16, 25; fev: 7, 12, 14, 23; mar: 5, 10, 12, 21, 28, 30; abr: 3, 8, 10, 19, 26, 28; mai: 1, 6, 8, 17, 24, 26; jun: 4, 6, 15, 22, 24; jul: 2, 4, 13, 20, 22; ago: 2, 11, 18, 20; set: 9, 16, 18; out: 7, 14, 16; nov: 5, 12, 14; dez: 3, 10, 12

Alma gêmea: dez: 19

28 de Julho

O poder emocional sugerido pelo seu dia de aniversário lhe confere uma personalidade dinâmica e mostra que você é uma pessoa carismática, gentil e generosa, dotada de uma capacidade natural de liderança. Com as suas grandes ambições, coragem, sensibilidade e respostas rápidas, você tem potencial para realizações extraordinárias.

A subinfluência do regente do seu decanato, Leão, sugere que as pessoas sentem atração pela sua imagem confiante e assertiva. Ainda que seja uma pessoa trabalhadora, você gosta de manter uma vida social agitada; apenas tome cuidado para que isso não interfira na autodisciplina necessária para que você aproveite ao máximo os seus maravilhosos talentos.

Você, em geral, é uma pessoa mundana e culta, que gosta de se cercar de luxo e de coisas de qualidade, além de saber apreciar a beleza. Se estiver inspirado, precisa se expressar de forma criativa e buscar a realização no mundo do teatro, da arte, da música e do entretenimento. Gregário e amante das diversões, quando é do seu interesse você sabe ser diplomático.

♌

SOL: LEÃO
DECANATO: LEÃO/SOL
GRAU: 4°45'-5°30' LEÃO
MODO: FIXO
ELEMENTO: FOGO

♌

Mesmo sendo uma pessoa forte, orgulhosa e respeitável, você pode, às vezes, ser surpreendentemente modesto. Você precisa superar a tendência à impaciência ou à dominação que deriva das suas emoções fixas e controladas. Previna-se contra a tendência a pensar e fazer as coisas em grande escala, na vida profissional e pessoal, pois isso pode deixá-lo tenso. O sucesso pode ser alcançado por meio do seu potencial para o trabalho duro, estratégia e planejamento.

Desde a sua infância, você cultiva o interesse por atividades sociais e desenvolve a sua capacidade de liderança, colocando-se no centro das atenções. A partir dos 25 anos de idade, quando o seu Sol progredido entra no signo de Virgem, você adquire uma maior capacidade de discernimento e se torna mais prático e ponderado no que diz respeito ao seu tempo e energia. Você procura desenvolver formas de se tornar mais eficiente, especialmente no seu ambiente de trabalho. Aos 55 anos de idade, o seu Sol progredido entra no signo de Libra, no qual permanece por um período de trinta anos. Com essa influência, você passa a dar mais importância aos seus relacionamentos e a levar uma vida mais harmônica e equilibrada. Há também a possibilidade de você desenvolver um interesse na escrita, na música, na arte ou, ainda, na área de saúde.

O Seu Eu Secreto

Apesar de transpirar charme, espirituosidade e criatividade, além da habilidade de divertir as pessoas, você pode, às vezes, ficar excessivamente sério ou egoísta, sentindo que os seus esforços não estão sendo apreciados. Nesses momentos, você tem a propensão a ficar brigão ou auto-indulgente, por isso, procure canalizar essas frustrações sendo mais generoso e distanciado para que a sua natureza verdadeiramente humanitária e compassiva se mostre. Isso garante a sua popularidade e lhe dá o reconhecimento de que necessita.

Muito intuitivo, dotado de senso de humor, você também precisa do reconhecimento dos seus entes queridos. Como não gosta de ficar sozinho, você pode ceder em nome da paz e da vida familiar e doméstica. Tome cuidado para que o seu desejo de sensualidade e seu conforto não interfiram na expressão dinâmica do seu grande potencial.

Trabalho & Vocação

♌

ESTRELAS FIXAS

Embora o grau do seu Sol não esteja associado a nenhuma estrela fixa, alguns de seus outros planetas certamente estão. Por meio do seu mapa astrológico, você pode encontrar a posição exata dos planetas na sua data de nascimento e poderá saber quais das estrelas fixas listadas neste livro são importantes para você.

♌

Com o seu senso dramático natural e sua capacidade de liderança, você pode se destacar no mundo teatral, como ator ou diretor. Independente e dotado de capacidade de liderança, você naturalmente alcançará posições de poder ou pode trabalhar por conta própria. Dotado de muitos talentos, você também possui a habilidade de comercializar qualquer um dos seus talentos e tem a feliz habilidade de fazer contatos úteis. Com charme e sociabilidade, você pode ser bem-sucedido em qualquer carreira relacionada com o trato com o público. Você pode usar a sua fabulosa capacidade de comunicação para escrever, ensinar, trabalhar na área editorial ou de vendas. Quando esta capacidade se combina com a sua fachada confiante e personalidade competitiva, você pode alcançar o sucesso no mundo dos negócios, se se impuser a autodisciplina necessária. Por outro lado, a sua inclinação humanitária pode levá-lo a seguir carreiras na área da reforma social, saúde ou assistência social. Esta data de aniversário pode também indicar talento para a música.

Numerologia

Independente e idealista, dotado de determinação e pragmatismo, você é, na maior parte das vezes, a própria lei. Como o indivíduo número 1, você é ambicioso, direto e empreendedor. O conflito interno entre o desejo de ser independente e ao mesmo tempo de pertencer a um grupo também é indicado. Sempre pronto para a ação e novos empreendimentos, você aceita com coragem os desafios da vida, e com o seu entusiasmo pode facilmente inspirar as pessoas a acompanhá-lo ou a apoiá-lo em tudo o que fizer. Com o dia de aniversário número 28, você possui capacidade de liderança e confia no seu senso comum, na lógica e na clareza de pensamento. Você, muitas vezes, assume responsabilidades, mas pode ser excessivamente entusiástico, impaciente ou intolerante. A subinfluência do mês número 7 indica que você precisa aprender a confiar nos seus sentimentos para superar as questões relativas ao poder e ao mundo material. Se ficar em dúvida ou com desconfiança, pode perder a oportunidade de compartilhar os seus talentos criativos com as outras pessoas.

- **Positivo**: compaixão, progressismo, ousadia, natureza artística, criatividade, idealismo, ambição, trabalho, vida doméstica estável, força de vontade
- **Negativo**: sonhador, sem motivação, sem compaixão, pouco realista, autoritário, sem capacidade para julgar, agressivo, falta de confiança, muito dependente dos outros, orgulho

Amor & Relacionamentos

Devido à sua natureza romântica e generosidade, as pessoas são facilmente atraídas pela sua personalidade carismática. Embora sempre queira o melhor para as pessoas que ama, tome cuidado para não se tornar muito dominador ou arrogante. Com o seu temperamento apaixonado, você pode sentir fortes atrações e até mesmo se apaixonar à primeira vista. Todavia, para ter o que deseja, deve encontrar um equilíbrio entre a sua necessidade de independência e a necessidade de cooperação na vida amorosa e profissional.

ALGUÉM ESPECIAL

Você pode ter mais sucesso nos relacionamentos românticos e de amizade com as pessoas nascidas nas seguintes datas:

Amor & amizade: jan: 2, 28; fev: 26; mar: 24; abr: 22; mai: 20, 29, 30; jun: 18, 27, 28; jul: 16, 25, 26; ago: 14, 23, 24; set: 12, 21, 22; out: 10, 19, 20, 29, 31; nov: 8, 17, 18, 27, 29; dez: 25, 27

Relacionamentos benéficos: jan: 2, 10, 13, 16; fev: 8, 11, 14; mar: 6, 9, 12; abr: 4, 7, 10; mai: 2, 5, 8; jun: 3, 6; jul: 1, 4, 30; ago: 2, 28, 30; set: 26, 28; out: 24, 26; nov: 22, 24; dez: 20, 22, 30

Atrações fatais: jan: 24, 25, 26, 27, 28; out: 31; nov: 29; dez: 27

Relacionamentos desafiantes: jan: 3, 9, 10; fev: 1, 7, 8; mar: 5, 6, 31; abr: 3, 4, 29; mai: 1, 2, 27; jun: 25; jul: 23; ago: 2, 21, 31; set: 19, 29; out: 17, 27; nov: 15, 25; dez: 13, 23

Alma gêmea: jan: 5; fev: 3; mar: 1; mai: 30; jun: 28; jul: 26; ago: 24; set: 22; out: 20; nov: 18; dez: 16

29 de Julho

Muito sentimental, sensível e imaginativo são as qualidades usualmente associadas ao seu dia de aniversário. Dramático e talentoso, dotado de uma personalidade charmosa, você é um leonino determinado que, com inspiração e encorajamento, pode alcançar grandes alturas.

A subinfluência do regente do seu decanato, Leão, sugere que, ao ser orgulhoso e necessitar de reconhecimento, você passa uma imagem confiante e assertiva. Como julga tudo segundo os seus sentimentos, você precisa encontrar vias para se expressar ou alguma forma de usar os seus talentos artísticos e criativos. Isso sugere que você é altamente emotivo e que, com a sua ponderação e seu calor humano, conquista a admiração das pessoas. Se, por outro lado, você não consegue ter as coisas do jeito que quer, pode se tornar melodramático ou dominador, com inclinação para explosões emocionais.

♌

SOL: LEÃO
DECANATO: LEÃO/SOL
GRAU: 5°30'-6°30'LEÃO
MODO: FIXO
ELEMENTO: FOGO

♌

Toda a sua sensibilidade não o impede de perceber que você também possui um grande senso para os negócios e uma consciência quanto às considerações materiais. Esse lado da sua personalidade pode ser decidido e inflexível, com um forte senso de dever. Quando tem um interesse especial por alguma coisa, você se torna uma pessoa realmente determinada e, quando combina isso com a sua visão e seu entusiasmo, pode inspirar as outras pessoas; porém, é necessário ter os pés no chão, mantendo a humildade e o equilíbrio.

Depois dos 24 anos de idade, quando o seu Sol progredido entra no signo de Virgem, você se torna menos dominador, pois o seu foco mental fica mais analítico, prático e reflexivo. As suas obrigações passam a consumir mais o seu tempo e você passa a dar mais valor à eficiência e à perfeição. A partir dos 54 anos de idade, o seu Sol progredido entra no signo de Libra, a sua vida passa por uma mudança e você se torna mais relaxado, diplomático e criativo; a partir dessa fase, os seus relacionamentos passam a desempenhar um papel mais importante na sua vida.

O Seu Eu Secreto

Sempre voltado para a sua realização, você precisa ter grandes objetivos. Com os seus sonhos ambiciosos, é necessário ter autodisciplina e se manter muito concentrado para realizá-los. Um dos seus maiores desafios é a tendência a pensar negativamente ou a esperar muito dos outros, o que pode lhe causar frustração ou desapontamento e o levar à insatisfação emocional. Com o seu potencial para se erguer das profundezas da depressão para as alturas do sentimento humanitário, é vital que você tenha maneiras positivas para expressar a sua imaginação sensível e seu espírito criativo. Se utilizar todas as suas emoções dinâmicas em um trabalho que tenha sentido para você, será mais fácil obter o reconhecimento profundo do poderoso papel que tem a desempenhar em termos sociais.

Trabalho & Vocação

Com o seu senso natural de autoridade, você não gosta de ocupar posições subalternas e se sai melhor quando trabalha altruisticamente por uma causa ou ideal. Isso pode levá-lo a seguir uma carreira nas áreas de política, assistência social ou reforma social. O seu senso dramático pode levá-lo a trabalhar no mundo do entretenimento e você pode compartilhar o seu conhecimento com as outras pessoas escrevendo ou ensinando. A sua sensibilidade e sua visão podem ajudá-lo a ser bem-sucedido como cineasta ou fotógrafo. Mas você também tem a habilidade para comercializar objetos artísticos ou artigos de beleza e usar a sua facilidade para lidar com as pessoas a fim de combinar negócios e prazer.

Numerologia

Como uma pessoa número 29, você tem uma personalidade poderosa e um potencial extraordinário. Você é altamente intuitivo, sensível e emotivo. A inspiração é a chave para o seu sucesso e sem ela você pode sentir uma falta de propósito na vida. Embora seja um verdadeiro sonhador, os lados extremos da sua natureza indicam que você deve evitar as oscilações de humor. Se confiar nos seus sentimentos mais profundos e abrir seu coração para os outros, você pode superar a tendência à preocupação ou a usar a sua mente como uma armadura protetora. Use os seus pensamentos criativos para conquistar algo especial e único que possa motivá-lo ou ajudar as outras pessoas. A subinfluência do mês número 7 indica que a honestidade e a compaixão são os seus verdadeiros poderes e que por meio delas você pode ter amor e harmonia. Carismático e vigoroso, se você deseja ocupar uma posição de autoridade, conquistará o respeito e lealdade que espera das pessoas se tiver uma atitude responsável, justiça e integridade.

♌

ESTRELA FIXA

Nome da estrela:
Praesepe, também chamada de Praesaepe

Posição:
6°16'-7°16' de Leão, entre os anos de 1930 e 2000

Magnitude:
5

Força:
★★

Órb:
1°

Constelação:
M44 Câncer

Dias:
30 e 31 de julho, 1º de agosto

Qualidades da estrela:
Marte/Lua

Descrição:
uma massa estelar de mais de quarenta estrelas, localizada na cabeça do Caranguejo.

♌

Positivo: inspirador, equilibrado, paz interior, generoso, bem-sucedido, criativo, intuitivo, místico, sonhos poderosos, mundanismo, fé

Negativo: falta de objetivos, inseguro, nervoso, egoísta, vaidoso, mal-humorado, difícil, extremista, sem consideração, excessivamente sensível

Amor & Relacionamentos

Com atração por pessoas poderosas e influentes, você é romântico e dramático. Todavia, os seus relacionamentos pessoais podem, às vezes, atravessar dificuldades devido às oscilações do seu humor. Com as suas poderosas emoções, você pode ser uma pessoa sensível e atenciosa, dotada de uma natureza compassiva e expressiva. A lealdade e a devoção são importantes para você, mas evite a inclinação a ser autoritário e exigente. Você pode ter o respeito e a admiração das pessoas sendo responsável e dando de si.

INFLUÊNCIA DA ESTRELA PRIMÁRIA

Praesepe confere uma natureza aventureira mas diligente, com aptidão para os negócios. Esta estrela também sugere boa fortuna e pode indicar envolvimento na fundação de grandes negócios. Praesepe, contudo, também tem uma influência que sugere impulsividade e inquietude e adverte contra a inclinação a criar problemas desnecessários devido a uma atitude insolente. Esta estrela também adverte contra o risco de envolvimento em ações judiciais e transações arriscadas.

Ligada ao grau do seu Sol, esta estrela confere energia e vitalidade, orgulho interior e habilidade para se concentrar nos objetivos com muita determinação. Depois que toma uma decisão, você se recusa a desistir e continua até conquistar os seus objetivos. A influência desta estrela pode atrair amigos, trazer popularidade e levar a posições proeminentes e até mesmo à fama. No entanto, Praesepe adverte contra a possibilidade de ataques de mau humor, dúvidas e medos que podem surgir devido a mal-entendidos com as outras pessoas e podem resultar em um comportamento autodestrutivo.

- **Positivo**: entusiasmo, espírito empreendedor, força de vontade, franqueza
- **Negativo**: falta de objetivos, rebeldia, falta de compatibilidade, personalidade mal-compreendida, isolamento

ALGUÉM ESPECIAL

As suas oportunidades de encontrar aquela pessoa especial são maiores com os nascidos nas seguintes datas:

Amor & amizade: jan: 3, 22, 25, 29, 30; fev: 1, 20, 23, 27, 28; mar: 18, 21, 25, 26; abr: 16, 19, 23, 24, 28; mai: 14, 17, 21, 22, 26, 31; jun: 12, 15, 19, 20, 24, 29; jul: 10, 13, 18, 22; ago: 8, 11, 15, 16, 20, 27, 29, 30; set: 6, 9, 13, 14, 18, 23, 27, 28; out: 4, 7, 11, 12, 16, 21, 25, 26; nov: 2, 5, 9, 10, 14, 19, 23, 24; dez: 3, 7, 8, 12, 17, 21, 22

Relacionamentos benéficos: jan: 17; fev: 15; mar: 13; abr: 11; mai: 9, 29; jun: 7, 27; jul: 5, 25; ago: 3, 23; set: 1, 21; out: 19, 29; nov: 17, 27, 30; dez: 15, 25, 28

Atrações fatais: jan:25, 26, 27, 28, 29; mai: 31; jun: 29; jul: 27; ago: 25, 30; set: 23, 28; out: 21, 26; nov: 19, 24; dez: 17, 22

Relacionamentos desafiantes: jan: 20, 23; fev: 18, 21; mar: 16, 19; abr: 14, 17; mai: 12, 15; jun: 10, 13; jul: 8, 11; ago: 6, 9; set: 4, 7; out: 2, 5; nov: 2; dez: 1

Alma gêmea: jan: 4, 31; fev: 2, 29; mar: 27; abr: 25; mai: 23; jun: 21; jul: 19; ago: 17; set: 15; out: 13; nov: 11; dez: 9

30 de Julho

O seu dia de aniversário sugere que você é uma pessoa criativa e ambiciosa, dotada de um poder emocional dinâmico e personalidade atraente. Jovial e sociável, você prefere estar com alguém a estar sozinho. Mesmo sendo idealista, você pode ter bastante consciência do lado material da vida e geralmente possui um bom senso para os negócios.

Com a influência adicional do regente do seu decanato, Leão, você gosta de receber e divertir as pessoas e tem amor à grandiosidade. Orgulhoso e dramático, você transmite assertividade e tem um ar nobre. Com a capacidade para se destacar em meio às pessoas, você é caloroso e amigável, mas deve tomar cuidado para que o seu forte ego não o leve a ser arrogante ou temperamental.

A necessidade de auto-expressão pode levá-lo a atividades criativas, como escrever, trabalhar em teatro ou com arte e música, e com a sua capacidade natural de liderança você gosta de estar na dianteira. Confiante e corajoso, você corre riscos e é capaz de gestos magnânimos. Tome cuidado para que, com o seu desejo de se cercar de luxo, você não se torne auto-indulgente ou extravagante. Mas você é uma pessoa confiante e respeitável e pode ser muito divertido e um excelente amigo.

♌

SOL: LEÃO
DECANATO: LEÃO/SOL
GRAU: 6°30'-8° LEÃO
MODO: FIXO
ELEMENTO: FOGO

♌

Depois dos 23 anos de idade, quando o seu Sol progredido entra no signo de Virgem, no qual permanece por um período de trinta anos, surge uma crescente necessidade de organização na sua vida diária. Você se sentirá mais inclinado a analisar as coisas e a procurar meios para reestruturar a sua vida para que ela seja mais saudável e eficiente. Essa tendência prossegue até os 53 anos de idade, quando o seu Sol progredido entra no signo de Libra. Essa fase marca uma profunda transformação na sua vida, pois ela enfatiza a necessidade de interação com as pessoas e a importância dos relacionamentos íntimos, da criatividade e da harmonia.

O Seu Eu Secreto

Com a sua sensibilidade, você é uma pessoa mentalmente aberta e solidária aos problemas dos outros, o que o pode levar a ajudá-las, ouvindo ou dando conselhos. Criativo e divertido, você tem o dom de levantar o ânimo das pessoas. Uma nobreza interior lhe confere uma graça natural e a liberdade de ir além de conceitos e idéias limitadas.

Com a sua elevada consciência, você pode ter propensão a ir aos extremos. Você pode às vezes se sentir oprimido por um excesso de sentimentos que pode culminar na autopiedade ou no escapismo. Ao se concentrar nas necessidades do próprio ego, você pode se tornar convencido ou se envolver demais com os próprios interesses e esquecer-se da sua verdadeira vocação. Entretanto, quando manifesta o que há de melhor em si mesmo, você pula da preocupação e falta de sorte e irradia o amor e o calor humano sobre os seus diversos admiradores.

Trabalho & Vocação

Com a sua autoridade e sua habilidade natural para lidar com as pessoas, o ideal é que você ocupe uma posição de liderança ou algum cargo que lhe dê liberdade para fazer as coisas da sua maneira. A sua diplomacia natural pode levá-lo a seguir carreiras como relações públicas ou serviço de atendimento ao cliente e, com o seu jeito para lidar com as pessoas, você pode ser bem-sucedido na área editorial e de promoções. Você pode ser especialmente bom para trabalhos que envolvam socialização, em locais como clubes e restaurantes, e, como gosta de divertir as pessoas, pode ser atraído pelo *show business* ou pela indústria da música. Este dia de aniversário pode também envolver uma atração pela indústria em larga escala.

ESTRELAS FIXAS

Asellus do Norte; Asellus do Sul; Praesepe, também chamada de Praesaepe

ESTRELA PRIMÁRIA

Nome da estrela:
Asellus do Norte

Posição:
6°34'-7°35' de Leão, entre os anos de 1930 e 2000

Magnitude:
5

Força:
★★

Órb:
1°

Constelação:
Gamma Cancer

Dias:
30 e 31 de julho, 1º de agosto

Qualidades da estrela:
Marte/Sol

Descrição:
uma estrela binária amarela e branca, localizada no corpo do Caranguejo.

Numerologia

Criatividade, amizade e sociabilidade são apenas algumas das qualidades associadas com o dia de aniversário número 30. Ambicioso, dotado de um potencial criativo, você pode pegar as idéias e expandi-las no seu estilo dramático. Com o dia de aniversário número 30, você gosta da boa vida e pode ser excepcionalmente carismático e expansivo. Como tem sentimentos fortes, estar apaixonado ou sentir-se satisfeito é vital para você. Na sua busca pela felicidade, evite ser preguiçoso, excessivamente indulgente, impaciente ou ciumento, pois isso pode deixá-lo emocionalmente instável. Entre as pessoas nascidas no dia 30, muitas terão reconhecimento e fama, especialmente músicos, atores e os que trabalham no mundo do entretenimento. A subinfluência do mês número 7 indica que, embora possa aparentar ser confiante, você pode ser tímido ou reservado e esconder as suas opiniões. Original e intuitivo, você se beneficia dos seus diversos talentos. Se evitar a preocupação e a falta de confiança interior, você pode liberar os seus sentimentos mais profundos. No caso de se sentir em dúvida ou ficar cético, você pode perder a oportunidade de desenvolver os seus talentos interiores.

Positivo: amante da diversão, leal, amigável, boa capacidade de síntese, talento com as palavras, criativo, sorte

Negativo: preguiçoso, obstinado, comportamento errático, impaciente, inseguro, indiferente, desperdício de energia

Amor & Relacionamentos

Como é uma pessoa calorosa e divertida, você com certeza tem uma vida social agitada. Uma necessidade compulsiva de amor provavelmente irá levá-lo a experimentar todos os tipos de relacionamentos românticos, alguns dos quais podem ser problemáticos. Como você é tão idealista no que diz respeito aos assuntos do coração, precisa aprender a ser mais distante e desapegado. Mantendo-se leve, você não fica sério demais ou desapontado se as pessoas amadas não estiverem à altura das suas expectativas. Contudo, você pode ter um amor universal e ser extremamente generoso com os entes queridos.

INFLUÊNCIA DA ESTRELA PRIMÁRIA

Asellus do Norte confere vitalidade e vigor, talento criativo, amor pela arte e ganhos inesperados. Embora tanto a Asellus do Norte quanto a Asellus do Sul concedam uma natureza atenciosa e, portanto, indiquem responsabilidade, a Asellus do Norte é conhecida como estrela benéfica e dá poder de realização e uma perspectiva caridosa e generosa. Esta estrela também sugere que com intolerância e agressividade não se chega ao que se quer. Ligada ao grau do seu Sol, esta estrela concede jeito para lidar com o público, boas conexões sociais e posições de influência. Ela indica a obtenção de cargos honoríficos elevados na área da educação, especialmente filosofia e religião, ou sucesso nos negócios e grandes corporações.

- **Positivo**: temerário, natureza competitiva, muito paciente para decidir um curso de ação
- **Negativo**: precipitação, teimosia, inquietude

Consulte o Apêndice para obter mais informações acerca das estrelas fixas.

ALGUÉM ESPECIAL

Para encontrar o seu parceiro ideal, você pode procurar alguém que tenha nascido em uma das seguintes datas:

Amor & amizade: jan: 5, 10, 18, 19, 26, 30; fev: 3, 8, 16, 17, 24, 28; mar: 1, 6, 14, 15, 22, 26; abr: 4, 12, 13, 20, 24; mai: 2, 10, 11, 18, 22; jun: 8, 9, 16, 20, 30; jul: 6, 7, 14, 18, 28; ago: 4, 5, 12, 16, 26, 30; set: 2, 3, 10, 14, 28; out: 1, 8, 12, 22, 26; nov: 6, 10, 20, 24; dez: 4, 8, 18, 22, 30

Relacionamentos benéficos: jan: 13; fev: 11; mar: 9; abr: 7; mai: 5; jun: 3, 30; jul: 1, 28; ago: 26; set: 24; out: 22; nov: 20; dez: 18

Atrações fatais: jan: 26, 27, 28, 29

Relacionamentos desafiantes: jan: 14, 24; fev: 12, 22; mar: 10, 20; abr: 8, 18; mai: 6, 16; jun: 4, 14; jul: 2, 12; ago: 10; set: 8; out: 6; nov: 4; dez: 2

Alma gêmea: jul: 30; ago: 28; set: 26; out: 24; nov: 22; dez: 20

31 de Julho

O calor humano e a amizade conferidos pelo seu dia de aniversário são ampliados pela sua personalidade carismática e viva. Independente e ambicioso, dotado da habilidade de planejar em larga escala, você possui um intelecto aguçado e tem disposição para trabalhar duro a fim de atingir os seus objetivos. A sua sensibilidade e seu sexto sentido podem ser ampliados, tornando-o uma pessoa extremamente intuitiva. Generoso e magnânimo, o dinheiro sai da sua mão com a mesma rapidez com que entra. Como é sociável e transmite amor, você é uma pessoa bastante popular.

Com a influência adicional do regente do seu decanato, Leão, você influencia as pessoas com a sua autoridade natural. Com habilidade para fazer contatos, você pode ser especialmente bem-sucedido nas atividades relacionadas ao trato com as pessoas ou dirigindo organizações sociais. Felizmente, como tem atração pela riqueza e pelo luxo, você tem o espírito empreendedor necessário para transformar os seus sonhos em realidade. Porém, como é muito individualista, tome cuidado para não se tornar dogmático e vaidoso.

♌

SOL: LEÃO
DECANATO: LEÃO/SOL
GRAU: 7°30'-8°30'LEÃO
MODO: FIXO
ELEMENTO: FOGO

♌

Apesar de orgulhoso, dramático e idealista, você pode ser uma pessoa muito prática. Você é um visionário que gosta de liderar projetos ou causas que considere realmente interessantes. Como pode, às vezes, ser excessivamente sensível e vulnerável, deve evitar os extremos. Felizmente, você em geral é uma pessoa atenciosa e compreensiva, dotada de um grande espírito de luta.

Quando faz 22 anos de idade, o seu Sol progredido entra no signo de Virgem, dando início a um período de trinta anos nos quais você dedica mais tempo e energia à ordem, à sua capacidade prática de resolver problemas e a um maior discernimento. Sua vida passa por outra transformação por volta dos seus 52 anos de idade, quando o seu Sol progredido entra no signo de Libra, estimulando-o a ampliar o seu círculo social e a dar mais importância aos relacionamentos e artes criativas.

O Seu Eu Secreto

Inspirado pela sua inteligência, você respeita as pessoas que têm cultura e *insight*. Como quer muito da vida, você pode ir muito longe na sua busca pela sabedoria, o que o leva a fazer muitas viagens significativas que expandem o seu horizonte e sua vida social. Em geral uma pessoa direta e franca, você fala o que pensa, mas dá mais importância às ações do que às palavras. Quando se sente inquieto ou impaciente, pode agir impulsivamente sem pensar nas conseqüências.

Com a sua extrema sensibilidade e necessidade de amor, você encontra a satisfação emocional quando trabalha para atingir os seus ideais elevados ou em projetos de natureza universal ou humanitária. Você possui uma jovialidade que pode, às vezes, beirar a inocência infantil, mas que sugere uma certa imaturidade. Contudo, você tem prazer em divertir e levantar o ânimo das pessoas com seu talento.

Trabalho & Vocação

Qualquer que seja a sua carreira, uma coisa é certa: você faz sucesso com as pessoas. Ambicioso, dotado com a habilidade de organizar e liderar, você pode ser bem-sucedido como gerente ou administrador ou em algum tipo de trabalho que lhe dê a maior liberdade possível. Você pode se sair especialmente bem nas áreas de advocacia, educação ou em trabalhos comunitários. O seu senso dramático pode ajudá-lo a se destacar no teatro e na política. Com a sua natureza humanitária, você pode ajudar as pessoas, seja como médico ou assistente social. Se trabalhar na área de negócios, você pode ter interesse em grandes projetos. Este dia de aniversário é também excelente para escritores, metafísicos ou artistas.

Numerologia

Muita força de vontade, determinação e ênfase na auto-expressão são indicadas pelo dia de aniversário número 31. Você, muitas vezes, combina a sua intuição com a sua habilidade prática e, assim, toma decisões corretas. Como uma pessoa nascida no dia 31, você tem idéias originais, um bom senso de forma e habilidade para ser bem-sucedido nos negócios, se tiver um plano de ação e colocá-lo em prática no seu ritmo. Sorte e boas oportunidades são também sugeridas por este dia de aniversário, e você pode ter sucesso transformando as suas horas de lazer em empreendimentos lucrativos. Como é provável que você seja uma pessoa trabalhadora, é crucial que você tenha tempo para namorar e se divertir. A subinfluência do mês número 7 indica que você é uma pessoa sensível e ponderada. Os relacionamentos e a companhia de outras pessoas são muito importantes para você. Quando aprende a manter o equilíbrio e a superar a tendência a oscilações de humor, você evita o excesso de emotividade ou a inclinação a ser facilmente ferido pelos outros.

Positivo: sorte, criatividade, originalidade, empreendimento, construtividade, persistência, praticidade, facilidade de comunicação, responsabilidade

Negativo: inseguro, impaciente, desconfiado, facilmente desencorajado, falta de ambição, egoísta, teimoso

♌

ESTRELAS FIXAS

Asellus do Norte; Asellus do Sul; Praesepe, também chamada de Praesaepe

ESTRELA PRIMÁRIA

Nome da estrela:
Asellus do Norte

Posição:
6°34'-7°35' de Leão, entre os anos de 1930 e 2000

Magnitude:
5

Força:
★★

Órb:
1°

Constelação:
Gamma Cancer

Dias:
30 e 31 de julho, 1º de agosto

Qualidades da estrela:
Marte/Sol

Descrição:
uma estrela binária amarela e branca, localizada no corpo do Caranguejo.

♌

Amor & Relacionamentos

Com o seu charme e sua habilidade para irradiar calor humano, você atrai as pessoas, seja no trato individual ou público. Como é muito sociável, você é um excelente anfitrião e tem compaixão pelos problemas das outras pessoas. Você se sente atraído por pessoas determinadas, mas deve tomar cuidado para não se envolver em jogos de poder com os seus parceiros. As pessoas nascidas neste dia se esforçam muito para manter os relacionamentos harmoniosos, embora ambos os sexos tenham inclinação à inquietude.

INFLUÊNCIA DA ESTRELA PRIMÁRIA

Asellus do Norte confere vitalidade e vigor, talento criativo, amor pela arte e ganhos inesperados. Embora tanto a Asellus do Norte quanto a Asellus do Sul concedam uma natureza atenciosa e, portanto, indiquem responsabilidade, a Asellus do Norte é conhecida como estrela benéfica e dá poder de realização e uma perspectiva caridosa e generosa. Esta estrela também sugere que com intolerância e agressividade não se chega ao que se quer. Ligada ao grau do seu Sol, esta estrela concede jeito para lidar com o público, boas conexões sociais e posições de influência. Ela indica a obtenção de cargos honoríficos elevados na área da educação, especialmente filosofia e religião, ou sucesso nos negócios e grandes corporações.

- **Positivo**: temerário, natureza competitiva, muito paciente para decidir um curso de ação
- **Negativo**: precipitação, teimosia, inquietude

Consulte o Apêndice para obter mais informações acerca das estrelas fixas.

ALGUÉM ESPECIAL

As suas chances de encontrar a felicidade e um parceiro amoroso são maiores com as pessoas nascidas nas seguintes datas:

Amor & amizade: jan: 2, 3, 6, 9, 11, 21, 27, 31; fev: 1, 4, 7, 9, 25, 29; mar: 2, 5, 7, 17, 23, 27; abr: 3, 5, 15, 21, 25; mai: 1, 3, 13, 19, 23, 30; jun: 1, 11, 17, 21, 28; jul: 9, 15, 19, 26, 29; ago: 7, 13, 17, 24, 27; set: 5, 11, 15, 22, 25; out: 3, 9, 13, 20, 23; nov: 1, 7, 11, 18, 21, 30; dez: 5, 9, 16, 19, 28

Relacionamentos benéficos: jan: 11, 16, 30; fev: 9, 24, 28; mar: 7, 22, 26; abr: 5, 20, 24; mai: 3, 18, 22, 31; jun: 1, 16, 20, 29; jul: 14, 18, 27; ago: 12, 16, 25; set: 10, 14, 23; out: 8, 12, 21, 29; nov: 6, 10, 19, 27; dez: 4, 8, 17, 25

Atrações fatais: jan: 26, 27, 28, 29, 30

Relacionamentos desafiantes: jan: 15; fev: 13; mar: 11; abr: 9; mai: 7, 30; jun: 5, 28; jul: 3, 26; ago: 1, 24; set: 22; out: 20, 30; nov: 18, 28; dez: 16, 26

Alma gêmea: jan: 9, 29; fev: 7, 27; mar: 5, 25; abr: 3, 23; mai: 1, 21; jun: 19; jul: 17; ago: 15; set: 13; out: 11; nov: 9; dez: 7

1º de Agosto

Liderança, ambição e personalidade dramática são qualidades indicadas pelo seu dia de aniversário. Como nativo de Leão, você é uma pessoa criativa, dotada de muito poder intuitivo e comportamento vigoroso. Ainda que o lado aventureiro da sua natureza queira se expressar, a sua visão altamente pragmática e a preocupação com a segurança sugerem um certo materialismo. Isso indica que mesmo que o idealismo e a visão tenham um papel importante na sua vida, a preocupação com o dinheiro, ou com a sua falta, mantém os seus pés firmes no chão. Todavia, você é uma pessoa amável, que tem emoções fortes, inclinações humanitárias e capacidade de liderança.

Com a influência adicional do regente do seu decanato, Leão, você é uma pessoa orgulhosa e respeitável, que pode influenciar os outros com a sua capacidade natural de execução. Observador e perceptivo, você tem um bom senso de valores e muita habilidade. Como aprende rápido, você em pouco tempo consegue transformar os seus interesses e atividades criativas em empreendimentos comerciais bem-sucedidos. Além disso, você pode impressionar as pessoas com a sua determinação e capacidade de organização.

♌

SOL: LEÃO
DECANATO: LEÃO/SOL
GRAU: 8°30'-9°30'LEÃO
MODO: FIXO
ELEMENTO: FOGO

♌

Generoso, galante e assertivo, mas exigente e tenso, são adjetivos que as pessoas usam para descrevê-lo, o que indica que, devido à sua insegurança emocional, você esconde os seus verdadeiros sentimentos. Leal, diligente e confiável, você tem orgulho do seu trabalho. Embora possa às vezes usar a sua oratória vigorosa em seu favor, a sua língua afiada e a inclinação para ser dominador ao extremo podem minar os seus esforços.

Por volta dos 21 anos de idade, quando o seu Sol progredido entra no signo de Virgem, inicia-se um período de trinta anos em que a ordem, a eficiência, o trabalho e a saúde passam a ter cada vez mais importância. É provável também que você adquira uma maior consciência da importância da habilidade de resolver os problemas. Sua vida passa por outra transformação por volta dos seus 51 anos de idade, quando o seu Sol progredido entra no signo de Libra, estimulando-o a cooperar mais com as outras pessoas, a ser diplomático e a dar mais importância à criatividade e às parcerias.

O Seu Eu Secreto

Generoso com o seu tempo e sua energia, você deve tomar cuidado com a tendência a alternar entre os sentimentos de frustração e explosões extravagantes, pois isso pode levá-lo a uma preocupação ou indecisão desnecessária quanto à sua situação material. Como possui a habilidade de se manter distante e perceber as coisas com objetividade, você é muito bem equipado para lidar com qualquer situação.

Corajoso, independente e inventivo, dotado da capacidade de reagir prontamente, você pode ser um excelente defensor da liberdade, seja em causa própria ou em nome dos outros. Com a sua mente aguçada, você é uma pessoa direta e franca; o seu espírito aventureiro pode levá-lo a ter experiências fora do comum e interessantes. Muito individualista, você tem muitas idéias criativas que o podem inspirar e levar à ação.

Trabalho & Vocação

Determinado e com força de vontade, você tem uma maneira original de encarar a sua vida profissional, a não ser que priorize a sua necessidade de segurança e deixe de aproveitar o seu potencial extraordinário. Com a sua capacidade natural de organizar e liderar, você deve ocupar algum cargo de gerência ou ter liberdade para trabalhar com alguma independência. Como possui uma boa capacidade mental e jeito para lidar com assuntos técnicos ou analíticos, você pode se destacar em qualquer carreira, da ciência à literatura e teatro. Como é muito criativo, você pode ser levado a explorar o mundo da música, no qual a sua incrível habilidade para avaliar as situações pode ajudá-lo a comercializar os seus talentos. Com a sua habilidade para levar adiante algum tipo de reforma, você pode se sentir atraído pelo trabalho em organizações com consciência social.

ESTRELAS FIXAS

Asellus do Sul; Asellus do Norte; Praesepe, também chamada de Praesaepe

ESTRELA PRIMÁRIA

Nome da estrela:
Asellus do Norte

Posição:
6°34'-7°35' de Leão, entre os anos de 1930 e 2000

Magnitude:
5

Força:
★★

Órb:
1°

Constelação:
Gamma Cancer

Dias:
30 e 31 de julho, 1º de agosto

Qualidades da estrela:
Marte/Sol

Descrição:
uma estrela binária amarela e branca, localizada no corpo do Caranguejo.

Numerologia

O grande desejo de ser o primeiro e independente é sugerido pelo dia do seu aniversário. Como número 1, você tem inclinação a ser individualista, inovador e corajoso, além de ter muita energia. Muitas vezes, há a necessidade de estabelecer uma forte identidade e desenvolver a assertividade. O espírito pioneiro aqui indicado o encoraja a agir por conta própria, o que pode estimular você a desenvolver a habilidade de executar e liderar. Cheio de entusiasmo e de idéias originais, você pode mostrar às pessoas o caminho adiante. Nascido no dia 1, você precisa também aprender que o mundo não gira ao seu redor; evite a inclinação a ser autocentrado ou ditatorial. A subinfluência do mês número 8 indica que você gosta de ocupar uma posição influente e que tem um forte desejo de poder e sucesso material. Você pode conquistar o respeito das pessoas sendo generoso e justo. Para alcançar os seus objetivos, desenvolva a sua natureza compassiva, usando a sua sensibilidade, sua integridade e sua personalidade carismática.

Positivo: liderança, criatividade, progressismo, vigor, otimismo, fortes convicções, competitividade, independência, sociabilidade

Negativo: arrogância, ciúme, egotismo, excesso de orgulho, antagonismo, egoísmo, hesitação, impaciência

Amor & Relacionamentos

Individualista e dinâmico, você gosta de conhecer pessoas de diferentes círculos sociais. Como é sociável, você gosta da companhia de outras pessoas, especialmente as que são criativas e que o estimulam a se expressar. Ainda que seja leal e disposto a apoiar os entes queridos, você tem dúvidas e se sente indeciso nos seus relacionamentos. Para evitar desapontamentos, você precisa encarar a sua vida emocional com leveza e lembrar que deseja ser feliz.

INFLUÊNCIA DA ESTRELA PRIMÁRIA

Asellus do Norte confere vitalidade e vigor, talento criativo, amor pela arte e ganhos inesperados. Embora tanto a Asellus do Norte quanto a Asellus do Sul concedam uma natureza atenciosa e, portanto, indiquem responsabilidade, a Asellus do Norte é conhecida como estrela benéfica e dá poder de realização e uma perspectiva caridosa e generosa. Esta estrela também sugere que com intolerância e agressividade não se chega ao que se quer. Ligada ao grau do seu Sol, esta estrela concede jeito para lidar com o público, boas conexões sociais e posições de influência. Ela indica a obtenção de cargos honoríficos elevados na área da educação, especialmente filosofia e religião, ou sucesso nos negócios e grandes corporações.

- **Positivo**: temerário, natureza competitiva, muito paciente para decidir um curso de ação
- **Negativo**: precipitação, teimosia, inquietude

Consulte o Apêndice para obter mais informações acerca das estrelas fixas.

ALGUÉM ESPECIAL

Você pode ter realização emocional e encontrar aquele alguém especial entre as pessoas nascidas nas seguintes datas:

Amor & amizade: jan: 4, 13, 14, 29; fev: 11, 27, 29; mar: 9, 15, 25, 27; abr: 7, 23, 25; mai: 5, 21, 23, 29; jun: 3, 19, 21, 27, 30; jul: 1, 17, 19, 25, 28; ago: 15, 17, 23, 26; set: 13, 15, 21, 24; out: 11, 13, 19, 22, 29; nov: 9, 11, 17, 20, 27; dez: 7, 9, 15, 18, 25

Relacionamentos benéficos: jan: 11; fev: 9; mar: 7, 31; abr: 5, 29; mai: 3, 27, 31; jun: 1, 25, 29; jul: 23, 27, 31; ago: 21, 25, 29, 30; set: 19, 23, 27, 28; out: 17, 21, 25, 26; nov: 15, 19, 23, 24, 30; dez: 13, 17, 21, 22, 28

Atrações fatais: jan: 12, 30, 31; fev: 1, 10; mar: 8; abr: 6; mai: 4; jun: 2

Relacionamentos desafiantes: jan: 10; fev: 8; mar: 6, 29; abr: 4, 27; mai: 2, 25; jun: 23; ago: 19; set: 17; out: 15, 31; nov: 13, 29, 30; dez: 11, 27, 28

Alma gêmea: jan: 18, 24; fev: 16, 22; mar: 14, 20; abr: 12, 18; mai: 10, 16; jun: 8, 14; jul: 6, 12; ago: 4, 10; set: 2, 8; out: 6; nov: 4; dez: 2

2 de Agosto

A sua personalidade carismática, seu charme e seu prazer em se divertir são, muitas vezes, ofuscados pela necessidade de ser bem-sucedido ou por um forte desejo de acumular posses materiais. Como nativo de Leão, você tem muita animação e jovialidade. Apesar de determinado e capaz, a sua atitude um tanto despreocupada pode ser um obstáculo ao seu sucesso.

Com a influência adicional do regente do seu decanato, Leão, você gosta de divertir as pessoas e tem amor à grandiosidade. Dramático, você transmite autoconfiança e tem um ar nobre. Alegre e espontâneo, você, muitas vezes, é respeitável e criativo. Aberto aos elogios, você precisa ser apreciado e admirado, mas deve evitar os amigos que só aparecem nas horas boas. Animado e idealista, ainda que ambicioso e prático, você é uma interessante combinação de materialismo e otimismo.

♌

SOL: LEÃO
DECANATO: LEÃO/SOL
GRAU: 9°30'-10°30' LEÃO
MODO: FIXO
ELEMENTO: FOGO

♌

Você é espontâneo por natureza, mas o amor à liberdade lhe confere individualidade. As atividades conjuntamente com outras pessoas costumam dar lucro e sucesso, e a sua atitude responsável não passará desapercebida. Na busca dos seus sonhos, o seu magnetismo pessoal, sua versatilidade e sua popularidade terão um papel importante, e se for adaptável, espirituoso e divertido conquistará o coração das pessoas.

A partir dos 20 anos de idade, quando o seu Sol progredido entra no signo de Virgem, você passa a dar importância à ordem prática, à análise e à eficiência. Nos trinta anos seguintes, você sente a necessidade de se voltar mais para as questões relacionadas à saúde e à introspecção. A sua vida passa por outra transformação por volta dos seus 50 anos de idade, quando o seu Sol progredido entra no signo de Libra. A partir dessa fase, você desenvolve o desejo de se dedicar mais aos seus relacionamentos pessoais e desloca a atenção das questões de natureza prática para atividades criativas.

O Seu Eu Secreto

Você é abençoado com uma forte personalidade, boa capacidade intelectual e habilidade para aprender as coisas rapidamente. Crises ocasionais de preocupação ou confusão podem levá-lo a se comportar de maneira temperamental ou ao escapismo. Esses períodos não duram muito tempo, pois a sua personalidade brilhante e expressiva, além dos diversos interesses que tem, estimula a sua necessidade de criar e explorar novas possibilidades.

Com a sua maneira única de encarar a vida, você é uma pessoa diferente que, muitas vezes, está à frente do seu tempo. Você pode facilmente fazer amizade com qualquer pessoa e se movimenta em diversos círculos sociais. A liberdade e a independência ocupam lugar de destaque nas suas prioridades e você prefere ser honesto quanto aos seus sentimentos. Você tem consciência da imagem que transmite e pode usar essa capacidade para se promover construtivamente. Receptivo e influenciado pelo seu ambiente, você tem uma personalidade amigável e calorosa, boa habilidade social e abordagem diplomática.

Trabalho & Vocação

Como tem uma maneira naturalmente criativa de encarar a vida, você pode ter várias formas de se expressar em termos emocionais no mundo da arte ou do teatro, especialmente como ator ou dramaturgo. O seu charme natural e o seu carisma podem ser particularmente úteis para o trabalho nas áreas de vendas, promoções ou negociação. Com uma excelente habilidade social e comunicativa, você pode prosperar como escritor ou em atividades educacionais, na publicidade ou na área editorial. Todas as carreiras que envolvam o trato pessoal, como relações públicas, meios de comunicação ou atividades ligadas a algum tipo de terapia, podem também ser excelentes meios para a expressão dos seus talentos. Com a sua personalidade altamente independente, você precisa de liberdade para trabalhar do jeito que quiser ou deve trabalhar por conta própria. Mas você pode também se sair bem nas áreas bancária, de negócios ou de advocacia.

ESTRELAS FIXAS

Embora o grau do seu Sol não esteja associado a nenhuma estrela fixa, alguns de seus outros planetas certamente estão. Por meio do seu mapa astrológico, você pode encontrar a posição exata dos planetas na sua data de nascimento e poderá saber quais das estrelas fixas listadas neste livro são relevantes para você.

Numerologia

Sensibilidade e grande necessidade de fazer parte de um grupo são sugeridas pelo dia de aniversário número 2. Adaptável e compreensivo, você gosta de atividades cooperativas nas quais possa interagir. Quando procura agradar as pessoas de que gosta, você corre o risco de se tornar excessivamente dependente. Contudo, se desenvolver a autoconfiança, você pode superar a tendência a se magoar facilmente com as atitudes e críticas alheias. A subinfluência do mês número 8 indica que você é ambicioso e determinado, dotado de habilidade prática e executiva. Evite deixar-se levar pela vontade de ter poder e de controlar, superando a tendência a ser crítico e a exigir a perfeição. Você precisa encontrar o equilíbrio entre ajudar demais e sair de cena subitamente. No caso de se sentir inseguro, pode ser difícil levar adiante os seus planos pessoais, mas se encontrar alguma forma de expressão artística ou criativa você pode transformar seus sonhos em realidade.

Positivo: boas parcerias, gentileza, tato, receptividade, intuição, consideração, harmonia, agradável, embaixador da boa vontade

Negativo: desconfiança, subserviência, excesso de sensibilidade, emotividade, egoísmo, suscetível, desonesto

Amor & Relacionamentos

Amante das diversões e sociável, você pode ser um grande amigo e uma boa companhia. Mesmo sendo amoroso e afetuoso, você deve tomar cuidado na escolha dos seus relacionamentos para que eles sejam duradouros. Você pode ser romântico com as pessoas de que gosta e mostrar honestamente os seus sentimentos, mas, para ser feliz, procure a sua segurança financeira. Com todo o seu charme, você é muito atraente para o sexo oposto e deseja ter um relacionamento, mas pode ao mesmo tempo ser levado pelo desejo de ter liberdade.

ALGUÉM ESPECIAL

Para relacionamentos amorosos e de amizade duradouros, procure pessoas nascidas nas seguintes datas:

Amor & amizade: jan: 6, 8, 10, 14, 23, 26, 28; fev: 4, 10, 12, 21, 24, 26; mar: 2, 10, 12, 19, 22, 24; abr: 8, 14, 17, 20, 22; mai: 6, 15, 16, 18, 20; jun: 4, 13, 16, 18; jul: 2, 11, 14, 16, 20; ago: 9, 12, 14, 16, 20; set: 7, 10, 12, 24; out: 5, 8, 10, 26; nov: 3, 6, 8, 28; dez: 1, 4, 6, 30

Relacionamentos benéficos: jan: 9, 12; fev: 7, 10; mar: 5, 8; abr: 3, 6; mai: 1, 4; jun: 2, 30; jul: 28; ago: 26, 30, 31; set: 24, 28, 29; out: 22, 26, 27; nov: 20, 24, 25; dez: 18, 22, 23, 29

Atrações fatais: jan: 28, 29, 30, 31; fev: 1, 2

Relacionamentos desafiantes: jan: 11, 13, 29; fev: 9, 11; mar: 7, 9, 30; abr: 5, 7, 28; mai: 3, 5, 26, 31; jun: 1, 3, 24, 29; jul: 1, 22, 27; ago: 20, 25; set: 18, 23, 30; out: 16, 21, 28; nov: 14, 29, 26; dez: 12, 17, 24

Alma gêmea: jan: 11, 12, 29; fev: 9, 10, 27; mar: 7, 8, 25; abr: 5, 6, 23; mai: 3, 4, 21; jun: 1, 2, 19; jul: 17; ago: 15; set: 13; out: 11; nov: 9; dez: 7

3 de Agosto

Voltado para o sucesso, ambicioso e corajoso, você é uma pessoa sortuda e otimista, dotada de bom senso para os negócios e de habilidade para criar grandes projetos. O seu dia de aniversário revela que você é um leonino aventureiro e com muitos talentos, que tem necessidade de se realizar. Contudo, sem inspiração, auto-expressão criativa e paciência, muitos dos seus sonhos podem não se realizar.

Ainda que tenha um excelente senso para os negócios e saiba fazer ótimos investimentos e especulações financeiras, a subinfluência do regente do seu decanato, Sagitário, sugere que você deve superar a inclinação a ser excessivamente otimista. Na maioria das vezes, você tende a acreditar que a segurança financeira pode ser a resposta para tudo na vida, mas, mantendo-se apegado somente aos benefícios materiais, você pode deixar de perceber o que realmente tem valor.

♌

SOL: LEÃO
DECANATO: SAGITÁRIO/JÚPITER
GRAU: 10°-11°30'LEÃO
MODO: FIXO
ELEMENTO: FOGO

♌

Idealista prático, você tem visão e capacidade de liderança e muitas vezes consegue comercializar as suas habilidades por meio da autopromoção. Qualquer coisa que faça na vida, você sempre terá grandes sonhos. Essa necessidade de expansão pode indicar que a inquietude ou a insatisfação interior com a sua situação podem levá-lo a buscar mais coisas na vida.

É provável que as mulheres desempenhem um importante papel na sua busca pelo sucesso material. Mesmo que seja disciplinado e trabalhador, você tem uma tendência a ser extravagante porque as aquisições de bens são importantes para o seu bem-estar.

Depois dos 19 anos de idade, quando o seu Sol progredido entra no signo de Virgem, você passa a ser menos dominador e se torna mais analítico, prático e reflexivo. As suas obrigações passam a consumir mais o seu tempo, e você terá necessidade de ser perfeccionista e eficiente no seu trabalho. A partir dos 49 anos de idade, quando o seu Sol progredido entra no signo de Libra, a sua vida passa por uma transformação e você começa a se envolver mais nos seus relacionamentos e a ampliar o seu círculo de amigos. Há também a possibilidade de um desenvolvimento dos seus talentos artísticos e literários latentes.

O Seu Eu Secreto

Com o seu intelecto brilhante e seu pensamento inventivo, você muitas vezes está à frente do seu tempo. As suas idéias originais e sua nobreza apontam a habilidade para brilhar quando se encontra em uma posição de liderança. Como tem uma incrível capacidade de julgamento, você avalia rapidamente as pessoas e as situações. Como também tem um excelente potencial de organização, você pode envolver as pessoas nos seus planos e projetos. A sua capacidade de ter *insights* súbitos e poder de persuasão impressiona as pessoas e faz com que elas passem a ver as coisas do seu ponto de vista. Na maioria das vezes generoso com o seu tempo e dinheiro, você se sai especialmente bem quando tem de ajudar aos outros.

A sua inclinação à rebeldia pode acentuar o seu desejo de liberdade. Com a sua inteligência, você se sai bem sem precisar se esforçar muito, mas evite tomar o caminho mais fácil. Para alcançar a sua verdadeira realização, você deve estar à altura dos desafios necessários colocados pelo seu potencial.

Trabalho & Vocação

A sua ambição e sua personalidade atraente podem levá-lo ao topo de qualquer carreira. Seja na área bancária ou no mundo artístico, a sua aversão a ordens alheias pode levá-lo a posições superiores, como gerente ou executivo. Você pode se sair particularmente bem na área teatral, como ator, diretor ou dramaturgo. Mas pode também usar a sua habilidade para lidar com as pessoas na área dos negócios, em que pode dar início a novos projetos nos quais ocupe uma posição de liderança. Como sabe delegar tarefas a seus subordinados, você pode ser um excelente administrador ou trabalhar por conta própria.

ESTRELAS FIXAS

Embora o grau do seu Sol não esteja associado a nenhuma estrela fixa, alguns de seus outros planetas certamente estão. Por meio do seu mapa astrológico, você pode encontrar a posição exata dos planetas na sua data de nascimento e poderá saber quais das estrelas fixas listadas neste livro são relevantes para você.

Numerologia

Com o dia de aniversário número 3, você é uma pessoa sensível, com necessidade de se expressar criativa e emocionalmente. Amante das diversões e uma boa companhia, você gosta de atividades sociais com os amigos e tem muitos interesses. Embora seja versátil e expressivo, com necessidade de ter experiências diferentes e interessantes, a inclinação para se entediar com facilidade pode provocar indecisão ou vontade de abarcar o mundo com as pernas. Como número 3 você é artístico e charmoso, dotado de um bom senso de humor, mas ainda assim precisa desenvolver a auto-estima e evitar a tendência à preocupação e à insegurança emocional. A subinfluência do mês número 8 indica que você usa a sua criatividade e imaginação de forma prática. Apesar de muito talentoso e com uma natureza oportunista, você pode ser inquieto e querer fazer muitas coisas ao mesmo tempo. Concentrando-se em poucos projetos, você pode aprender a ser disciplinado e alcançar o sucesso.

Positivo: bem-humorado, feliz, amigável, produtivo, criativo, artístico, amor à liberdade, talento com as palavras

Negativo: entedia-se facilmente, vaidoso, muito imaginativo, exagerado, orgulhoso, extravagante, auto-indulgente, preguiçoso, hipócrita, esbanjador

Amor & Relacionamentos

A sua natureza apaixonada e seus fortes desejos podem fazer com que a vida emocional seja um aspecto importante da sua vida. Amigo e amante generoso, você é muito popular, ainda que às vezes possa se tornar excessivamente dominador. O seu carisma atrairá muitas oportunidades sociais e românticas. Pessoa leal, pode ser que você se divida entre o desejo de amor e afeição e a necessidade de segurança material. A sua necessidade de liberdade sugere que você prefere ter relacionamentos nos quais tenha espaço suficiente para se sentir independente.

ALGUÉM ESPECIAL

Para o amor e a amizade, você pode encontrar a pessoa certa entre as nascidas nas seguintes datas:

Amor & amizade: jan: 6, 10, 15, 29, 31; fev: 4, 8, 13, 27, 29; mar: 2, 11, 25, 27; abr: 4, 9, 23, 25; mai: 7, 21, 23; jun: 5, 19, 21; jul: 3, 17, 19, 30; ago: 1, 15, 17, 28; set: 13, 15, 26; out: 11, 13, 24; nov: 9, 11, 22; dez: 7, 9, 20

Relacionamentos benéficos: jan: 13, 15, 19; fev: 11, 13, 17; mar: 9, 11, 15; abr: 7, 9, 13; mai: 5, 7, 11; jun: 3, 5, 9; jul: 1, 3, 7, 29; ago: 1, 5, 27, 31; set: 3, 25, 29; out: 1, 23, 27; nov: 21, 25; dez. 19, 23

Atrações fatais: jan: 31; fev: 1, 2; mai: 30; jun: 28; jul: 26; ago: 24; set: 22; out: 20; nov: 18; dez: 16

Relacionamentos desafiantes: jan: 12; fev: 10; mar: 8; abr: 6; mai: 4; jun: 2; ago: 31; set: 29; out: 27, 29, 30; nov: 25, 27, 28; dez: 23, 25, 26, 30

Alma gêmea: jan: 2, 28; fev: 26; mar: 24; abr: 22; mai: 20; jun: 18; jul: 16; ago: 14; set: 12; out: 10; nov: 8; dez: 6

4 de Agosto

Generoso e dotado com uma mente aberta, você tem uma perspectiva universal, embora a preocupação com a sua segurança material muitas vezes limite a sua inclinação humanitária. Como nativo de Leão, você é criativo, magnânimo e possui habilidades práticas e poder de realização. Amigável e alegre, você atrai as pessoas e pode ser popular, o que também indica um grande potencial de liderança e sugere que você não gosta de ocupar posições de subserviência.

A subinfluência do regente do seu decanato, Sagitário, encoraja-o a se expandir e, quando se combina com a sua perspectiva otimista, inspira-o a correr riscos. Quando sente medo do desconhecido, essa influência também pode ser adversa e minar a sua capacidade de desempenho. Se tentar resistir à inclinação a ser impaciente e autoritário, você se torna capaz de desenvolver a tolerância. O distanciamento e uma atitude equilibrada permitem que você evite muitas frustrações e desapontamentos.

♌

SOL: LEÃO
DECANATO: SAGITÁRIO/JÚPITER
GRAU: 11°-12°30'LEÃO
MODO: FIXO
ELEMENTO: FOGO

♌

Se adotar uma perspectiva responsável, você pode ter a inspiração para explorar o seu verdadeiro potencial e se tornar um especialista eminente na sua área profissional. Embora prefira lidar com as situações a partir de um ponto de vista mais amplo, o seu entusiasmo pode levá-lo a esquecer detalhes pequenos, mas vitais. Quando aprende a ser metódico e cuidadoso, você aumenta a sua chance de ser bem-sucedido.

Desde a infância, você tem interesse por atividades sociais e quer ser o centro das atenções. A partir dos 18 anos de idade, quando o seu Sol progredido entra no signo de Virgem por um período de trinta anos, você passa a ser mais consciencioso, ponderado, reservado e a ter um poder de discernimento maior. Você passa também a ser mais eficiente no trabalho que desenvolve. Quando o seu Sol progredido entra no signo de Libra, aos 48 anos de idade, a sua vida passa por outra transformação, pois você passa a dar mais importância aos relacionamentos sociais e às parcerias. As suas habilidades criativas se ampliam e pode ser que você desenvolva um talento musical, artístico ou literário até então latente.

O Seu Eu Secreto

Você é uma pessoa jovial que, quando está feliz e relaxado, tem um senso de humor único. Parte da sua espirituosidade inteligente e irônica deriva da sua habilidade psicológica e capacidade para avaliar as pessoas. A necessidade de ter uma segurança material a todo o custo pode provocar um conflito entre os seus ideais ou desejos e as limitações impostas pela realidade. Quando a sua vida tem aventuras, viagens e variedade, você pode transformar a sua inquietação interior em busca de novos objetivos.

Ao aprender a administrar os seus bens e orçamento, você pode evitar períodos de abundância, quando é generoso ou até mesmo extravagante, com períodos de insegurança devido à falta de fundos. Isso também o ajudará a superar o medo da instabilidade emocional.

Trabalho & Vocação

Como é muito independente e prefere dar a receber ordens, você, em geral, sai-se melhor quando ocupa alguma posição de autoridade ou tem o próprio negócio. Você tem capacidade de avaliação e, por isso, o lado mais pragmático da sua natureza pode levá-lo à área de vendas imobiliárias, bancária e da Bolsa de Valores. A sua inclinação humanitária pode se manifestar por intermédio da medicina ou de alguma forma de trabalho social ou comunitário.

♌

ESTRELA FIXA

Nome da estrela:
Kochab

Posição:
11°56'-12°45' de Leão, entre os anos de 1930 e 2000

Magnitude:
2

Força:
★★★★★★★★

Órb:
2°10'

Constelação:
Beta Ursa Menor

Dias:
4, 5, 6 e 7 de agosto

Qualidades da estrela:
Saturno/Mercúrio

Descrição:
uma estrela laranja gigante, localizada na Ursa Menor, também chamada de Pequeno Carro.

♌

Numerologia

A sólida estrutura e o poder de organização sugeridos pelo dia de aniversário número 4 indicam que você precisa de estabilidade e ordem. Dotado de energia, habilidades práticas e muita determinação, você pode ser bem-sucedido se estiver disposto a trabalhar duro. Preocupado com a sua segurança, você quer ter uma sólida base para si mesmo e para a sua família. A maneira pragmática com que encara a vida lhe confere um bom senso para os negócios e habilidade de alcançar o sucesso material. Como um indivíduo número 4, você é uma pessoa honesta, franca e justa. Entre os desafios colocados ao indivíduo número 4, destacam-se períodos de instabilidade e preocupação financeira. A subinfluência do mês número 8 indica que a maneira como você administra as suas finanças pode fazer muita diferença na sua vida e pode ser que você precise aprender a ser prático e econômico. Você gosta de pensar de forma criativa e muitas vezes lidera e inspira as outras pessoas. Você tem uma boa capacidade de raciocínio e de planejamento.

- **Positivo**: organização, autodisciplina, firmeza, trabalhador, habilidade, talento com as mãos, pragmático, confiável, preciso
- **Negativo**: falta de comunicação, rigidez, preguiça, falta de sentimentos, procrastinação, autoritarismo, afeições ocultas, ressentimento, severo

Amor & Relacionamentos

Apesar de caloroso e afetuoso, as suas inibições emocionais podem torná-lo frio e distante. As parcerias são muito importantes na sua vida, mesmo que nem sempre você expresse o que sente. Você, em geral, sente-se atraído por pessoas mentalmente estimulantes ou que compartilhem algum tipo de atividade intelectual. Ainda que seja um bom parceiro, se tiver uma inclinação à teimosia pode ter relacionamentos marcados por discussões. Felizmente, essa condição não dura muito tempo, pois, como é compreensivo e cuidadoso, você é um bom amigo e anfitrião, aquele que protege os seus familiares.

INFLUÊNCIA DA ESTRELA PRIMÁRIA

A influência de Kochab confere lógica, concentração e habilidade para ir direto ao núcleo das coisas. Muitas vezes, você tem amor à limpeza e boa capacidade de organização. Esta estrela confere oportunidades para alcançar cargos de autoridade.
Ligada ao grau do seu Sol, esta estrela indica que você pode conquistar muito por meio da determinação. Você tem habilidade para lutar com energia e coragem até o fim e para nunca desistir. Esta estrela também adverte contra a ilusão e atividades maliciosas e desleais.

- **Positivo**: determinação, persistência, coragem para superar obstáculos
- **Negativo**: imprudência, malícia, pessimismo

ALGUÉM ESPECIAL

Você pode encontrar mais facilmente o parceiro certo entre as pessoas nascidas nas seguintes datas:

Amor & amizade: jan: 6, 7, 16; fev: 4, 5, 14; mar: 2, 12, 28, 30; abr: 10, 26, 28; mai: 8, 24, 26, 30; jun: 6, 22, 24, 28; jul: 4, 20, 22, 26, 31; ago: 2, 18, 20, 24, 29; set: 16, 18, 22, 27; out: 14, 16, 20, 25; nov: 12, 14, 18, 23; dez: 10, 12, 16, 21

Relacionamentos benéficos: jan: 9, 14, 16; fev: 7, 12, 14; mar: 5, 10, 12; abr: 3, 8, 10; mai: 1, 6, 8; jun: 4, 6; jul: 2, 4; ago: 2; set: 30; out: 28; nov: 26, 30; dez: 24, 28, 29

Atrações fatais: jan: 21; fev: 19; mar: 17; abr: 15; mai: 13; jun: 11; jul: 9; ago: 7; set: 5; out: 3; nov: 1

Relacionamentos desafiantes: jan: 4, 13, 28; fev: 2, 11, 26; mar: 9, 24; abr: 7, 22; mai: 5, 20; jun: 3, 18; jul: 1, 16; ago: 14; set: 12; out: 10, 31; nov: 8, 29; dez: 6, 27

Alma gêmea: jan: 15, 22; fev: 13, 20; mar: 11, 18; abr: 9, 16; mai: 7, 14; jun: 5, 12; jul: 3, 10; ago: 1, 8; set: 6; out: 4; nov: 2

5 de Agosto

Versatilidade, criatividade, força de vontade e determinação são algumas das qualidades associadas ao seu dia de aniversário. Como nativo de Leão, você é ousado, ambicioso e nobre, mas o seu forte orgulho e inclinação materialista sugerem que a segurança financeira podem ser fatores importantes nos seus planos de vida.

A subinfluência do regente do seu decanato, Sagitário, sugere que você gosta de se sentir produtivo e possui valores morais. Contudo, você precisa evitar a tendência a ser muito impaciente ou obstinado. Trabalhador, você tem um senso prático para os negócios e capacidade de organização. Com a sua personalidade enérgica, você deve tomar cuidado para não ser cabeça-dura ou dominador.

Embora tenha opiniões conservadoras e queira ser bem-sucedido em termos materiais e sociais, você tem desejo de manifestar a sua própria individualidade. Como não gosta de obedecer ordens, você cria o seu próprio código de ética e de conduta, mas deve evitar ser muito dogmático. As mulheres podem ser especialmente benéficas para você, e aprender a colaborar com as outras pessoas pode ser uma experiência gratificante.

♌

SOL: LEÃO
DECANATO: SAGITÁRIO/JÚPITER
GRAU: 12°-13°30'LEÃO
MODO: FIXO
ELEMENTO: FOGO

♌

Depois dos 17 anos de idade, quando o seu Sol progredido entra no signo de Virgem, você passa a ter mais necessidade de incluir a organização e a prática na sua vida diária. Você se sentirá mais inclinado a analisar as coisas e a procurar meios de reestruturar a sua vida. Essa influência prossegue até os seus 47 anos de idade, quando o seu Sol progredido entra no signo de Libra, marcando uma virada que acentua a importância crescente dos relacionamentos, da criatividade e da harmonia.

O Seu Eu Secreto

A sua determinação prática, amor pelo conhecimento e mente aguçada lhe conferem a habilidade de lidar com qualquer situação. Um possível obstáculo para o seu sucesso é a tendência a se deixar levar pela dúvida ou pelo ceticismo. Caso perca a fé em si mesmo ou na sua capacidade de se realizar, você corre o risco de se tornar uma pessoa fria ou distante. Como é ousado e espontâneo, você se esforçar para ser mais dinâmico ou poderoso.

Embora possa às vezes ser muito preocupado com questões materiais, é por meio da sua sabedoria interior ou espiritual que você pode superar as dificuldades da vida. Como possui uma forte personalidade e expressa as suas opiniões ou defende a sua posição, é importante evitar o uso de táticas de poder para que as coisas saiam do jeito que quer. Confiando na sua intuição, você pode construir a sua própria confiança e fé e realizar os seus inspirados sonhos.

Trabalho & Vocação

A sua ambição, aptidão para os negócios e capacidade de liderança podem ajudá-lo a ser bem-sucedido na vida. Você gosta de poder, estrutura e eficácia, mas possui percepção emocional e sensibilidade. Essa combinação pode beneficiá-lo em todas as áreas, desde as relacionadas aos bens materiais até as atividades associadas ao mundo criativo. Sempre consciente da sua própria imagem, você também tem uma grande atração pelo teatro e pelo mundo do entretenimento. Você prefere ocupar uma posição de autoridade ou trabalhar por conta própria, pois não gosta de cargos subalternos. Com a sua força e sua determinação, você pode se destacar na área de negócios, especialmente em vendas; além disso, você pode também ser um bom advogado.

ESTRELAS FIXAS

Kochab; Acubens, também chamada de Sertan

ESTRELA PRIMÁRIA

Nome da estrela:
Kochab

Posição:
11°56'-12°45' de Leão, entre os anos de 1930 e 2000

Magnitude:
2

Força:
★★★★★★★

Órb:
2°10'

Constelação:
Beta Ursa Menor

Dias:
4, 5, 6 e 7 de agosto

Qualidades da estrela:
Saturno/Mercúrio

Descrição:
uma estrela laranja gigante, localizada na Ursa Menor, também chamada de Pequeno Carro.

Numerologia

Muita intuição, natureza aventureira e desejo de liberdade são indicados pelo dia de aniversário número 5. A disposição para explorar e experimentar coisas novas, juntamente com uma maneira entusiástica de encarar as coisas, sugere que a vida tem muito a lhe oferecer. Viagens e diversas oportunidades de mudança, algumas inesperadas, podem levá-lo a uma verdadeira transformação dos seus pontos de vista e crenças. Como um indivíduo número 5, você precisa sentir empolgação pela vida, mas deve também desenvolver uma atitude responsável e evitar a tendência à imprevisibilidade, ao excesso e à inquietude. Você pode ser bem-sucedido se não agir de forma prematura e procurar ser paciente. O talento natural do indivíduo número 5 é saber acompanhar o fluxo e manter-se neutro e distante. A subinfluência do mês número 8 indica que você é ambicioso, dotado de uma mente aguçada e ativa. As realizações são importantes e, como é uma pessoa trabalhadora, dotada de boa capacidade de gerenciamento, você pode alcançar posições de autoridade e influência.

Positivo: versátil, adaptável, progressista, fortes instintos, magnético, sortudo, ousado, amante da liberdade, perspicácia e rapidez, curioso, sociável

Negativo: pouco confiável, instável, preguiçoso, inconsistente, excessivamente confiante, cabeça-dura

Amor & Relacionamentos

Você gosta de viajar e de conhecer pessoas novas. Ainda que caloroso e sociável, você pode ficar inquieto ou indeciso no que diz respeito a relacionamentos próximos. Mas isso pode ser evitado se você se mantiver ocupado e criativo, sem tempo para se preocupar ou para se deixar pela dúvida. A música ou artes criativas podem ter um efeito benéfico no seu estado de espírito. Você tem habilidade para encantar as pessoas com o seu otimismo e generosidade, mas deve tomar cuidado para não se tornar muito autoritário com aqueles que ama.

INFLUÊNCIA DA ESTRELA PRIMÁRIA

A influência de Kochab confere lógica, concentração e habilidade para ir direto ao núcleo das coisas. Muitas vezes, você tem amor à limpeza e boa capacidade de organização. Esta estrela confere oportunidades para alcançar cargos de autoridade.

Ligada ao grau do seu Sol, esta estrela indica que você pode conquistar muito por meio da determinação. Você tem habilidade para lutar com energia e coragem até o fim e para nunca desistir. Esta estrela também adverte contra a ilusão e atividades maliciosas e desleais.

- **Positivo**: determinação, persistência, coragem para superar obstáculos
- **Negativo**: imprudência, malícia, pessimismo

Consulte o Apêndice para obter mais informações acerca das estrelas fixas.

ALGUÉM ESPECIAL

Para encontrar o verdadeiro amor e felicidade, você terá mais sucesso com as pessoas nascidas nas seguintes datas:

Amor & amizade: jan: 1, 7, 17, 18, 20; fev: 5, 15, 18; mar: 3, 13, 16, 29, 31; abr: 1, 11, 14, 27, 29; mai: 9, 12, 25, 27; jun: 7, 10, 23, 25; jul: 5, 8, 21, 23; ago: 3, 6, 19, 21; set: 1, 4, 17, 19; out: 2, 15, 17; nov: 13, 15, 30; dez: 11, 13, 28

Relacionamentos benéficos: jan: 15, 17, 28; fev: 13, 15, 26; mar: 11, 13, 24; abr: 9, 11, 22; mai: 7, 9, 20; jun: 5, 7, 18; jul: 3, 5, 16; ago: 1, 3, 14; set: 1, 12; out: 10, 29; nov: 8, 27; dez: 6, 25

Atrações fatais: jan: 5; fev: 1, 2, 3, 4; mar: 1

Relacionamentos desafiantes: jan: 4, 5, 14; fev: 2, 3, 12; mar: 1, 10; abr: 8, 30; mai: 6, 28; jun: 4, 26; jul: 2, 24; ago: 22; set: 20; out: 18; nov: 16; dez: 14

Alma gêmea: jan: 2; mar: 29; abr: 27; mai: 25; jun: 23; jul: 21; ago: 19; set: 17; out: 15; nov: 13; dez: 11

6 de Agosto

O seu dia de aniversário indica que o seu comportamento sociável e idealista esconde uma natureza prática disposta a comercializar os seus talentos. Como nativo de Leão, você é uma pessoa charmosa, romântica e espontânea, dotada de dons criativos e com talento estético. Os lados extremos da sua natureza mostram que você pode ser tanto uma pessoa disciplinada e inflexível no tocante a questões financeiras quanto uma pessoa humanitária, compassiva e atenciosa.

Com a subinfluência de Júpiter, você é ambicioso e cheio de vitalidade, além de direto e franco. Embora a sua tendência a ser crítico indique que você deve se prevenir contra a apreensão ou preocupação, a inspiração é a chave da sua motivação e sucesso e, se for estimulado, você está disposto a se esforçar ao máximo. Entretanto, evite ser uma pessoa muito severa ou sem espontaneidade ou fazer as coisas somente por obrigação, pois isso pode deixá-lo negativo, pouco confiante ou com a sensação de que as pessoas não reconhecem o seu valor.

♌

SOL: LEÃO
DECANATO: SAGITÁRIO/JÚPITER
GRAU: 13°-14°30'LEÃO
MODO: FIXO
ELEMENTO: FOGO

♌

Com a sua personalidade atraente, seu entusiasmo pela vida e sua perspectiva positiva, você pode ter muito sucesso. Você pode ter golpes de sorte, mas não se deixe levar pela idéia de que as coisas vêm de graça ou por acaso.

Por volta dos seus 16 anos de idade, o seu Sol progredido entra no signo de Virgem, dando início a um período de trinta anos em que você dará mais importância à ordem, resolução prática de problemas e passa a ter mais discernimento com o seu tempo e energia. Você passa por outra transformação aos 46 anos de idade, quando o seu Sol progredido entra no signo de Libra, estimulando-o a ampliar o seu círculo social, a dar mais importância aos seus relacionamentos e a desenvolver os seus talentos musicais, artísticos e literários.

O Seu Eu Secreto

Você aparenta ser uma pessoa forte ou dura, mas tem uma sensibilidade emocional que pode acentuar os extremos da sua natureza. Quando está com uma disposição negativa ou autocentrada, as suas poderosas emoções se manifestam como desapontamento ou solidão, mas quando se sente positivo você abriga um amor universal. Com o seu altruísmo, você tem disposição para ajudar as pessoas sem esperar nada de volta. Contudo, é importante procurar um equilíbrio entre ceder em nome da harmonia e entre ser exigente; a busca desse equilíbrio permite também que você perceba o quanto se valoriza e como as pessoas o tratam. Com o desejo forte de amar e ser amado, você é sensível às reações alheias, tem amor pela beleza e pelo luxo e gosta de compartilhar.

Trabalho & Vocação

Com o seu charme e senso de valores, você sabe combinar negócios com prazer. As pessoas percebem o seu senso de responsabilidade e sua capacidade para trabalhar duro. Você sabe fazer contatos e um dos seus maiores trunfos é a habilidade para lidar com as pessoas. Você pode se destacar nas áreas bancária, industrial, de *merchandising* e de negócios ou pode ser que prefira trabalhar por conta própria. Talentoso, você muitas vezes sente-se atraído pelo mundo do teatro ou do entretenimento. Se utilizar o lado mais compassivo da sua natureza, você pode ter atividades ligadas a crianças, medicina ou ao trabalho comunitário. Mas pode ser que a sua atração pela beleza, pela natureza e pela forma o leve a seguir uma carreira criativa, como artista ou *designer*.

Numerologia

Compaixão, idealismo e natureza atenciosa são algumas das qualidades sugeridas pelo dia de aniversário número 6. Esse é o número do perfeccionista ou do amigo universal e que indica que você é muitas vezes uma pessoa humanitária, responsável e amorosa. Com o dia de aniversário número 6, você gosta do ambiente doméstico e é um pai dedicado. Os que são mais sensíveis precisam encontrar uma forma de expressão criativa e sentem-se atraídos pelo mundo da arte e do *design*. Você precisa desenvolver a autoconfiança e superar a tendência a interferir na vida das pessoas, a se preocupar e a ter solidariedade pelas pessoas erradas. A subinfluência do mês número 8 indica que você é rápido para perceber as mudanças, é cauteloso e tem boa capacidade de julgamento. Prático e econômico, você tem tendência a ser idealista e despreocupado. Confiando na sua intuição e aprendendo a se conhecer, você pode ter um bom relacionamento com as pessoas

Positivo: mundano, universal, amigável, compassivo, confiável, compreensivo, solidário, idealista, com inclinação doméstica, humanitarista, equilibrado, artístico

Negativo: insatisfeito, ansiedade, timidez, irracionalidade, teimosia, falta de harmonia, dominação, egoísmo, desconfiança, cinismo, autocentramento

♌

ESTRELAS FIXAS

Kochab; Acubens, também chamada de Sertan; Dubhe

ESTRELA PRIMÁRIA

Nome da estrela:
Kochab

Posição:
11°56'-12°45' de Leão, entre os anos de 1930 e 2000

Magnitude:
2

Força:
★★★★★★★★

Órb:
2°10'

Constelação:
Beta Ursa Menor

Dias:
4, 5, 6 e 7 de agosto

Qualidades da estrela:
Saturno/Mercúrio

Descrição:
uma estrela laranja gigante, localizada na Ursa Menor, também chamada de Pequeno Carro.

♌

Amor & Relacionamentos

Você é uma pessoa que gosta de se divertir, é atencioso, confiável e gentil. Você tem uma alegria infantil e sempre será jovial. Naturalmente charmoso e sociável, você tem muitos amigos e admiradores. Nos relacionamentos sérios, você é uma pessoa romântica, idealista e leal, mas deve evitar se martirizar ou ser muito possessivo. Você pode ser um parceiro dedicado, caloroso, atencioso e amoroso.

INFLUÊNCIA DA ESTRELA PRIMÁRIA

A influência de Kochab confere lógica, concentração e habilidade para ir direto ao núcleo das coisas. Muitas vezes, você tem amor à limpeza e boa capacidade de organização. Esta estrela confere oportunidades para alcançar cargos de autoridade.

Ligada ao grau do seu Sol, esta estrela indica que você pode conquistar muito por meio da determinação. Você tem habilidade para lutar com energia e coragem até o fim e para nunca desistir. Esta estrela também adverte contra a ilusão e atividades maliciosas e desleais.

- **Positivo**: determinação, persistência, coragem para superar obstáculos
- **Negativo**: imprudência, malícia, pessimismo

Consulte o Apêndice para obter mais informações acerca das estrelas fixas.

ALGUÉM ESPECIAL

Você pode ter mais chances de ter relacionamentos duradouros com as pessoas nascidas nas seguintes datas:

Amor & amizade: jan: 4, 8, 9, 18, 19, 23; fev: 2, 6, 7, 16, 17, 21; mar: 4, 14, 15, 19, 28, 30; abr: 2, 12, 13, 17, 26, 28, 30; mai: 10, 11, 15, 24, 26, 28; jun: 8, 9, 13, 22, 24; jul: 6, 7, 11, 20, 22, 24, 30; ago: 4, 5, 9, 18, 20, 22, 28; set: 2, 3, 7, 16, 18, 20, 26; out: 1, 5, 14, 16, 18, 24; nov: 3, 12, 14, 16, 22; dez: 1, 10, 12, 14, 20

Relacionamentos benéficos: jan: 5, 16, 27; fev: 3, 14, 25; mar: 1, 12, 23; abr: 10, 21; mai: 8, 19; jun: 6, 17; jul: 4, 15; ago: 2, 13; set: 11; out: 9, 30; nov: 7, 28; dez: 5, 26, 30

Atrações fatais: jan: 17; fev: 2, 3, 4, 5, 15; mar: 13; abr: 11; mai: 9; jun: 7; jul: 5; ago: 3; set: 1

Relacionamentos desafiantes: jan: 1, 10, 15; fev: 8, 13; mar: 6, 11; abr: 4, 9; mai: 2, 7; jun: 5; jul: 3, 29; ago: 1, 27; set: 25; out: 23; nov: 21; dez: 19, 29

Alma gêmea: ago: 30; set: 28; out: 26; nov: 24; dez: 22

7 de Agosto

Idealista, trabalhador e charmoso, você é uma pessoa carismática, mas também reservada e dotada de elevado senso comum. Este dia de aniversário revela que você é um leonino artístico ou criativo, com um coração generoso e um grande senso de dever.

A subinfluência do regente do seu decanato, Sagitário, sugere que, mesmo sendo uma pessoa franca e honesta, que apóia os menos beneficiados, você pode adotar um comportamento arrogante e cheio de si no trato com as pessoas.

O seu otimismo e seus sonhos grandiosos são as forças que o motivam e se relacionam com a sua mente ativa e construtiva. Todavia, você precisa desenvolver uma abordagem mais realista e superar a tendência a ser excessivamente otimista ou a ter pensamentos autodestrutivos. Entre as suas muitas qualidades figura a habilidade de pensar em grandes termos e de ser muito persuasivo.

♌

SOL: LEÃO
DECANATO: SAGITÁRIO/JÚPITER
GRAU: 14°-15°30'LEÃO
MODO: FIXO
ELEMENTO: FOGO

♌

Ao equilibrar os períodos de motivação com a inércia, você deseja ser bem-sucedido e prosperar, mas sem o tipo certo de apoio você pode ser facilmente desencorajado ou perder o rumo até que alguém acenda a sua imaginação. Praticando a paciência e persistência e mantendo uma atitude mental positiva, você com certeza conquistará os seus objetivos e merecido sucesso.

Depois dos 15 anos de idade, quando o seu Sol progredido entra no signo de Virgem, você passa a ter uma maior necessidade de ser organizado no seu dia-a-dia. Além disso, você adquire a inclinação a analisar as coisas e a procurar maneiras de reestruturar e melhorar a sua vida. Essa tendência prossegue até os 45 anos de idade, quando o seu Sol progredido entra no signo de Libra. Essa fase marca uma virada na sua vida, acentuando a crescente importância que você passa a dar aos seus relacionamentos, criatividade e harmonia. Quando faz 75 anos e o seu Sol progredido entra no signo de Escorpião, você passa a valorizar o poder pessoal e de transformação.

O Seu Eu Secreto

Como é confiante e compassivo, as outras pessoas muitas vezes o procuram em busca de apoio e encorajamento. Embora seja capaz de dar bons conselhos, às vezes pode ser difícil seguir o que prega. Criativo e intuitivo, você tem um forte desejo de se expressar, o que o ajuda a ter mais fé e confiança, além de ser uma maneira ótima de dar vazão às suas frustrações ou desapontamentos com as pessoas. Generoso e caloroso, você realmente se importa com o bem-estar das pessoas e, depois que estabelece uma meta, pode ser muito determinado.

Você precisa evitar a tendência à letargia ou a ter idéias fixas, pois isso pode fazer com que se deixe levar pelo caminho mais confortável e fácil mas não o desafia a realizar todo o seu potencial. Você combina de maneira interessante uma dose de humanitarismo com o desejo de desfrutar os luxos da vida, o que pode estimulá-lo a transformar os seus sonhos grandiosos em realidade.

Trabalho & Vocação

Como é uma pessoa amigável e charmosa, que sabe falar o que pensa, você pode se destacar em ocupações que envolvam o trato com as pessoas, como vendas e promoções. A sua excelente capacidade mental e de organização pode levá-lo a trabalhar no mundo dos negócios, onde pode ter um interesse especial por grandes empreendimentos. Você pode usar o seu talento dramático e prosperar no mundo do teatro e do entretenimento. Mas o desejo de buscar a verdade e a maneira filosófica com que aborda a vida podem levá-lo ao mundo da advocacia, da religião ou da Metafísica. Como combina o jeito para lidar com as pessoas com o apoio aos oprimidos, você pode se dedicar à defesa de causas justas.

♌

ESTRELAS FIXAS

Kochab; Acubens, também chamada de Sertan; Dubhe

ESTRELA PRIMÁRIA

Nome da estrela:
Kochab

Posição:
11°56'-12°45' de Leão, entre os anos de 1930 e 2000

Magnitude:
2

Força:
★★★★★★★★

Órb:
2°10'

Constelação:
Beta Ursa Menor

Dias:
4, 5, 6 e 7 de agosto

Qualidades da estrela:
Saturno/Mercúrio

Descrição:
uma estrela laranja gigante, localizada na Ursa Menor, também chamada de Pequeno Carro.

♌

Numerologia

Analítico e ponderado, o indivíduo número 7 é muitas vezes crítico e concentrado nos seus próprios interesses. Com uma necessidade constante de ter uma maior autoconsciência, você gosta de reunir informações e se interessa por ler, escrever e em assuntos espirituais. A tendência a ser enigmático ou reservado sugere que você pode ocasionalmente se sentir mal-interpretado. A subinfluência do mês número 8 indica que você é ambicioso e dotado de um bom senso para os negócios. Embora não goste de contrair dívidas, você precisa aprender a administrar a sua vida financeira. O desejo de desfrutar de uma boa vida sugere que você precisa de algo que o motive e o inspire, pois há o perigo de cair na rotina ou perder o rumo. Disposto a trabalhar duro para alcançar o sucesso, você pode atrair oportunidades e ter muita sorte em viagens ao exterior.

- **Positivo**: culto, confiável, meticuloso, idealista, honesto, com poderes psíquicos, científico, racional, reflexivo
- **Negativo**: dissimulado, enganoso, pouco amigável, fingido, cético, confuso quando lida com detalhes, inoportuno, indiferente, pouco sentimental, sensível às críticas

Amor & Relacionamentos

Intuitivo e reflexivo, com habilidade de transmitir amor e uma personalidade calorosa, você pode ser uma pessoa muito popular. Com a sua capacidade natural de compreensão, você atrai pessoas que absorvem a sua energia, por isto é necessário usar o discernimento nos seus relacionamentos. Como em geral tem ideais elevados, você está disposto a dar muito de si e pode ficar desapontado se as pessoas não forem tão generosas e atenciosas quanto você.

INFLUÊNCIA DA ESTRELA PRIMÁRIA

A influência de Kochab confere lógica, concentração e habilidade para ir direto ao núcleo das coisas. Muitas vezes, você tem amor à limpeza e boa capacidade de organização. Esta estrela confere oportunidades para alcançar cargos de autoridade.
Ligada ao grau do seu Sol, esta estrela indica que você pode conquistar muito por meio da determinação. Você tem habilidade para lutar com energia e coragem até o fim e para nunca desistir. Esta estrela também adverte contra a ilusão e atividades maliciosas e desleais.

Positivo: determinação, persistência, coragem para superar obstáculos
Negativo: imprudência, malícia, pessimismo

Consulte o Apêndice para obter mais informações acerca das estrelas fixas.

ALGUÉM ESPECIAL

Será mais fácil encontrar o amor, devoção e felicidade com as pessoas nascidas nas seguintes datas:

Amor & amizade: jan: 5, 9, 10, 18, 19; fev: 3, 7, 8, 16, 17; mar: 1, 5, 6, 14, 15, 31; abr: 3, 12, 13, 29; mai: 1, 10, 11, 27, 29; jun: 8, 9, 25, 27; jul: 6, 7, 23, 25, 31; ago: 4, 5, 21, 23, 29; set: 2, 3, 19, 21, 27, 30; out: 1, 17, 19, 25; dez: 13, 15, 21, 24

Relacionamentos benéficos: jan: 1, 6, 17; fev: 4, 15; mar: 2, 13; abr: 11; mai: 9; jun: 7; jul: 5; ago: 3; set: 1; out: 31; nov: 29; dez: 27

Atrações fatais: fev: 2, 3, 4, 5, 6

Relacionamentos desafiantes: jan: 2, 16; fev: 14; mar: 12; abr: 10; mai: 8; jun: 6; jul: 4; ago: 2; dez: 30

Alma gêmea: jan: 11, 31; fev: 9, 29; mar: 7, 27; abr: 5, 25; mai: 3, 23; jun: 1, 21; jul: 19; ago: 17; set: 15; out: 13; nov: 11; dez: 9

8 de Agosto

O dinamismo e a inquietude indicados pelo seu dia de aniversário sugerem que a vida tem muito a lhe oferecer. Como nativo de Leão, você é criativo e ambicioso, dotado de um grande desejo de ser bem-sucedido e obter reconhecimento.

A subinfluência do regente do seu decanato, Sagitário, implica que o seu otimismo, entusiasmo e persistência podem trazer muitas transformações nas suas condições e estilo de vida. Trabalhador e prático, você é uma pessoa pragmática que pensa de forma instintiva e rápida. A produtividade é muitas vezes associada ao seu dia de aniversário, mas você deve evitar ser muito ardoroso ou impaciente.

A variedade é a graça da vida e, em qualquer coisa que faça, a rotina e a monotonia não são para você. Conhecer novas pessoas, viajar e ser versátil o motivam e o impelem a se aventurar e a encarar os desafios da vida. Contudo, com o avançar da vida, surge uma grande necessidade de se estabelecer e, aprendendo a assumir responsabilidades e a fazer investimentos de longo prazo, você pode se sentir mais seguro. Um conflito entre a tendência ao materialismo e ao idealismo sugere que a incerteza e a falta de concentração podem ser o seu maior desafio. A sua inclinação a desistir quando pressionado pode ser superada por meio de um planejamento cuidadoso dos seus planos.

♌

SOL: LEÃO
DECANATO: SAGITÁRIO/JÚPITER
GRAU: 15°-16° LEÃO
MODO: FIXO
ELEMENTO: FOGO

♌

Depois dos 14 anos de idade, quando o seu Sol progredido entra no signo de Virgem, a sua vida entra em um período de trinta anos de crescente importância à ordem, resolução prática de problemas e capacidade de discernimento com o seu tempo e energia. A sua vida passa por uma outra mudança aos 44 anos de idade, quando o seu Sol progredido entra no signo de Libra. Essa influência estimula a sua necessidade de equilíbrio e harmonia e amplia a sua consciência da importância das parcerias e dos relacionamentos em geral. Aos 74 anos, o seu Sol progredido entra no signo de Escorpião, acentuando o seu poder pessoal e necessidade de ter maior profundidade emocional na sua vida.

O Seu Eu Secreto

Ainda que possa, às vezes, progredir de forma rápida e determinada na vida, você passa por períodos de falta de atividade, o que é capaz de provocar uma certa frustração e falta de autoestima. Para superar o sentimento de estagnação, talvez seja necessário desenvolver o distanciamento e esquecer os desapontamentos. Quando percebe que esses períodos são apenas passageiros, você é capaz de ter uma visão a longo prazo e evitar ficar sério demais.

Você guarda dentro de si uma riqueza de idéias criativas que podem encorajá-lo a ser imaginativo e engenhoso e podem estimulá-lo a ter iniciativa para criar algo original. Essa chama criativa pode ajudá-lo a gostar mais da vida, a se divertir mais e a não sucumbir à preocupação e à indecisão.

Trabalho & Vocação

Apesar de trabalhador, como gosta de mudanças, você se sente mais feliz em atividades e ocupações que não envolvam rotina. Você pode se interessar pelo mundo do teatro e do entretenimento, mas pode desistir se não tiver uma recompensa financeira gratificante. Como não gosta de ocupar posições de subserviência, você prefere trabalhar por conta própria ou se envolver em alguma posição de gerenciamento. Com imaginação e forte senso visual, você pode ser muito bem-sucedido em qualquer carreira que envolva imagens. As atividades que envolvem viagens também são ideais para a sua alma aventureira.

Numerologia

O poder sugerido pelo dia de aniversário número 8 mostra uma personalidade com fortes valores e capacidade de julgamento. O número 8 indica que você aspira a grandes realizações e tem uma natureza ambiciosa. O desejo de dominação, segurança e sucesso material também é indicado por este dia de aniversário. Como uma pessoa número 8, você tem uma aptidão natural para os negócios e se beneficiará muito se desenvolver as suas habilidades executivas e de organização. A sua grande necessidade de se sentir seguro ou estabelecido o impele a fazer planos e investimentos a longo prazo. A subinfluência do mês número 8 fortalece a sua personalidade. Com a sua percepção aguçada e rápida, você sabe avaliar as pessoas e situações. Muito eficiente no trabalho, você tem disposição para trabalhar duro e assumir responsabilidades. No entanto, você precisa aprender a administrar ou delegar a sua autoridade de maneira justa e imparcial. Como a queda é precedida pelo orgulho, evite ser muito autoconfiante e vaidoso.

- **Positivo**: liderança, meticulosidade, trabalhador, autoridade, proteção, poder de cura, boa capacidade de julgamento
- **Negativo**: impaciência, desperdício, intolerância, excesso de trabalho, dominação, desencoraja-se facilmente, falta de planejamento

♌

ESTRELAS FIXAS

Dubhe; Acubens, também chamada de Sertan

ESTRELA PRIMÁRIA

Nome da estrela:
Dubhe
Posição:
14°9'-15°2' de Leão, entre os anos de 1930 e 2000
Magnitude:
2
Força:
★★★★★★★★
Órb:
2°20'
Constelação:
Alpha Ursa Maior
Dias:
6, 7, 8, 9 e 10 de agosto
Qualidades da estrela:
interpretações variadas: Mercúrio/Vênus ou Marte
Descrição:
grande estrela binária amarela, localizada na parte traseira da Ursa Maior.

♌

Amor & Relacionamentos

Atraído por pessoas de personalidade forte, você gosta de quem tem convicção e direção. As amizades são importantes, pois você gosta de se dar com pessoas que estimulem a sua mente e ao mesmo tempo se divertir. O seu talento para entreter as pessoas aparece quando está na companhia de pessoas queridas. Você muitas vezes se esforça para ter relacionamentos harmônicos, mas quando se sente inseguro pode se tornar brigão. Aprender a ser paciente com os outros o ajuda a suavizar situações difíceis.

INFLUÊNCIA DA ESTRELA PRIMÁRIA

Dubhe confere idealismo, autoconfiança, ousadia e orgulho. Esta estrela concede inteligência, discurso articulado e expressão persuasiva. Embora possa ser uma pessoa aventureira, você, ocasionalmente, sente-se inseguro e permite que a suspeita e a desconfiança o deixem preocupado.
Ligada ao grau do seu Sol, esta estrela confere determinação para buscar o sucesso e superar os obstáculos. O amor pelos estudos e o desejo de realização pode levá-lo a seguir algum tipo de educação superior, estudar Astrologia e Advocacia ou ingressar na vida militar. Mas pode ser também que você tenha jeito para escrever e para estudar Filosofia. Esta estrela adverte contra o risco do excesso de materialismo e sugere que você deve canalizar o seu poder de forma positiva para não se tornar destrutivo.

- **Positivo**: educação superior, talentos artísticos, voz bonita
- **Negativo**: preocupação, insegurança, falta de imaginação, inclinação ao materialismo

Consulte o Apêndice para obter mais informações acerca das estrelas fixas.

ALGUÉM ESPECIAL

Para se manter jovial, feliz e apaixonado, procure se relacionar com as pessoas nascidas nas seguintes datas:

Amor & amizade: jan: 6, 10, 20, 21, 29; fev: 4, 8, 18, 19, 27; mar: 2, 6, 16, 25, 28, 30; abr: 4, 14, 23, 26, 28, 30; mai: 2, 12, 21, 24, 26, 28, 30; jun: 10, 19, 22, 24, 26, 28; jul: 8, 17, 20, 22, 24, 26; ago: 6, 15, 18, 20, 22, 24; set: 4, 13, 16, 18, 20, 22; out: 2, 11, 14, 16, 18, 20; nov: 9, 12, 14, 16, 18; dez: 7, 10, 12, 14, 16

Relacionamentos benéficos: jan: 7, 13, 18, 28; fev: 5, 11, 16, 26; mar: 3, 9, 14, 24; abr: 1, 7, 12, 22; mai: 5, 10, 20; jun: 3, 8, 18; jul: 1, 6, 16; ago: 4, 14; set: 2, 12, 30; out: 10, 28; nov: 8, 26, 30; dez: 6, 24, 28

Atrações fatais: jan: 25; fev: 4, 5, 6, 23; mar: 21; abr: 19; mai: 17; jun: 15; jul: 13; ago: 11; set: 9; out: 7; nov: 5; dez: 3

Relacionamentos desafiantes: jan: 3, 17; fev: 1, 15; mar: 13; abr: 11; mai: 9, 30; jun: 7, 28; jul: 5, 26, 29; ago: 3, 24, 27; set: 1, 22, 25; out: 20, 23; nov: 18, 21; dez: 16, 19

Alma gêmea: jan: 18; fev: 16; mar: 14; abr: 12; mai: 10, 29; jun: 8, 27; jul: 6, 25; ago: 4, 23; set: 2, 21; out: 19; nov: 17; dez: 15

9 de Agosto

Intuição, imaginação e pragmatismo são algumas das qualidades associadas ao seu dia de aniversário. Como nativo de Leão, você é uma pessoa normalmente confiante, charmosa e generosa, apesar de um tanto sensível.

A subinfluência do regente do seu decanato, Sagitário, sugere que, combinando inspiração e entusiasmo com o trabalho duro, você é capaz de tirar proveito das oportunidades que podem lhe dar proteção financeira. Essa influência também indica que o dinheiro nunca será um grande problema na sua vida, mas para realmente se beneficiar desta dádiva celestial você precisa ter valores e desenvolver uma atitude responsável.

Sociável, amigável e gregário, preocupado com o bem-estar das pessoas, você apóia e encoraja muitos conhecidos. Os que são mais inspirados podem ter uma natureza humanitária e dedicam parte do seu tempo e esforço em nome de causas justas e organizações de caridade.

Mesmo que tenha capacidade de se concentrar com determinação no seu trabalho, você, muitas vezes, é uma pessoa criativa e que tem muitos interesses. O orgulho que sente do seu trabalho carrega em si um quê de perfeccionismo. Tome cuidado para que esse senso de dever e autocontrole não o deixe muito preocupado com o dinheiro.

♌

SOL: LEÃO
DECANATO: SAGITÁRIO/JÚPITER
GRAU: 16°-17° LEÃO
MODO: FIXO
ELEMENTO: FOGO

♌

Desde a sua infância, você se interessa por atividades sociais e desenvolve a sua habilidade para liderar, ocupando o centro das atenções. A partir dos 13 anos de idade, quando o seu Sol progredido entra no signo de Virgem e permanece por trinta anos, você gradualmente se torna mais consciente e com um poder maior de discernimento, bem como adquire mais eficiência no seu ambiente de trabalho. Aos 43 anos de idade, a sua vida passa por uma outra mudança, quando o seu Sol progredido entra no signo de Libra. Essa influência acentua a importância dos seus relacionamentos sociais e parcerias. A sua capacidade criativa amplia-se e você passa a desenvolver interesses musicais, artísticos e literários. Quando faz 73 anos, o seu Sol progredido entra no signo de Escorpião, provocando uma mudança emocional profunda.

O Seu Eu Secreto

Se confiar nos seus primeiros instintos, você tem à sua disposição um poder emocional que lhe dá a habilidade para compreender instintivamente as intenções das pessoas. Você é também sensível e tem uma visão intuitiva que pode guiá-lo, se ouvir a sua voz interior.

Embora deseje segurança material, você pode se sentir inquieto ou impaciente se o seu desejo de animação, ação e exploração de novas experiências for bloqueado. Essa insatisfação pode levá-lo a alguma forma de escapismo, o que pode aumentar o problema. Você precisa estar sempre buscando e pesquisando para aprender e inspirar o seu espírito a romper com as limitações. Por meio do seu trabalho, você pode sentir se está se realizando e construindo algo de positivo para o seu futuro.

Trabalho & Vocação

Como é ambicioso, prático e sociável, você pode atrair boas oportunidades de trabalho. Qualquer que seja a sua área, você gosta de fazer bem o seu trabalho, além de possuir senso de organização, método e ordem. Com a sua habilidade para negociar, você em geral faz boas transações e usa bem o seu dinheiro. Se estiver envolvido no mundo dos negócios, pode se sair especialmente bem nas áreas de *merchandising*, indústria e qualquer atividade ligada ao trato com o público. Mas é possível que você seja atraído pelo mundo do entretenimento, no qual a sua imaginação e seus talentos podem ajudá-lo a ser bem-sucedido. A sua inclinação humanitária ou religiosa pode ser desenvolvida em algum tipo de atividade pública.

♌

ESTRELA FIXA

Nome da estrela:
Dubhe

Posição:
14°9'-15°2' de Leão, entre os anos de 1930 e 2000

Magnitude:
2

Força:
★★★★★★★

Órb:
2°20'

Constelação:
Alpha Ursa Maior

Dias:
6, 7, 8, 9 e 10 de agosto

Qualidades da estrela:
interpretações variadas: Mercúrio/Vênus ou Marte

Descrição:
grande estrela binária amarela, localizada na parte traseira da Ursa Maior.

♌

Numerologia

Benevolência, ponderação e sensibilidade emocional estão associadas ao dia de aniversário número 9. Tolerante e gentil, você é na maior parte das vezes generoso e liberal. A sua intuição e seu poder psíquico indicam uma receptividade universal que, se for positivamente canalizada, pode inspirá-lo a buscar o caminho espiritual. Este dia de aniversário sugere a necessidade de superar desafios e a tendência a ser excessivamente sensível e ser passível de instabilidade emocional. Você pode se beneficiar de viagens internacionais e da interação com pessoas de diversos círculos sociais, mas deve evitar os sonhos irrealistas ou a inclinação ao escapismo. A subinfluência do mês número 8 indica que você tem força de vontade e desejo de poder e influência. Idealista e mente aberta, você tem inclinação material e, impulsionado pela riqueza e pelo sucesso, trabalha duro e tem muitas oportunidades boas.

Positivo: idealista, humanitário, criativo, sensível, generoso, magnético, poético, caridoso, desapegado, sortudo, popular

Negativo: frustrado, fragmentado, inseguro, egoísta, pouco prático, preocupado

Amor & Relacionamentos

A sua sociabilidade, sua personalidade carismática e seu charme muitas vezes atraem muitos amigos e admiradores. Quando transmite os seus poderosos sentimentos, você expressa o seu amor e afeição. Se reprimir as suas emoções, há o perigo de você ficar mal-humorado ou se envolver em jogos de poder. Porém, você está sempre disposto a manter a paz nos seus relacionamentos e raramente desiste.

INFLUÊNCIA DA ESTRELA PRIMÁRIA

Dubhe confere idealismo, autoconfiança, ousadia e orgulho. Esta estrela concede inteligência, discurso articulado e expressão persuasiva. Embora possa ser uma pessoa aventureira, você, ocasionalmente, sente-se inseguro e permite que a suspeita e a desconfiança o deixem preocupado.

Ligada ao grau do seu Sol, esta estrela confere determinação para buscar o sucesso e superar os obstáculos. O amor pelos estudos e o desejo de realização pode levá-lo a seguir algum tipo de educação superior, estudar Astrologia e Advocacia ou ingressar na vida militar. Mas pode ser também que você tenha jeito para escrever e para estudar Filosofia. Esta estrela adverte contra o risco do excesso de materialismo e sugere que você deve canalizar o seu poder de forma positiva para não se tornar destrutivo.

- **Positivo**: educação superior, talentos artísticos, voz bonita
- **Negativo**: preocupação, insegurança, falta de imaginação, inclinação ao materialismo

ALGUÉM ESPECIAL

Você pode se realizar emocionalmente e encontrar aquele alguém especial entre as pessoas nascidas nas seguintes datas:

Amor & amizade: jan: 7, 11, 21, 22; fev: 5, 9, 19, 20; mar: 3, 7, 18, 31; abr: 1, 5, 16, 29; mai: 3, 14, 27, 29; jun: 1, 12, 25, 27; jul: 10, 23, 25; ago: 8, 21, 23, 31; set: 6, 19, 21, 29; out: 4, 17, 19, 27, 30; nov: 2, 15, 17, 25, 28; dez: 13, 15, 23, 26

Relacionamentos benéficos: jan: 8, 14, 19; fev: 6, 12, 17; mar: 4, 10, 15; abr: 2, 8, 13; mai: 6, 11; jun: 4, 9; jul: 2, 7; ago: 5; set: 3; out: 1, 29; nov: 27; dez: 25, 29

Atrações fatais: fev: 5, 6, 7, 8

Relacionamentos desafiantes: jan: 9, 18, 20; fev: 7, 16, 18; mar: 5, 14, 16; abr: 3, 12, 14; mai: 1, 10, 12; jun: 8, 10; jul: 6, 8, 29; ago: 4, 6, 27; set: 2, 4, 25; out: 2, 23; nov: 21; dez: 19

Alma gêmea: jan: 9; fev: 7; mar: 5; abr: 3; mai: 1; out: 30; nov: 28; dez: 26

10 de Agosto

O seu dia de aniversário revela que você é intuitivo, inventivo, original e ambicioso, dotado de um grande potencial e de capacidade de liderança. Como leonino, você é criativo e talentoso, tem uma abordagem independente e fora do comum, além de muita necessidade de se expressar.

A subinfluência do regente do seu decanato, Sagitário, encoraja-o a viajar e a ter diversas experiências. Como é versátil e tem muitos interesses, você deve evitar desperdiçar as suas energias e aprender a se concentrar nos seus objetivos para se realizar.

O seu genuíno senso teatral indica que você tem o potencial ou capacidade mental para alcançar muito na vida. As suas idéias inspiradas e seu pensamento objetivo irão ajudá-lo a superar a tendência ao desapontamento, à preocupação ou à indecisão. Mas tome cuidado para que o seu entusiasmo para enfrentar os desafios da vida não o leve a acreditar que os problemas do passado podem ser resolvidos por meio de novos projetos.

♌

SOL: LEÃO
DECANATO: SAGITÁRIO/JÚPITER
GRAU: 17°-18° LEÃO
MODO: FIXO
ELEMENTO: FOGO

♌

Mesmo que você confie no seu bom senso, a capacidade de ver os diversos aspectos de cada situação pode deixá-lo confuso e em dúvida. Contudo, você é um estrategista nato, com *insights* e muita intuição, e, quando se depara com um problema, sempre tem uma resposta rápida e inventiva. Habilidoso e metódico, você tem uma maneira pragmática de encarar a vida e uma abertura que indica que é franco e objetivo.

Por volta dos 12 anos de idade, o seu Sol progredido entra no signo de Virgem, dando início a um período de trinta anos nos quais você passa a dar mais importância à ordem, ao trabalho e à eficiência; a partir dessa fase, você passa também a ter uma maior consciência mental da importância de saber resolver os problemas de forma prática. O seu Sol progredido entra no signo de Libra por volta dos seus 42 anos de idade, o que provoca uma virada na sua vida. A partir desse período, você é estimulado a cooperar mais com as pessoas, a ser mais diplomático e a dar mais importância aos seus relacionamentos. Quando faz 72 anos, o seu Sol progredido entra no signo de Escorpião, acentuando as questões relacionadas ao seu poder pessoal e transformação.

O Seu Eu Secreto

Quando substitui o seu espírito criativo pela segurança material, você realmente começa a progredir no sentido verdadeiro da palavra. Mas, às vezes, o medo de perder o que já conquistou pode levá-lo a optar pelo caminho menos interessante, embora mais seguro. Com isso, você pode perder a oportunidade de fazer mudanças radicais que envolvem algum tipo de risco. Você pode superar essa insegurança reconhecendo que a realização tem a ver com fazer o que realmente o deixa feliz.

Você tem um grande desejo interior de paz e harmonia, que pode se manifestar por meio da arte ou do amor à vida doméstica e familiar. Você tem muita responsabilidade e necessidade de se expressar. Uma pessoa idealista, você pode ser muito dedicado, especialmente se apoiar uma causa na qual realmente acredita. A sua capacidade de amar pode se expandir por meio da arte, do teatro ou da música.

Trabalho & Vocação

A sua criatividade, sua inteligência aguda e sua capacidade para o trabalho duro indicam que você tem o potencial para chegar ao topo da sua profissão. Você tem talento dramático e pode utilizá-lo escrevendo ou trabalhando em teatro ou política. Todavia, com a sua aptidão natural para os negócios, você também tem talento para as áreas de *merchandising* e produção. Você pode se sair melhor se trabalhar por conta própria, mas em qualquer carreira que escolha estará sempre procurando meios de melhorar o seu desempenho. A sua inclinação filosófica ou humanitária pode se realizar por intermédio de ocupações ligadas à religião, ao trabalho de assistência social ou a atividades filantrópicas.

Numerologia

Como as pessoas que têm o dia de aniversário número 1, você tem grandes ambições e se esforça para realizá-las, mas talvez precise, antes, superar alguns obstáculos. Vigoroso e original, você defende aquilo em que acredita, mesmo quando os outros não concordam. A sua habilidade para dar início às coisas com um espírito pioneiro o encoraja a viajar por lugares distantes e a se arriscar sozinho. Talvez precise aprender que o mundo não gira ao seu redor e evitar ser egoísta e ditatorial. O sucesso e a realização são fatores importantes para todas as pessoas que nascem no dia 10 e, muitas vezes, você chega ao topo da sua profissão. A subinfluência do mês número 8 indica que você tem uma personalidade poderosa, fortes convicções e um espírito independente. Você é uma pessoa inovadora, confiante e ambiciosa e, como tem muitos talentos, pode ser tentado a querer fazer muitas coisas e acabar por desperdiçar as suas energias.

Positivo: liderança, criatividade, progressismo, vigor, otimismo, fortes convicções, competitividade, independência, espírito gregário

Negativo: arrogância, ciúme, egotismo, orgulho, antagonismo, falta de controle, egoísmo, hesitação, impaciência

♌

ESTRELAS FIXAS

Dubhe; Merak

ESTRELA PRIMÁRIA

Nome da estrela:
Dubhe

Posição:
14°9'-15°2' de Leão, entre os anos de 1930 e 2000

Magnitude:
2

Força:
★★★★★★★

Órb:
2°20'

Constelação:
Alpha Ursa Maior

Dias:
6, 7, 8, 9 e 10 de agosto

Qualidades da estrela:
interpretações variadas: Mercúrio/Vênus ou Marte

Descrição:
grande estrela binária amarela, localizada na parte traseira da Ursa Maior.

♌

Amor & Relacionamentos

Você tem admiração por pessoas que realizaram muito na vida. Pode ser que você sonhe com um amor tão elevado e ideal que acabe sendo difícil encontrar alguém que corresponda às suas expectativas. Como pode alternar entre ser amoroso, espontâneo e afetuoso ou ser frio e distante, é vital ter um espaço para si mesmo a fim de equilibrar a sua sensibilidade. A sua personalidade naturalmente amigável é a garantia de muitas amizades e a sua hospitalidade sugere que você é um bom anfitrião.

INFLUÊNCIA DA ESTRELA PRIMÁRIA

Dubhe confere idealismo, autoconfiança, ousadia e orgulho. Esta estrela concede inteligência, discurso articulado e expressão persuasiva. Embora possa ser uma pessoa aventureira, você, ocasionalmente, sente-se inseguro e permite que a suspeita e a desconfiança o deixem preocupado.
Ligada ao grau do seu Sol, esta estrela confere determinação para buscar o sucesso e superar os obstáculos. O amor pelos estudos e o desejo de realização pode levá-lo a seguir algum tipo de educação superior, estudar Astrologia e Advocacia ou ingressar na vida militar. Mas pode ser também que você tenha jeito para escrever e para estudar Filosofia. Esta estrela adverte contra o risco do excesso de materialismo e sugere que você deve canalizar o seu poder de forma positiva para não se tornar destrutivo.

- **Positivo**: educação superior, talentos artísticos, voz bonita
- **Negativo**: preocupação, insegurança, falta de imaginação, inclinação ao materialismo

Consulte o Apêndice para obter mais informações acerca das estrelas fixas.

ALGUÉM ESPECIAL

Para aumentar as suas chances de encontrar o amor e a felicidade, procure entre as pessoas nascidas nas seguintes datas:

Amor & amizade: jan: 8, 22, 23, 26; fev: 6, 20, 24; mar: 4, 18, 22; abr: 2, 16, 17, 20, 30; mai: 14, 18, 28, 30; jun: 12, 16, 26, 28; jul: 10, 14, 24, 26; ago: 8, 12, 22, 24; set: 6, 10, 20, 22, 30; out: 4, 8, 18, 20, 28; nov: 2, 6, 16, 18, 26; dez: 4, 14, 16, 24

Relacionamentos benéficos: jan: 9, 20; fev: 7, 18; mar: 5, 16, 29; abr: 3, 14, 27; mai: 1, 12, 25; jun: 10, 23; jul: 8, 21; ago: 6, 19; set: 4, 17; out: 2, 15, 30; nov: 13, 28; dez: 11, 26, 30

Atrações fatais: jan: 27; fev: 7, 8, 9, 25; mar: 23; abr: 21; mai: 19; jun: 17; jul: 15; ago: 13; set: 11; out: 9; nov: 7; dez: 5

Relacionamentos desafiantes: jan: 2, 10, 19; fev: 8, 17; mar: 6, 15; abr: 4, 13; mai: 2, 11; jun: 9; jul: 7, 30; ago: 5, 28; set: 3, 26; out: 1, 24; nov: 22; dez: 20, 30

Alma gêmea: jan: 15; fev: 13; mar: 11; abr: 9; mai: 7; jun: 5; jul: 3; ago: 1; out: 29; nov: 27; dez: 25

11 de Agosto

Ação, inspiração e criatividade são algumas das qualidades associadas ao seu dia de aniversário. Com o seu espírito pioneiro, você é uma interessante combinação de idealismo e desejo de ter dinheiro e *status*. Como nativo de Leão, você tem charme e vitalidade, e com a sua personalidade amigável e gregária as pessoas sempre o descrevem como um otimista extrovertido.

A subinfluência do regente do seu decanato, Sagitário, dá a você, que é ao mesmo tempo uma pessoa idealista e prática, a visão e a habilidade para transformar os seus sonhos em realidade. Essa influência indica também que a sua atitude decisiva pode ser um fator importante para a sua habilidade de superar obstáculos em épocas de adversidade. A influência de Júpiter também indica que você tem idéias excepcionalmente boas, que podem trazer recompensa financeira.

♌

SOL: LEÃO
DECANATO: SAGITÁRIO/JÚPITER
GRAU: 18°-19° LEÃO
MODO: FIXO
ELEMENTO: FOGO

♌

A forte influência nos relacionamentos e parcerias, associada ao seu dia de aniversário, implica que você precisa aprender a ceder para se beneficiar do que os outros têm a lhe oferecer, ainda que seja uma pessoa determinada e objetiva. Você é uma pessoa amigável, empreendedora e que gosta do conforto material e, por isso, procura se associar com pessoas que lhe tragam vantagens e o ajudem a progredir. Contudo, a falta de dinheiro ou o medo de não dispor dele em quantidade suficiente podem causar alguma interferência nos seus planos; assim, evite a tendência materialista ou à crueldade.

A partir dos 11 anos de idade, quando o seu Sol progredido entra no signo de Virgem para permanecer por um período de trinta anos, você passa a sentir necessidade de encarar a vida de uma maneira prática. Você passa a querer ser cada vez mais eficiente e a aprender usar com discernimento o seu tempo e sua energia. A sua vida passa por uma transformação aos 41 anos de idade, quando o seu Sol progredido entra no signo de Libra. A partir desse período, você passa a se envolver mais nos seus relacionamentos pessoais e desloca a sua atenção das questões de natureza prática para as questões de natureza estética. Quando faz 71 anos, o seu Sol progredido entra no signo de Escorpião e você passa por um novo período de mudança emocional e transformação.

O Seu Eu Secreto

A sua grande necessidade de reconhecimento indica que você quer estar à frente, tanto no aspecto financeiro quanto no emocional. Como tem poder para grandes realizações, talvez seja importante usar isso para conquistar a sua satisfação emocional e sucesso material. Pode ser que a sua maior realização seja fazer algo em benefício dos outros.

Com um senso interior de harmonia, você quer uma vida tranqüila e pacífica e dá muita importância à necessidade de ter uma casa segura, em que possa descansar em paz. Essa harmonia pode também estimulá-lo a desenvolver a sua capacidade criativa, musical ou artística. Interessante e sociável, você sabe relaxar e se divertir, mas tome cuidado para não ceder muito em nome de uma ambiente pacífico ou permitir que a ansiedade tome conta de você e interfira na sua vida. O desenvolvimento do seu sexto sentido pode ser a chave para que você possa aproveitar as incríveis habilidades latentes inerentes ao seu dia de aniversário.

Trabalho & Vocação

Amigável e generoso, você tem uma inclinação idealista que o pode levar a trabalhar com outras pessoas. Quando acredita em alguma causa, você pode ser uma pessoa vigorosa ou persuasiva; com o seu espírito filantrópico, você tem o poder de fazer o bem para a sua comunidade. No caso de se envolver no mundo dos negócios, você tem jeito para vendas e promoção e sabe fazer negociações e transações comerciais. Você pode também se destacar como consultor. Com a sua grande força de vontade e determinação, você tem muita energia para se realizar e, apesar de sua capacidade de liderança, prefere trabalhar em cooperação com outras pessoas. Você também pode se sair bem no mundo do entretenimento, da literatura ou da música.

♌

ESTRELA FIXA

Nome da estrela:
Merak
Posição:
18°29'-19°34' de Leão, entre os anos de 1930 e 2000
Magnitude:
2
Força:
★★★★★★★
Órb:
2°10'
Constelação:
Alpha Ursa Maior
Dias:
10, 11, 12, 13 e 14 de agosto
Qualidades da estrela:
Marte
Descrição:
uma estrela gigante e branca, localizada na parte lateral da Ursa Maior.

♌

Numerologia

A vibração especial do número-mestre 11 sugere que o idealismo, a inspiração e a inovação são muito importantes para você. Uma combinação de humildade e confiança o desafia a trabalhar para ter autodomínio material e espiritual. Por meio da experiência, você pode aprender a lidar com os dois lados da sua natureza e desenvolver uma atitude menos extremista, confiando nos seus sentimentos. Você, em geral, tem muitas energia e vitalidade, mas deve evitar o excesso de ansiedade e a falta de praticidade. A subinfluência do mês número 8 indica que você pode ser uma pessoa determinada e ambiciosa, com visão e habilidade executiva. Quando está em uma fase criativa e original, você se torna otimista, trabalhador e entusiástico; entretanto, você deve aprender a concluir as tarefas que inicia. Como o medo sempre se relaciona à insegurança em relação ao dinheiro, você precisa aprender a superar a tendência a ser arrogante ou calculista. Aprenda a expressar o seu talento único para liberar o seu verdadeiro potencial.

Positivo: concentrado, objetivo, entusiástico, inspirador, espiritual, intuitivo, inteligente, expansivo, inventivo, artístico, habilidade para curar, humanitário, poderes psíquicos

Negativo: complexo de superioridade, falta de objetivo, emotividade excessiva, magoa-se facilmente, egoísta, falta de clareza

Amor & Relacionamentos

A sua capacidade de transmitir os seus pensamentos criativos faz com que você sinta atração por pessoas artísticas. Você é uma pessoa calorosa, amigável e altamente sociável. Nos seus relacionamentos pessoais você se sente atraído por indivíduos poderosos e inteligentes, mas precisa tomar cuidado para não se envolver em discussões com as pessoas de que gosta. Você é extremamente generoso com os entes queridos e pode ser um amigo e amante leal. Mesmo que esteja sempre disposto a trabalhar duro para manter um relacionamento, você precisa ter alguma forma de liberdade pessoal.

INFLUÊNCIA DA ESTRELA PRIMÁRIA

Merak confere amor ao comando e capacidade de liderança, embora ela também possa indicar uma inclinação ao excesso de dominação. A sua determinação significa que é provável que você conquistará muito na vida e será bem-sucedido. Ligada ao grau do seu Sol, esta estrela confere coragem, assertividade e vitalidade impetuosa. O poder de realização associado a esta estrela garante que a sua vida será cheia de atividade. A influência de Merak traz oportunidades e possíveis fama e honrarias.

- **Positivo**: amor à vida, atividade e criatividade, coragem
- **Negativo**: impetuosidade, teimosia, tensão excessiva

ALGUÉM ESPECIAL

Para ter segurança, estímulo mental e amor, você pode procurar entre as pessoas nascidas nas seguintes datas:

Amor & amizade: jan: 3, 5, 23; fev: 3, 11, 21; mar: 9, 19, 28, 31; abr: 7, 17, 26, 29; mai: 5, 15, 24, 27, 29; jun: 3, 13, 22, 25, 27, 29; jul: 1, 11, 20, 23, 25, 27, 29; ago: 9, 18, 21, 23, 25, 27; set: 7, 16, 19, 21, 23, 25; out: 5, 14, 17, 19, 21, 23; nov: 3, 12, 15, 17, 19, 21; dez: 1, 10, 13, 15, 17, 19

Relacionamentos benéficos: jan: 3, 4, 10, 21; fev: 1, 2, 8, 19; mar: 6, 17, 30; abr: 4, 15, 28; mai: 2, 13, 26; jun: 11, 24; jul: 9, 22; ago: 7, 20; set: 5, 18; out: 3, 16, 30; nov: 1, 14, 29; dez: 12, 27

Atrações fatais: jan: 22, 28; fev: 8, 9, 10, 20, 26; mar: 18, 24; abr: 16, 22; mai: 14, 20; jun: 12, 18; jul: 10, 16; ago: 8, 14; set: 6, 12; out: 4, 10; nov: 2, 8; dez: 6

Relacionamentos desafiantes: jan: 11, 20; fev: 9, 18; mar: 7, 16; abr: 5, 14; mai: 3, 12, 30; jun: 1, 10, 28; jul: 8, 26, 31; ago: 6, 24, 29; set: 4, 22, 27; out: 2, 20, 25; nov: 18, 23; dez: 16, 21

Alma gêmea: jan: 26; fev: 24; mar: 22, 30; abr: 20, 28; mai: 18, 26; jun: 16, 24; jul: 14, 22; ago: 12, 20; set: 10, 18; out: 8, 16; nov: 6, 14; dez: 4, 12

12 de Agosto

Ambicioso, criativo e dotado de um grande poder intuitivo, você nasceu em um dia que lhe confere assertividade e perspectiva positiva. Como nativo de Leão, você é uma pessoa vigorosa e determinada, com uma natureza inquieta e assertiva que normalmente o ajuda a fazer as coisas do jeito que quer. A sua maneira direta de abordar as coisas e reações atentas faz com que você avalie rapidamente as pessoas e situações. Ao se manter objetivo, você pode superar a tendência a ter oscilações de humor.

O seu desejo de sucesso e segurança implica que você deseja muito ter a aprovação dos outros e, por isso, é em geral uma pessoa amigável e gregária. O seu magnetismo pessoal o ajuda a superar obstáculos e a sua intuição sempre o assiste.

SOL: LEÃO
DECANATO: SAGITÁRIO/JÚPITER
GRAU: 19°-20° LEÃO
MODO: FIXO
ELEMENTO: FOGO

A influência do planeta do seu decanato, Júpiter, sugere que você é uma pessoa ousada, corajosa, dinâmica e que quer ser reconhecida. Como é sensível e determinado, dotado de um grande desejo de se estabilizar e progredir na vida, você possui uma dualidade que precisa ser mantida em equilíbrio, o que significa que, mesmo compassivo e compreensivo, pode também ser autoritário e dominador.

Como é uma pessoa orgulhosa e respeitável, você pode ser susceptível ao criticismo alheio. Você precisa desenvolver uma perspectiva mais racional, o que evita que as pessoas o magoem. Com a sua abordagem realista e sua habilidade diplomática, você gosta de se envolver em trabalhos cooperativos com as pessoas e se sente à vontade combinando negócios com prazer.

Desde a infância, você tem inclinação a ser sociável e amigável. Aos 10 anos de idade, o seu Sol progredido entra no signo de Virgem para permanecer por um período de trinta anos. Portanto, aos poucos você se torna mais prático e eficiente e com maior poder de discernimento. Aos 40 anos de idade, o seu Sol progredido entra no signo de Libra, o que pode levá-lo a dar mais importância aos seus relacionamentos e a ter mais necessidade de obter uma vida com mais harmonia, beleza e equilíbrio. Isso pode levá-lo a escrever e a se envolver com atividades como música ou artes curativas. Quando faz 70 anos, o seu Sol progredido entra no signo de Escorpião, acentuando a necessidade de uma profunda mudança emocional e poder pessoal.

O Seu Eu Secreto

Como é uma pessoa que pode realmente fazer as coisas acontecerem, você possui uma força de vontade extraordinária. Assim, você não quer que o medo controle as suas reações, pois gosta que as suas criações saiam do jeito que deseja. Quando esse poder é canalizado de forma positiva, você pode ser uma tremenda força que anima o espírito das pessoas.

Como gosta de se manter em atividade e é bom na direção e na negociação, você costuma usar as suas habilidades estratégicas, energia e impulso para superar os obstáculos que surgem no seu caminho. Você trabalha melhor quando se sente inspirado ou quando ouve a sua intuição. Como tem fortes convicções, você normalmente defende com vigor os seus princípios, mesmo quando está errado. Isso sugere que você precisa aprender a negociar e a ceder para se tornar mais objetivo.

Trabalho & Vocação

Ambicioso e determinado, você tem uma capacidade natural de liderança e pode também ser muito persuasivo, especialmente quando promove idéias que podem trazer ganhos financeiros. Magnânimo e gentil, você tem uma excelente habilidade para lidar com as pessoas e sabe perceber as oportunidades. Em qualquer carreira que escolha, seja na área educacional, de negócios ou no mundo do entretenimento, você quer ter liberdade para fazer as coisas do seu jeito. A sua aversão a ordens pode encorajá-lo a querer trabalhar em cargos executivos ou a trabalhar por conta própria, mas você tem sempre à sua disposição a habilidade para fazer boas transações ou comercializar os seus talentos.

Numerologia

Você normalmente é uma pessoa intuitiva, prestativa e amigável, dotada de uma boa capacidade de raciocínio. Como quer ter a própria individualidade, você é sempre inovador. Naturalmente compreensivo e sensível, você também sabe como usar o tato e métodos cooperativos para alcançar os seus objetivos. Quando consegue equilibrar a necessidade de se expressar com a sua inclinação natural para apoiar as pessoas, você pode vir a ter satisfação emocional e realização pessoal. Contudo, você precisa ter coragem para andar com as próprias pernas e desenvolver a autoconfiança ou aprender a não ser facilmente desencorajado pelas outras pessoas. A subinfluência do mês número 8 indica que você é ambicioso e determinado, dotado de uma grande intuição. Com a sua abordagem prática e habilidade executiva, você tem impulso dinâmico e uma personalidade expansiva. Você terá na sua vida muitas oportunidades para progredir e quer, na maior parte das vezes, prosperar ou ocupar o centro das atenções.

Positivo: criativo, atraente, iniciativa, disciplinado, promoção de si mesmo e dos outros

Negativo: reclusivo, excêntrico, pouco cooperativo, excessivamente sensível, falta de auto-estima

♌

ESTRELAS FIXAS

Merak; Al Genubi, também chamada de Asad Australis

ESTRELA PRIMÁRIA

Nome da estrela:
Merak
Posição:
18°29'-19°34' de Leão, entre os anos de 1930 e 2000
Magnitude:
2
Força:
★★★★★★★★
Órb:
2°10'
Constelação:
Alpha Ursa Maior
Dias:
10, 11, 12, 13 e 14 de agosto
Qualidades da estrela:
Marte
Descrição:
uma estrela gigante e branca, localizada na parte lateral da Ursa Maior.

♌

Amor & Relacionamentos

Você tem uma vida social ativa, pois é uma pessoa interessante e gosta de conhecer novas pessoas. A intensidade dos seus sentimentos pode fazer com que você alterne entre o idealismo romântico e a realidade prática no que diz respeito aos seus relacionamentos pessoais. No fundo, você é uma pessoa romântica que tem interesse em conquistar, mas depois que estabelece um relacionamento tende a mudar de sentimentos. Como tem uma grande necessidade de independência, você terá de escolher um parceiro que lhe dê a liberdade que precisa. Orgulhoso da sua família, você move montanhas para protegê-la.

INFLUÊNCIA DA ESTRELA PRIMÁRIA

Merak confere amor ao comando e capacidade de liderança, embora ela também possa indicar uma inclinação ao excesso de dominação. A sua determinação significa que é provável que você conquistará muito na vida e será bem-sucedido. Ligada ao grau do seu Sol, esta estrela confere coragem, assertividade e vitalidade impetuosa. O poder de realização associado a esta estrela garante que a sua vida será cheia de atividade. A influência de Merak traz oportunidades e possíveis fama e honrarias.

- **Positivo**: amor à vida, atividade e criatividade, coragem
- **Negativo**: impetuosidade, teimosia, tensão excessiva

Consulte o Apêndice para obter informações adicionais acerca das estrelas fixas.

ALGUÉM ESPECIAL

Para encontrar aquele parceiro especial, você pode procurar entre as pessoas nascidas nas seguintes datas:

Amor & amizade: jan: 14, 15, 22, 24, 26, 31; fev: 12, 22, 29; mar: 10, 20, 27; abr: 8, 18, 25; mai: 6, 16, 23, 30; jun: 4, 14, 21, 28, 30; jul: 2, 12, 19, 26, 28, 30; ago: 10, 17, 24, 26, 28; set: 8, 15, 22, 24, 26; out: 6, 13, 20, 22, 24; nov: 4, 11, 18, 22, 28; dez: 2, 9, 16, 18, 20, 26, 29

Relacionamentos benéficos: jan: 5, 22, 30; fev: 3, 20, 28; mar: 1, 18, 26; abr: 16, 24; mai: 14, 22; jun: 12, 20; jul: 10, 18, 29; ago: 8, 16, 27, 31; set: 6, 14, 25, 29; out: 4, 12, 23, 27; nov: 2, 10, 21; dez: 9, 19, 23

Atrações fatais: jan: 12; fev: 9; mar: 8; abr: 6; mai: 4; jun: 2

Relacionamentos desafiantes: jan: 16, 21; fev: 14, 19; mar: 12, 17, 30; abr: 10, 15, 28; mai: 8, 13, 26; jun: 6, 11, 24; jul: 4, 9, 22; ago: 2, 7, 20; set: 5, 18; out: 3, 16; nov: 1, 14; dez: 12

Alma gêmea: jan: 25; fev: 23; mar: 21; abr: 19; mai: 17; jun: 15; jul: 13; ago: 11; set: 9; out: 7; nov: 5; dez: 3, 30

13 de Agosto

O seu dia de aniversário revela que você é independente, criativo e dotado com a habilidade de liderar e comandar – uma pessoa inteligente com um senso prático aguçado. Como nativo de Leão, você é uma pessoa nobre, corajosa e forte. Com a sua habilidade para pensar racionalmente, você aprende a reconhecer o poder do conhecimento, usualmente à sua disposição.

Assertivo, com senso comum prático, você tem também autodisciplina. Você pode ser bem-sucedido se desenvolver os seus poderes mentais e se estabelecer na carreira escolhida. Capaz de apresentar uma maneira única de abordar um problema, você pode dar conselhos práticos e oferecer soluções para as pessoas. As mulheres nascidas neste dia tendem a pensar de forma autoritária e a assumir o controle das situações.

A subinfluência do regente do seu decanato, Sagitário, enfatiza ainda mais a sua personalidade dominadora e a necessidade de expansão. Isso implica também que você pode ser teimoso e crítico. As pessoas que o conhecem bem o vêem como uma estranha combinação de conservadorismo e transgressão, mas nunca como entediante ou apático. Bem-informado, você gosta de debates, pois sempre se sai bem – mesmo pensando que sabe tudo, você pode se tornar controlador e precisa aprender que a agressividade mental ou inflexibilidade nem sempre produzem os resultados que deseja.

♌

SOL: LEÃO
DECANATO: SAGITÁRIO/JÚPITER
GRAU: 20°-21° LEÃO
MODO: FIXO
ELEMENTO: FOGO

♌

Quando tem apenas 9 anos de idade, o seu Sol progredido entra no signo de Virgem para permanecer por um período de trinta anos. Isso traz o desejo crescente de incluir a ordem prática e a segurança na sua vida. A sua vida passa por outra transformação aos 39 anos de idade, quando o seu Sol progredido entra no signo de Libra. A partir dessa época, você passa a dar mais importância aos seus relacionamentos pessoais e se torna cada vez mais amigável e cooperador. Aos 69 anos, quando o seu Sol progredido entra no signo de Escorpião, você tem um desejo mais profundo de transformação emocional.

O Seu Eu Secreto

A sua necessidade de trabalhar e de se realizar indica que você, muitas vezes, assume uma grande dose de responsabilidade e não gosta de desperdiçar o seu tempo. Apesar de sensível e vulnerável, você não o demonstra por medo de ser controlado. Você pode também aparentar ser orgulhoso ou cínico, mas no fundo é uma pessoa altruísta e que luta pela justiça.

Você tem uma incrível persistência e determinação para conquistar os seus objetivos, mas deve superar a tendência a ser manipulador. Mas você sabe o quão importante é compartilhar e trabalhar em conjunto para alcançar os melhores resultados. Você tem boa capacidade de organização, e, se ficar sobrecarregado de trabalho, sabe delegar responsabilidades. Embora em geral seja uma pessoa cooperativa, a sua inclinação para fazer brincadeiras debochadas com as pessoas revela que você quer se manter por cima de forma divertida.

Trabalho & Vocação

Com o seu intelecto aguçado e sua habilidade para trabalhar duro, você inevitavelmente chega a uma posição de autoridade em qualquer carreira que escolha. A sua habilidade executiva e sua capacidade natural de comunicação são o seu trunfo no mundo dos negócios. Você é especialmente dotado para profissões intelectuais, como advocacia, ciência ou magistério. A grande necessidade que você tem de se expressar pode se manifestar por meio da literatura ou do mundo do entretenimento e você pode sentir-se atraído pela área editorial ou publicitária. A sua veia humanitária pode levá-lo a trabalhar em algum tipo de reforma, seja social, religiosa ou política.

♌

ESTRELAS FIXAS

Merak; Al Genubi, também chamada de Asad Australis

ESTRELA PRIMÁRIA

Nome da estrela:
Merak
Posição:
18°29'-19°34' de Leão, entre os anos de 1930 e 2000
Magnitude:
2
Força:
★★★★★★★
Órb:
2°10'
Constelação:
Alpha Ursa Maior
Dias:
10, 11, 12, 13 e 14 de agosto
Qualidades da estrela:
Marte
Descrição:
uma estrela gigante e branca, localizada na parte lateral da Ursa Maior.

♌

Numerologia

Sensibilidade emocional, entusiasmo e inspiração são muitas vezes identificados com o dia de aniversário número 13. Numericamente, você está associado à ambição e ao trabalho duro e pode realizar muito expressando-se criativamente. Você precisa desenvolver ou cultivar uma perspectiva pragmática se deseja transformar os seus talentos criativos em resultados concretos. A maneira original e inovadora com que encara as coisas gera idéias novas e interessantes que muitas vezes resultam em trabalhos que impressionam as pessoas. Com o dia de aniversário número 13, você é uma pessoa séria, romântica, charmosa e que gosta de se divertir, e quando se dedica pode prosperar. A subinfluência do mês número 8 indica que você é uma pessoa vigorosa e determinada e que gosta de estar em posição de controle. Quando aprende a se concentrar em uma meta específica e manter a perseverança, você, na maior parte das vezes, alcança o topo da sua profissão. Mas, como tem uma excelente habilidade prática e administrativa, você pode chegar a cargos de autoridade. Por meio das suas parcerias e da cooperação, você terá oportunidades de compartilhar os seus grandes talentos com as outras pessoas.

- **Positivo**: ambicioso, criativo, amor à liberdade, auto-expressivo, espírito de iniciativa
- **Negativo**: impulsivo, indeciso, autoritário, pouco emotivo, rebelde

Amor & Relacionamentos

Dinâmico e com opiniões firmes, você se sente atraído por pessoas que possam compreender a sua capacidade mental. Como é inteligente e magnético, você não tem problemas para atrair amigos e parceiros. Você gosta de ser aberto e direto quando lida com as pessoas e precisa saber que está construindo algum tipo de relacionamento sólido com os outros. Não permita que a sua abordagem racional interfira na sua perspectiva positiva. Você se preocupa com as pessoas à sua volta e faz quase tudo pelos entes queridos.

INFLUÊNCIA DA ESTRELA PRIMÁRIA

Merak confere amor ao comando e capacidade de liderança, embora ela também possa indicar uma inclinação ao excesso de dominação. A sua determinação significa que é provável que você conquistará muito na vida e será bem-sucedido. Ligada ao grau do seu Sol, esta estrela confere coragem, assertividade e vitalidade impetuosa. O poder de realização associado a esta estrela garante que a sua vida será cheia de atividade. A influência de Merak traz oportunidades e possíveis fama e honrarias.

- **Positivo**: amor à vida, atividade e criatividade, coragem
- **Negativo**: impetuosidade, teimosia, tensão excessiva

Consulte o Apêndice para obter informações adicionais a respeito das estrelas fixas.

ALGUÉM ESPECIAL

Você pode encontrar o verdadeiro amor e segurança emocional entre as pessoas nascidas nas seguintes datas:

Amor & amizade: jan: 11, 13, 15, 17, 25, 26; fev: 9, 11, 13, 15, 23; mar: 7, 9, 11, 13, 21; abr: 5, 7, 9, 11, 19; mai: 3, 5, 7, 9, 17, 31; jun: 1, 3, 5, 7, 15, 17, 29; jul: 1, 3, 5, 27, 29, 31; ago: 1, 3, 11, 25, 27, 29; set: 1, 9, 23, 25, 27; out: 7, 21, 23, 25; nov: 5, 19, 21, 23; dez: 3, 17, 19, 21, 30

Relacionamentos benéficos: jan: 1, 5, 20; fev: 3, 18; mar: 1, 16; abr: 14; mai: 12; jun: 10; jul: 8; ago: 6; set: 4; out: 2

Atrações fatais: fev: 9, 10, 11, 12

Relacionamentos desafiantes: jan: 6, 22, 24; fev: 4, 20, 22; mar: 2, 18, 20; abr: 16, 18; mai: 14, 16; jun: 12, 14; jul: 10, 12; ago: 8, 10, 31; set: 6, 8, 29; out: 4, 6, 27; nov: 2, 4, 25, 30; dez: 2, 23, 28

Alma gêmea: jan: 6, 12; fev: 4, 10; mar: 2, 8; abr: 6; mai: 4; jun: 2

14 de Agosto

Como é uma pessoa pragmática e trabalhadora, o dia do seu aniversário indica que a sua boa capacidade de julgamento e a sua mente criativa lhe garantem o sucesso e a prosperidade. Como nativo de Leão, você é naturalmente talentoso e sociável, dotado de uma personalidade charmosa e atraente. Confiante no seu conhecimento e altamente intuitivo, você é também receptivo ao seu ambiente e se sente mais feliz quando está ativo e produtivo.

A subinfluência do planeta do seu decanato, Marte, confere-lhe uma dose extra de vitalidade e permite você seja bem-sucedido. Contudo, você precisa superar a tendência a se sentir emocionalmente inseguro ou excessivamente sensível para realizar o seu verdadeiro potencial.

Trabalhador, honesto e direto são qualidades que as pessoas vêem em você. Normalmente você é generoso e solidário, mas pode ser intolerante com a ignorância ou estupidez e demonstrar a sua impaciência. Como pensa com independência, você não gosta que os outros interfiram nos seus assuntos, o que pode trazer à tona a sua inclinação à teimosia.

♌

SOL: LEÃO
DECANATO: ÁRIES/MARTE
GRAU: 21°-22° LEÃO
MODO: FIXO
ELEMENTO: FOGO

♌

A combinação do seu *insight* com a sua lógica pode levá-lo a posições de autoridade e, no tocante à habilidade de comunicação, você sabe responder da maneira correta, graças à sua oratória impressionante. Mas é por meio da confiança e da receptividade à sua voz interior que você pode ficar em posição vantajosa em relação aos outros. Com o seu poder de resolução e determinação, você gosta de colocar os seus pensamentos em ação, e a sua curiosidade natural o inspira a explorar novos territórios.

Quando tem apenas 8 anos de idade, o seu Sol progredido entra no signo de Virgem, dando início a um período de trinta anos de crescente ênfase à praticidade, ordem e capacidade de discernimento no uso do seu tempo e energia. A sua vida passa por outra transformação aos 38 anos de idade, quando o seu Sol progredido entra no signo de Libra, estimulando-o a desenvolver os seus talentos musicais, artísticos ou literários e a dar mais importância aos seus relacionamentos. Aos 68 anos, quando o seu Sol progredido entra no signo de Escorpião, a sua vida passa por outra virada que enfatiza a importância da transformação emocional e do poder pessoal.

O Seu Eu Secreto

Você se impõe padrões elevados e almeja um sucesso grandioso. Lembre-se apenas de que o dinheiro ganho ou o sucesso obtido sem criatividade ou sensibilidade não lhe trarão a felicidade que você busca. Você se conecta com as pessoas e tem uma maneira maravilhosa de levantar o espírito delas com as suas idéias e ações positivas. O seu forte senso dramático se direciona para informar e entreter, constituindo uma combinação ideal para que você seja uma pessoa que faz a ligação entre pessoas de diferentes grupos sociais.

Você precisa ser bem-sucedido para provar a fé que tem em si mesmo e se colocar desafios para mostrar que pode superá-los e incrementar a sua autoconfiança. Assim, você pode driblar o senso de dúvida ou desconfiança que ocasionalmente perturbam a sua paz mental. No entanto, depois que as coisas se iniciam, o seu grande senso de propósito garante que nada pode impedi-lo de realizar o seu tremendo potencial.

Trabalho & Vocação

O seu talento dramático natural e sua mente aguçada garantem que, com autodisciplina, você pode estar à frente na sua profissão. Você deve tomar cuidado para que a sua inquietação interior não o impeça de desenvolver as suas habilidades. A necessidade de variedade e mudança aponta para a sua tendência a se entediar se o seu trabalho não oferece oportunidades de mudança. Com uma aptidão natural para os negócios e habilidade de organização, você pode ser bem-sucedido nas áreas comercial, bancária ou no mundo da advocacia. Você pode também usar os seus dons dramáticos para escrever, dedicar-se à música ou ao teatro. O lado humanitário da sua natureza pode lhe dar o ímpeto para se destacar como professor, conselheiro ou em alguma atividade que requeira que você fale pelos outros, como líder sindical ou assistente social. Mas você pode também sentir atração pelo mundo do esporte, no qual a sua habilidade para pensar em grandes termos pode levá-lo ao topo.

Numerologia

Potencial intelectual, pragmatismo e determinação são algumas das qualidades associadas ao dia de aniversário número 14. De fato, como um indivíduo número 14, você muitas vezes coloca o trabalho em primeiro lugar e julga a si e aos outros tomando como base a realização profissional. Ainda que precise de estabilidade, a inquietação indicada pelo número 14 o impele a seguir adiante ou a aceitar os novos desafios, na constante tentativa de melhorar as suas condições. A sua inquietude inata e sua constante insatisfação podem também inspirá-lo a fazer grandes mudanças na sua vida, especialmente se não estiver feliz com a sua condição profissional ou *status* financeiro. Com a sua mente perceptiva, você responde rapidamente aos problemas e gosta de resolvê-los. A subinfluência do mês número 8 indica que você pode conquistar o seu próprio poder e aspirações por meio do trabalho duro. Muitas vezes uma pessoa prática, dotada de uma grande vontade de prosperar, você tem uma maneira original e inventiva de solucionar os seus problemas, com idéias novas e interessantes que deixam as pessoas impressionadas.

Positivo: ações decisivas, trabalhador, sortudo, criativo, pragmático, imaginativo, habilidoso

Negativo: excessivamente cauteloso ou impulsivo, imprevidente, teimoso

♌

ESTRELAS FIXAS

Merak; Al Genubi, também chamada de Asad Australis

ESTRELA PRIMÁRIA

Nome da estrela:
Merak

Posição:
18°29'-19°34' de Leão, entre os anos de 1930 e 2000

Magnitude:
2

Força:
★★★★★★★★

Órb:
2°10'

Constelação:
Alpha Ursa Maior

Dias:
10, 11, 12, 13 e 14 de agosto

Qualidades da estrela:
Marte

Descrição:
uma estrela gigante e branca, localizada na parte lateral da Ursa Maior.

♌

Amor & Relacionamentos

Com a sua criatividade e sua inteligência, você sabe combinar negócios com prazer. Amigável e sociável, você tem muitas oportunidades de relacionamentos amorosos e românticos. Você tem atração por pessoas ativas e mentalmente estimulantes e precisa de pessoas que possam apreciar a sua inteligência rápida e o seu senso de humor. Como é solidário e compreensivo, as pessoas o procuram em busca de apoio e conselho.

INFLUÊNCIA DA ESTRELA PRIMÁRIA

Merak confere amor ao comando e capacidade de liderança, embora ela também possa indicar uma inclinação ao excesso de dominação. A sua determinação significa que é provável que você conquistará muito na vida e será bem-sucedido. Ligada ao grau do seu Sol, esta estrela confere coragem, assertividade e vitalidade impetuosa. O poder de realização associado a esta estrela garante que a sua vida será cheia de atividade. A influência de Merak traz oportunidades e possíveis, fama e honrarias.

- **Positivo**: amor à vida, atividade e criatividade, coragem
- **Negativo**: impetuosidade, teimosia, tensão excessiva

Consulte o Apêndice para obter informações adicionais acerca das estrelas fixas.

ALGUÉM ESPECIAL

Para encontrar um parceiro que mantenha o seu interesse e aprecie a sua sensibilidade, você pode começar procurando por alguém que tenha nascido em uma das seguintes datas:

Amor & amizade: jan: 9, 12, 16, 25; fev: 7, 10, 14, 23, 24; mar: 8, 12, 22, 31; abr: 3, 6, 10, 20, 21; mai: 4, 8, 18, 27; jun: 2, 6, 16, 25, 30; jul: 4, 14, 23, 28; ago: 2, 12, 21, 26, 30; set: 10, 19, 24, 28; out: 8, 17, 22, 26; nov: 6, 15, 20, 24, 30; dez: 4, 5, 13, 18, 22, 28

Relacionamentos benéficos: jan: 2, 13, 22, 24; fev: 11, 17, 20, 22; mar: 9, 15, 18, 20, 28; abr: 7, 13, 16, 18, 26; mai: 5, 11, 16, 18, 26; jun: 3, 9, 12, 14, 22; jul: 1, 7, 10, 12, 20; ago: 5, 8, 10, 18; set: 3, 6, 8, 18; out: 1, 4, 6, 14; nov: 2, 4, 12; dez: 2, 10

Atrações fatais: jan: 25; fev: 11, 12, 13, 23; mar: 21; abr: 19; mai: 17; jun: 15; jul: 13; ago: 11; set: 9; out: 7; nov: 5; dez: 3

Relacionamentos desafiantes: jan: 7, 23; fev: 5, 21; mar: 3, 19, 29; abr: 1, 17, 27; mai: 15, 25; jun: 13, 23; jul: 11, 21, 31; ago: 9, 19, 29; set: 7, 17, 27, 30; nov: 3, 13, 23, 26; dez: 1, 11, 21, 24

Alma gêmea: jan: 17; fev: 15; mar: 13; abr: 11; mai: 9; jun: 7; jul: 5; ago: 3; set: 1; nov: 30; dez: 28

15 de Agosto

Como o entusiasmo e a inteligência são em geral associados ao seu dia de aniversário, você é capaz de apreender as coisas rapidamente. Se acumular o seu conhecimento, você pode aumentar a assertividade e a autoconfiança. Como nativo de Leão, você é uma pessoa despreocupada e agradável, que possui uma natureza jovial. Como a sua mente é habitada por idéias brilhantes, você precisa canalizar a sua vitalidade e seu temperamento irrequieto por intermédio de atividades criativas.

Idealista, orgulhoso e com fortes convicções, você tem jeito para lidar com as palavras, escritas ou faladas, o que contribui para o seu talento para escrever ou ensinar. Embora confie no próprio julgamento você prefere a prática à teoria, mas pode aumentar o seu potencial de realização quando combina os dois.

A subinfluência do regente do seu decanato, Áries, sugere que você é ambicioso, cheio de vigor e ímpeto. Ao ser responsável e assumir uma atitude mais reflexiva, você tem mais chance de alcançar o sucesso. Depois que se estabelece profissionalmente, você pode mostrar às pessoas o quanto é inteligente e talentoso. Na maior parte das vezes, você tem inclinação a ser progressista ou pouco convencional, e tem interesses e passatempos fora do comum. Se for uma pessoa inspirada, você pode buscar o reconhecimento no teatro; com o seu magnetismo pessoal e avidez, não tem dificuldade em impressionar as pessoas.

♌

SOL: LEÃO
DECANATO: ÁRIES/MARTE
GRAU: 21°45'-23° LEÃO
MODO: FIXO
ELEMENTO: FOGO

♌

O seu Sol progredido entra no signo de Virgem, no qual fica por um período de trinta anos quando você faz 7 anos de idade. Durante esse período, você passa a achar importante ter ordem prática e eficiência no seu cotidiano, especialmente no seu ambiente de trabalho. Essa influência prossegue até os 37 anos, quando o seu Sol progredido entra no signo de Libra. Essa mudança pode estimulá-lo a desenvolver os seus talentos musicais, artísticos e literários, além de acentuar a importância dos seus relacionamentos. Aos 67 anos, quando o seu Sol progredido entra no signo de Escorpião, a sua vida passa por outra virada que enfatiza a importância de passar por transformações profundas e adquirir poder pessoal.

O Seu Eu Secreto

O seu carisma permite que você irradie amor e positividade, enfatizando a importância de ter alguma forma de se expressar. Com fortes convicções e desejo de ajudar, você terá prazer em liderar alguma organização ou grupo que preste serviço às pessoas. Tome cuidado para não comprometer o lado idealista da sua natureza pela segurança material. Você triunfará sobre qualquer medo ou apreensão que venha a ter quanto a finanças, em geral um problema que se mostrará sem fundamento.

O seu temperamento revela uma combinação de elementos femininos e masculinos, o que enfatiza a sua independência e sua determinação, bem como a sua compaixão e a sensibilidade. É importante, portanto, que você tenha um equilíbrio entre essas características. Com a sua força de vontade, sua determinação e sua individualidade brilhantes, você é uma pessoa forte, que tem um extraordinário potencial para encontrar a sua realização.

Trabalho & Vocação

O seu charme natural e sua aptidão para os negócios se combinam de maneira a levá-lo ao sucesso, especialmente no mundo de vendas, *marketing* e promoção. O seu forte senso dramático e o amor ao conhecimento garantem que você pode se destacar no teatro ou na sala de aula. Você tem habilidade para transmitir as suas idéias de modo divertido, um dom que o pode ajudar em carreiras que exijam que você faça apresentações ou palestras. Você sabe defender as causas nas quais acredita e, por isso, pode sentir atração pela advocacia ou por atuar em atividades como porta-voz e, se tiver interesses sociais, pode ter atividades nas quais possa falar pelos outros, como líder sindical ou político. O seu instinto humanitário pode levá-lo a se dedicar a alguma forma de trabalho social. Em qualquer trabalho que faça, você quer ter liberdade para fazer as coisas da sua maneira e talvez prefira trabalhar por conta própria.

♌

ESTRELA FIXA

Nome da estrela:
Al Genubi, também chamada de Asad Australis

Posição:
19°44'-20°43' de Leão, entre os anos de 1930 e 2000

Magnitude:
3

Força:
★★★★★★

Órb:
1° 40'

Constelação:
Epsilon Leão

Dias:
12, 13, 14 e 15 de agosto

Qualidades da estrela:
Saturno/Marte

Descrição:
uma estrela amarela, localizada na boca do Leão.

♌

Numerologia

Versatilidade, entusiasmo e inquietude são sugeridos pelo dia de aniversário número 15. Você normalmente é uma pessoa rápida, dotada de uma personalidade carismática. Os seus grandes trunfos são os seus fortes instintos e a sua capacidade para aprender rapidamente, combinando teoria e prática. Você muitas vezes é capaz de ganhar dinheiro ao mesmo tempo em que aprende novas habilidades, sabe usar o seu poder de intuição e é rápido para perceber as oportunidades que surgem. Como todas as pessoas nascidas no dia 15, você tem talento para atrair dinheiro ou receber ajuda e apoio dos outros. Despreocupado e decidido, você gosta do inesperado e de arriscar no jogo. Ainda que naturalmente aventureiro, você precisa ter uma base sólida. A subinfluência do mês número 8 indica que você é uma pessoa ambiciosa e determinada, dotada de uma personalidade dinâmica. Com a sua visão, sua habilidade para organização e sua aptidão para os negócios, você gosta de fazer investimentos de longo prazo que irão o ajudar a prosperar e a ser bem-sucedido.

Positivo: disposição, generosidade, responsabilidade, gentileza, cooperação, gratidão, idéias criativas

Negativo: destrutividade, irresponsabilidade, autocentramento, medo de mudança, perda da fé, indecisão, materialismo

Amor & Relacionamentos

Sociável e caloroso, você pode ser uma pessoa muito generosa com as pessoas com quem se relaciona, apesar de também precisar de liberdade. Você tem capacidade de expressar uma grande variedade de emoções, desde sensibilidade e cuidado até uma paixão intensa. A tendência a ser idealista também sugere que você procura um parceiro para inspirá-lo e compartilhar alguns de seus interesses. As responsabilidades ou fardos quanto a outras pessoas podem também interferir nos seus relacionamentos. Contudo, o seu carisma atrai muitos amigos e oportunidades de romance, além de garantir a sua popularidade.

INFLUÊNCIA DA ESTRELA PRIMÁRIA

A influência de Al Genubi confere resistência, talento artístico e poder de expressão. Esta estrela também sugere que você tem uma personalidade ousada e audaciosa.
Ligada ao grau do seu Sol, Al Genubi concede determinação, necessidade de ser produtivo e habilidade executiva natural. A sua capacidade de organização muitas vezes o leva a ocupar cargos de autoridade. A sua necessidade de autoexpressão e criatividade pode levá-lo ao mundo das artes e a profissões glamourosas. Esta estrela adverte que, se não tiver meios de se expressar de maneira construtiva, você corre o risco de se comportar de forma destrutiva.

Positivo: resistência, criatividade, natureza artística, vitalidade, magnetismo pessoal
Negativo: dominação, orgulho, arrogância, crueldade

ALGUÉM ESPECIAL

Para encontrar o parceiro certo, que irá fazê-lo feliz e mantê-lo interessado, você pode procurar alguém que tenha nascido em uma das seguintes datas:

Amor & amizade: jan: 2, 7, 10, 15, 17, 27; fev: 5, 8, 15, 25; mar: 3, 6, 13, 26; abr: 1, 4, 11, 21; mai: 2, 9, 19; jun: 7, 17; jul: 5, 15, 29, 31; ago: 3, 13, 27, 29, 31; set: 1, 11, 25, 27, 29; out: 9, 23, 25, 27; nov: 7, 21, 23, 25; dez: 5, 19, 21, 23

Relacionamentos benéficos: jan: 3, 5, 20, 25, 27; fev: 1, 3, 18, 23, 25; mar: 1, 16, 21, 23; abr: 14, 19, 21; mai: 12, 17, 19; jun: 10, 15, 17; jul: 8, 13, 15; ago: 6, 11, 13; set: 4, 9, 11, 28; out: 2, 7, 9, 26; nov: 5, 7, 24; dez: 3, 5

Atrações fatais: jan: 13; fev: 11, 12, 13; mar: 9; abr: 7; mai: 5; jun: 3; jul: 1

Relacionamentos desafiantes: jan: 16, 24; fev: 14, 22; mar: 12, 20; abr: 10, 18; mai: 8, 16, 31; jun: 6, 14, 29; jul: 4, 12, 27; ago: 2, 10, 25; set: 8, 23; out: 6, 21; nov: 4, 19; dez: 2, 17

Alma gêmea: jan: 16; fev: 14; mar: 12; abr: 10; mai: 8; jun: 6; jul: 4, 31; ago: 2, 29; set: 27; out: 25; nov: 23; dez: 21

16 de Agosto

Charmoso e amigável, dotado de uma mente intuitiva e inteligente, você muitas vezes esconde a sua capacidade de discernimento e sua astuta percepção. Você pode aparentar ser distante e ponderado, mas é uma pessoa sensível e idealista. Como nativo de Leão, você é uma pessoa assertiva e determinada, com uma compreensão profunda, que o permite apreender idéias com rapidez e precisão. A sua abordagem direta e pragmática contribui para os seus pontos de vista independentes e indica que você possui uma oratória persuasiva.

A subinfluência do planeta do seu decanato, Marte, dá-lhe vitalidade, amplia o seu potencial mental e o encoraja a ser mais aventureiro e ousado e a desafiar o lado mais introvertido da sua natureza. Contudo, essa influência pode também indicar uma tendência à inquietude e temperamento sanguíneo. Você precisa evitar se deixar levar pela preocupação ou pela impulsividade. Aprenda a concluir os projetos que inicia, praticando a autodisciplina para evitar entediar-se facilmente.

♌

SOL: LEÃO
DECANATO: ÁRIES/MARTE
GRAU: 22°45'-24° LEÃO
MODO: FIXO
ELEMENTO: FOGO

♌

A necessidade de receber a aprovação das pessoas ou o desejo de brilhar sugere que você gosta de atividades públicas. Apesar de muitas vezes ser uma pessoa séria, você pode ser entusiástico e espontâneo quando encontra algo que realmente o interesse. Aprenda a confiar nos seus instintos rápidos e a superar a tendência a se tornar muito dominador ou exigente.

Desde os 6 anos de idade, quando o seu Sol progredido entra no signo de Virgem, inicia-se um período de trinta anos nos quais você passa a dar ênfase à necessidade de ser prático e de ter um sistema, na sua vida e no seu trabalho, organizado e eficiente. Aos 36 anos, quando o seu Sol progredido entra no signo de Libra, a sua vida passa por outra mudança e você passa a dar mais importância aos seus relacionamentos, despertando para os seus talentos artísticos, dramáticos e literários. Aos 66 anos, quando o seu Sol progredido entra no signo de Escorpião, a sua vida passa por outra virada que enfatiza a importância do poder pessoal e da necessidade de mudança ou renovação. A sua conscientização fortalece essa tendência.

O Seu Eu Secreto

Você adora saber o que motiva as pessoas e a sua habilidade para lidar com elas contribui em muito para o seu sucesso. Assim, é importante cultivar relacionamentos harmônicos, procurando um equilíbrio entre o seu temperamento caloroso e a tendência à frieza e à distância. Se você permitir que as outras pessoas o magoem muito, pode ter propensão ao desânimo e à melancolia. No entanto, quando está com uma disposição construtiva, você pode ser uma pessoa generosa e trabalhadora, com um grande potencial para se realizar de forma extraordinária.

Com um senso inato de praticidade, você tem capacidade de dar bons conselhos e mostra o melhor de si quando se comporta com modéstia e compaixão. Como pode ter sorte na sua vida financeira, os problemas relacionados ao dinheiro resolvem-se por si só rapidamente. Com uma atitude positiva e entrando em sintonia com a sua poderosa intuição, você pode mover montanhas.

Trabalho & Vocação

A sua habilidade para lidar com as pessoas e sua grande capacidade intelectual permitem que você desenvolva o seu potencial em diversas áreas da vida. O entusiasmo autêntico é a chave para o seu sucesso. Se trabalha na área de negócios, você tem um interesse natural por grandes empreendimentos ou pelos meios de comunicação, além de ser excelente para solucionar problemas. A sua habilidade para organizar e gerenciar pode ajudá-lo a ocupar cargos importantes. O seu talento dramático, quando combinado com a sua determinação, pode também garantir-lhe o sucesso no *show business.* Qualquer que seja a carreira escolhida, você deve evitar posições subalternas, pois não gosta de receber ordens. Como possui um espírito de luta, você pode gostar de lutar por causas que considere justas.

ESTRELAS FIXAS

Embora o grau do seu Sol não esteja associado a nenhuma estrela fixa, alguns de seus outros planetas certamente estão. Por meio do seu mapa astrológico, você pode encontrar a posição exata dos planetas na sua data de nascimento e poderá saber quais das estrelas fixas listadas neste livro são relevantes para você.

Numerologia

O dia de aniversário número 16 sugere que você é uma pessoa ponderada, sensível e amigável. Embora tenha espírito analítico, você muitas vezes avalia a vida e as pessoas de acordo com o que sente. Como uma personalidade número 16, no entanto, você pode ter tensões internas quando precisa enfrentar o conflito entre a sua necessidade de auto-expressão e a responsabilidade para com os outros. Você pode se interessar por assuntos mundanos e pode se juntar a organizações internacionais ou a empresas de meios de comunicação. Os que são criativos têm talento para escrever e podem ter *flashes* súbitos de inspiração. Com o dia de aniversário número 16, você precisa aprender a equilibrar momentos de autoconfiança excessiva com momentos em que se sente inseguro. A subinfluência do mês número 8 indica que, ainda que você possa às vezes se comportar de modo distante e altivo, costuma ser uma pessoa prática, dotada de um bom senso de valores. Você gosta de ocupar posições de influência e poder, mas precisa se comportar de forma justa. Mundano e orgulhoso, você é capaz de realizar muito se tiver determinação e fé.

Positivo: culto, responsável com a família e a casa, integridade, intuição, sociabilidade, cooperação, compreensão profunda

Negativo: preocupação, nunca se sente satisfeito, autopromoção, propensão a discussões, exagerado, irritável, pouco solidário

Amor & Relacionamentos

Você precisa de um parceiro que seja ambicioso e naturalmente inteligente – alguém em que você possa confiar. A atração que sente por pessoas criativas e bem-sucedidas sugere que você gosta de *glamour* e de atividades sociais. Para você, é importante expressar os seus pensamentos ou idéias, pois tem respeito pelo conhecimento e gosta de compartilhá-lo. Todavia, você precisa evitar ser autoritário com os seus parceiros.

ALGUÉM ESPECIAL

Para encontrar o parceiro certo e que irá compartilhar os seus interesses, você pode começar procurando por alguém que tenha nascido em uma das seguintes datas:

Amor & amizade: jan: 1, 8, 14, 28, 31; fev: 6, 12, 26, 29; mar: 10, 24, 27; abr: 2, 8, 22, 25; mai: 6, 20, 23; jun: 4, 18, 21; jul: 2, 16, 19, 30; ago: 14, 17, 28, 30; set: 12, 15, 26, 28, 30; out: 10, 13, 24, 26, 28; nov: 8, 11, 22, 24, 26; dez: 6, 9, 20, 22, 24

Relacionamentos benéficos: jan: 26; fev: 24; mar: 22; abr: 20; mai: 18; jun: 16; jul: 14; ago: 12; set: 10; out: 8; nov: 6; dez: 4

Atrações fatais: fev: 10, 11, 12, 13, 14

Relacionamentos desafiantes: jan: 3, 25; fev: 1, 23; mar: 21; abr: 19; mai: 17; jun: 15; jul: 13; ago: 11; set: 9; out: 7; nov: 5; dez: 3

Alma gêmea: jan: 3, 10; fev: 1, 8; mar: 6; abr: 4; mai: 2

17 de Agosto

Sociável e amigável, você é um leonino criativo, dotado de uma mente aguda e intuitiva. Com a sua habilidade para apreender as coisas rapidamente, você pode usar as situações em seu favor. Um humanitarista com pontos de vista liberais e abertos, você possui um forte senso de valores. Como pode se beneficiar muito se for autodisciplinado, é importante ter uma boa educação e encontrar algo que realmente o inspire.

A necessidade de expressar as suas idéias talvez se deva à subinfluência do regente do seu decanato, Áries, o que sugere que você precisa estar sempre mentalmente ativo e produtivo. Contudo, isso pode indicar também uma certa inquietude e inclinação para oscilar entre uma disposição positiva e criativa e preocupação e pessimismo. Evite ser crítico e exigir muito de si mesmo. Você precisa evitar a tendência à impulsividade, aprendendo a concluir os projetos que inicia ou exercitando a paciência.

♌

SOL: LEÃO
DECANATO: ÁRIES/MARTE
GRAU: 23°45'-25° LEÃO
MODO: FIXO
ELEMENTO: FOGO

♌

Leal e atencioso, você precisa ser menos dogmático ou impetuoso. Para conquistar a admiração que deseja, você precisa mostrar a sua natureza amorosa e não a sua insatisfação. Apesar da sua generosidade e espontaneidade, as inibições emocionais podem minar a sua perspectiva positiva. Você precisa se envolver com atividades interessantes e emocionalmente gratificantes, nas quais possa se expressar de forma dramática.

O seu Sol progredido entra no signo de Virgem, no qual permanece por um período de trinta anos, quando você tem 5 anos de idade. Essa influência enfatiza as questões práticas e o desejo de desenvolver um ambiente de trabalho eficiente. Aos 35 anos, você passa por outra mudança quando o seu Sol progredido entra no signo de Libra. Essa fase acentua a importância dos relacionamentos e das parcerias. As suas habilidades criativas se ampliam e você passa a ter interesse em desenvolver os seus talentos musicais, artísticos e literários. Depois dos 60 e poucos anos, quando o seu Sol progredido entra no signo de Escorpião, pode ser que você se dedique à busca de um sentido mais profundo da vida, adquira maior profundidade emocional ou aceite mais desafios.

O Seu Eu Secreto

A sua aparência orgulhosa pode esconder a sua sensibilidade interior. O seu humanitarismo se combina bem com o seu senso dramático, gerando a necessidade de expressar as suas idéias e criatividade. Por intermédio do interesse que tem pelas pessoas, você pode aconselhá-las e contribuir, assim, para evitar uma insatisfação emocional. Você busca a segurança proporcionada pelo ambiente doméstico e familiar e tem muita consciência das suas responsabilidades. Desenvolvendo um senso de valores, você pode aprender a manter o equilíbrio entre a tendência à extravagância e a inclinação à economia.

Se mantiver uma perspectiva distante e tiver um sistema de crenças positivo, você pode fazer milagres na vida, bem como pode superar uma possível tendência à depressão e à frustração. Para não ficar preso em uma rotina desconfortável, talvez seja necessário convencer a si mesmo a ter sempre novos desafios na vida. Felizmente, você respeita o conhecimento e está sempre procurando meios para aperfeiçoar a si mesmo e as suas circunstâncias.

Trabalho & Vocação

A sua habilidade dramática natural e sua ambição podem ajudá-lo a ser bem-sucedido no mundo teatral ou do entretenimento ou a se realizar na carreira dos negócios e da política. Como é um bom psicólogo, você gosta de trabalhar com pessoas e pode ser bem-sucedido como conselheiro ou consultor financeiro. Se aproveitar sua capacidade para organizar e gerenciar, você pode se tornar um líder na carreira que escolher. A sua capacidade de comunicação e amor ao conhecimento pode levá-lo a escrever, a trabalhar como advogado ou na área educacional. Mas a sua sensibilidade e sua consciência social podem atraí-lo ao mundo da cura ou a atividades ligadas a uma causa.

ESTRELAS FIXAS

Embora o grau do seu Sol não esteja associado a nenhuma estrela fixa, alguns de seus outros planetas certamente estão. Por meio do seu mapa astrológico, você pode encontrar a posição exata dos planetas na sua data de nascimento e poderá saber quais das estrelas fixas listadas neste livro são relevantes para você.

Numerologia

Com o dia de aniversário número 17, você é uma pessoa astuta, dotada de uma natureza reservada e boa capacidade de análise. Você é um pensador independente que se beneficia por meio dos estudos e do aprendizado de habilidades. Você, em geral, utiliza o seu conhecimento de forma específica para desenvolver a sua especialização e pode alcançar o sucesso material ou uma posição de influência como especialista ou pesquisador. Reservado, introspectivo e distante, dotado de um grande interesse por informações e números, você freqüentemente tem um comportamento ponderado e gosta de fazer as coisas no seu próprio ritmo. Se desenvolver a sua capacidade de comunicação, você pode descobrir muitas coisas acerca de si mesmo e a respeito das outras pessoas. A subinfluência do mês número 8 indica que, mesmo determinado e com um grande senso de valores, o seu perfeccionismo e suas visões rígidas podem minar o seu progresso. Evite a preocupação e a desconfiança. Como gosta de ser uma pessoa influente e materialmente bem-sucedida, você precisa trabalhar duro, desenvolver a capacidade de julgamento e usar as suas energias mentais de forma construtiva.

Positivo: ponderado, especialização, boa capacidade de planejamento, aptidão para os negócios, atrai o dinheiro, pensamento independente, trabalhador, preciso, habilidade para a pesquisa, habilidade científica

Negativo: distante, solitário, teimoso, descuidado, mal-humorado, sensível, mente estreita, crítico

Amor & Relacionamentos

Amoroso e atencioso, você pode ser um parceiro dedicado. Como é amigável e sociável, você tem muitos amigos e conhecidos. Os seus relacionamentos desempenham um importante papel na sua vida e você tem muita consideração pelas necessidades das outras pessoas. Mesmo que seja leal e apóie os seus parceiros, você precisa desenvolver o equilíbrio emocional entre o excesso de dependência e de dominação. As pessoas criativas têm uma influência positiva na sua vida.

ALGUÉM ESPECIAL

Você pode encontrar aquele alguém especial entre as pessoas nascidas nas seguintes datas:

♥ **Amor & amizade**: jan: 1, 9, 15, 26, 29, 30; fev: 7, 13, 24, 27, 28; mar: 11, 22, 25, 26; abr: 3, 9, 20, 23, 24; mai: 7, 18, 21, 22; jun: 5, 16, 19, 20; jul: 3, 14, 17, 18, 31; ago: 1, 12, 15, 16, 29, 31; set: 10, 13, 14, 27, 29; out: 8, 11, 12, 25, 27; nov: 6, 9, 10, 23, 25; dez: 4, 7, 8, 21, 23, 29

Relacionamentos benéficos: jan: 1, 2, 10, 27; fev: 8, 25; mar: 6, 23; abr: 4, 21; mai: 2, 19, 30; jun: 17, 28; jul: 15, 26; ago: 13, 24; set: 11, 22; out: 9, 20; nov: 7, 18; dez: 5, 16

Atrações fatais: fev: 11, 12, 13, 14, 15

Relacionamentos desafiantes: jan: 17, 26; fev: 15, 24; mar: 13, 22; abr: 11, 20; mai: 9, 18; jun: 7, 16; jul: 5, 14; ago: 3, 12, 30; set: 1, 10, 28; out: 8, 26, 29; nov: 6, 24, 27; dez: 4, 22, 25

Alma gêmea: jan: 21; fev: 19; mar: 17; abr: 15; mai: 13; jun: 11; jul: 9, 29; ago: 7, 27; set: 5, 25; out: 3, 23; nov: 1, 21; dez: 19

18 de Agosto

Inspirado, imaginativo e com uma mente ativa e curiosa, você é um leonino dotado com grande potencial. Ainda que seja orgulhoso e respeitável, com vontade de alcançar o sucesso, você precisa se sentir motivado e com determinação para realizar os seus objetivos. Como busca experiências diferentes e tem espírito de aventura, você tende a ter muitos planos e idéias.

A subinfluência do regente do seu decanato, Áries, dá-lhe até mais coragem. Com o seu espírito empreendedor, essa influência também indica que você pode ser uma pessoa inquieta.Você não gosta de ocupar posições subalternas, tem aversão a obedecer ordens e gosta de fazer os próprios planos. Muitas vezes, você quer liderar ou trabalhar de forma independente e, graças ao seu senso de estrutura, tem habilidade para organizar e executar projetos.

♌

SOL: LEÃO
DECANATO: ÁRIES/MARTE
GRAU: 24°45'-26° LEÃO
MODO: FIXO
ELEMENTO: FOGO

♌

Com uma mente rápida e inteligente, você em geral tem sede de saber e necessidade de expressar os seus pensamentos e idéias. Com o seu dom psíquico, você pode detectar as motivações das pessoas e perceber a hipocrisia. Como tem sensibilidade ao ambiente que o cerca, você precisa estar em lugares com astral positivo para poder captar uma atmosfera de desarmonia e tensão.

O seu Sol progredido entra no signo de Virgem, no qual permanece por um período de trinta anos, quando você faz 4 anos de idade, dando mais ênfase às questões de natureza prática e à necessidade de organizar a sua vida. A sua vida passa por uma mudança aos 34 anos, quando o seu Sol progredido entra no signo de Libra, dando-lhe uma maior conscientização quanto aos seus relacionamentos e estimulando-o a desenvolver o seu interesse inato por música, literatura ou arte. Depois dos 64 anos, quando o seu Sol progredido entra no signo de Escorpião, você começa a buscar um sentido maior para a sua vida e passa por mudanças que aprofundam a sua consciência.

O Seu Eu Secreto

Mantendo-se realista e evitando a fantasia e o escapismo, você pode disciplinar o seu enorme poder mental. Com a sua sensibilidade e sua imaginação vívida, você pode se sentir tentado a escolher o caminho mais fácil. O seu conhecimento e sua compreensão podem levá-lo a explorar idéias espirituais ou metafísicas. Por natureza, você é uma pessoa amigável e comunicativa, que gosta de debates e tem habilidade para lidar com grupos envolvidos em movimentos progressistas.

Você adora o poder, especialmente o poder do conhecimento, e respeita as pessoas que sabem mais do que você ou são mais sábias. Porém, cuidado para não se envolver em jogos mentais de poder ou para não se tornar uma pessoa manipuladora. Mas você tem habilidade para inspirar as pessoas com o seu idealismo, sua determinação e sua visão.

Trabalho & Vocação

Como gosta de ficar em evidência, você pode ser bem-sucedido na carreira teatral, como ator, bailarino ou diretor. Mas a sua ambição pode levá-lo ao mundo da política, da advocacia ou dos negócios, em que é provável que você queira ter uma posição de liderança. Como não gosta de obedecer ordens, você pode querer trabalhar por conta própria. A sua praticidade combinada com a capacidade de organização sugere que você pode ter sucesso nas áreas industriais, de *merchandising* ou bancária. A sua habilidade para lidar com as pessoas indica que você pode se destacar em carreiras públicas, especialmente as ligadas à educação e ao bem-estar social. Mas a sua sensibilidade, sua profunda compreensão psicológica e sua habilidade para cura podem levá-lo a alguma carreira na área da medicina tradicional ou alternativa.

ESTRELAS FIXAS

Embora o grau do seu Sol não esteja associado a nenhuma estrela fixa, alguns de seus outros planetas certamente estão. Por meio do seu mapa astrológico, você pode encontrar a posição exata dos planetas na sua data de nascimento e poderá saber quais das estrelas fixas listadas neste livro são relevantes para você.

Numerologia

Determinação, assertividade e ambição são algumas das qualidades associadas ao dia de aniversário número 18. Ativo, com necessidade de enfrentar desafios, você gosta de se manter ocupado e muitas vezes se envolve em algum tipo de empreendimento. Capaz, trabalhador e responsável, você muitas vezes alcança posições de autoridade. Mas a sua grande aptidão para os negócios e habilidade de organização podem levá-lo a trabalhar no mundo do comércio. Como tem a tendência a se sobrecarregar com o trabalho, aprenda a relaxar e a diminuir o ritmo periodicamente. Como uma personalidade número 18, você pode usar o seu poder para curar as pessoas, dar bons conselhos ou resolver os problemas delas. A subinfluência do mês número 8 indica que você é mentalmente rápido e altamente intuitivo no que diz respeito às pessoas e situações. Embora possa ser inquieto, você é eficiente e executa seus planos com determinação. Você quer ser reconhecido e muitas vezes tem um conflito entre o seu idealismo e inclinações materiais.

Positivo: progressista, assertivo, intuitivo, corajoso, decidido, habilidade para cura, eficiente, habilidade para aconselhar

Negativo: emoções descontroladas, preguiça, falta de ordem, egoísmo, insensibilidade, dificuldade para concluir projetos ou trabalhos, falta de sinceridade

Amor & Relacionamentos

Orgulhoso e dramático, você tem uma personalidade carismática que atrai as pessoas. Para você é muito importante ser sincero e honesto com as pessoas com quem se relaciona. Com a sua sensibilidade, você pode ser muito afetuoso e carinhoso, mas evite a tendência ao escapismo, seja por meio da auto-indulgência ou da omissão. Com a sua maneira carinhosa e habilidade para dar bons conselhos, você não tem problemas em atrair as pessoas. No tocante aos seus relacionamentos mais importantes, é importante que você encontre alguém que lhe ofereça estímulo mental e que compartilhe os seus interesses e valores.

ALGUÉM ESPECIAL

Você pode se realizar emocionalmente e encontrar aquele alguém especial entre as pessoas nascidas nas seguintes datas:

Amor & amizade: jan: 10, 13, 20, 25, 30; fev: 8, 11, 18, 28; mar: 6, 9, 16, 26, 30; abr: 4, 7, 14, 24, 30; mai: 2, 5, 12, 22; jun: 3, 10, 20; jul: 1, 8, 18; ago: 6, 16, 20, 30; set: 4, 14, 28, 30; out: 2, 12, 26, 28, 30; nov: 10, 24, 26, 28; dez: 8, 22, 24, 26

Relacionamentos benéficos: jan: 12, 16, 17, 18; fev: 10, 14, 15, 26; mar: 8, 12, 13, 24; abr: 6, 10, 11, 22; mai: 4, 8, 9, 20, 29; jun: 2, 6, 7, 18, 27; jul: 4, 5, 16, 25; ago: 2, 3, 14, 23; set: 1, 12, 21; out: 10, 19; nov: 8, 17; dez: 6, 15

Atrações fatais: fev: 14, 15, 16; mar: 31; abr: 29; mai: 27; jun: 25; jul: 23; ago: 21; set: 19; out: 17; nov: 15; dez: 17

Relacionamentos desafiantes: jan: 6, 18, 22, 27; fev: 4, 16, 20, 25; mar: 2, 14, 18, 23; abr: 12, 16, 21; mai: 10, 14, 19; jun: 8, 12, 17; jul: 6, 10, 15; ago: 4, 8, 13; set: 2, 6, 11; out: 4, 9; nov: 2, 7; dez: 5

Alma gêmea: mar: 28; abr: 26; mai: 24; jun: 22; jul: 20; ago: 18; set: 16; out: 14; nov: 12; dez: 10

19 de Agosto

Dinâmico, brilhante e dotado de uma personalidade gregária, você precisa brilhar e ser notado. Como nativo de Leão, você é também uma pessoa orgulhosa e confiante, com uma mente criativa e desejo de se expressar.

A subinfluência do regente do seu decanato, Áries, aumenta ainda mais a sua natureza vigorosa e sugere que você atue com muita confiança. Em geral, você busca ocupar o papel central das situações e muitas vezes assume a liderança. A influência de Marte implica que você é uma pessoa empreendedora e espontânea, com tendência a especulações, mas que deve evitar esquemas de enriquecimento rápido. Como gosta que as coisas sejam feitas da sua maneira, você precisa ser menos dominador ou egocêntrico.

♌

SOL: LEÃO
DECANATO: ÁRIES/MARTE
GRAU: 25°45'-27° LEÃO
MODO: FIXO
ELEMENTO: FOGO

♌

Apesar de rápido para avaliar as situações, você precisa superar a tendência a ter reações exageradas, ficar frustrado ou a se preocupar demais com as questões financeiras. Inteligente e arguto, dotado de um grande potencial mental, você gosta de se manter ocupado e bem-informado. Você combina cinismo e inocência, o que indica que precisa assumir a responsabilidade de desenvolver a sua capacidade mental e sua intuição. Você é uma pessoa jovial, mesmo que o trabalho, de uma maneira geral, tenha um papel importante na sua vida, especialmente à medida que envelhece. Mesmo que passe por situações difíceis na vida, no fundo, você sabe que tem o poder de triunfar sobre a adversidade.

Quando tem ainda 3 anos de idade, o seu Sol progredido entra no signo de Virgem, no qual permanece por um período de trinta anos. A partir dessa fase, você se torna cada vez mais consciente da importância de ajudar as pessoas e de prestar mais atenção aos detalhes. Quando o seu Sol progredido entra no signo de Libra, aos 33 anos de idade, a sua vida passa por uma transformação. A partir dessa fase, os seus relacionamentos passam a ocupar um lugar mais importante e você pode desenvolver a sua habilidade diplomática e social, bem como a sua capacidade criativa. Aos 63 anos, quando o seu Sol progredido entra no signo de Escorpião, você passa a ter mais profundidade emocional e se volta para a importância da intensidade e da transformação.

O Seu Eu Secreto

Inspirado pelo conhecimento ou sabedoria, você precisa ter uma disposição positiva e desenvolver a paciência e a tolerância, o que ajuda a manter a sua inquietação e sua mente ativa ocupada e construtiva. Rápido e assertivo, você tem habilidade para apresentar às pessoas idéias novas e influenciá-las com o seu pensamento. Como é um bom avaliador, você trabalha arduamente para transformar um projeto no qual acredita em realidade.

A sua grande força de vontade e determinação o ajudam a alcançar o sucesso material, mas, para ter uma realização completa, é necessário equilibrar essas forças com a sua compreensão intuitiva. Isso indica que você precisa aprender a ouvir a sabedoria da sua voz interior. Quando combina a sua boa capacidade mental, sua coragem e sua originalidade, você pode ter muita inspiração.

Trabalho & Vocação

Altamente ambicioso, você tem uma fachada amigável e confiante. Você possui uma vitalidade mental que o ajuda a ter bom desempenho em debates e a vencê-los com os seus argumentos. Isso pode ajudá-lo a prosperar no mundo da advocacia ou da política ou a seguir uma carreira na área de vendas. Além de analítico, você possui também habilidade técnica que o pode ajudar em qualquer carreira. O seu grande senso dramático pode levá-lo a buscar alguma carreira no mundo do teatro ou do entretenimento, mas, qualquer que seja a sua carreira, você quer assumir o comando. Como é muito determinado, você pode querer trabalhar por conta própria.

ESTRELAS FIXAS

Alphard; Adhafera, também chamada de Al-Serpha; Al Jabhah

ESTRELA PRIMÁRIA

Nome da estrela:
Alphard

Posição:
26°17'-27°28' de Leão, entre os anos de 1930 e 2000

Magnitude:
2

Força:
★★★★★★★★

Órb:
2°10'

Constelação:
Alpha Hidra

Dias:
19, 20, 21 e 22 de agosto

Qualidades da estrela:
interpretações variadas: Saturno/Vênus e Sol/Júpiter

Descrição:
uma estrela gigante laranja, localizada no pescoço de Hidra.

Numerologia

Vivaz, ambicioso e humanitário são algumas das formas pelas quais as pessoas descrevem os nascidos no dia 19. Decidido e habilidoso, você tem uma visão profunda, mas o lado sonhador da sua natureza é compassivo, idealista e criativo. Ainda que seja sensível, a necessidade de ser alguém pode levá-lo a ser dramático e a reivindicar o centro das atenções. Muitas vezes, há um forte desejo de estabelecer a sua individualidade. Para isso, você precisa primeiro superar a pressão das outras pessoas. Para os outros, você pode aparentar ser confiante, carismático e habilidoso, mas as tensões internas podem provocar uma instabilidade emocional. Artístico e carismático, você vê o mundo como um lugar para ser explorado. A subinfluência do mês número 8 indica que você tem energia e vitalidade. Astuto e determinado, você muitas vezes alcança cargos de autoridade e influência. Mas a sua habilidade executiva e para os negócios podem levá-lo a trabalhar no mundo do comércio.

Positivo: dinâmico, centrado, criativo, líder, sortudo, progressista, otimista, fortes convicções, competitivo, independente, espírito gregário

Negativo: autocentrado, depressivo, preocupado, medo de ser rejeitado, instabilidade, materialista, egocêntrico, impaciente

Amor & Relacionamentos

Assertivo e automotivado, você pode ser compreensivo e atencioso. Sociável, você tem habilidade para atrair as pessoas, o que faz com que tenha muitos amigos e admiradores. Você se interessa por pessoas trabalhadoras e intelectualmente estimulantes. Altamente intuitivo, você pode perceber o que as pessoas pensam e sentem, mas precisa de tempo para desenvolver e construir um relacionamento duradouro. Quando se compromete, você pode ser um parceiro generoso e gentil.

INFLUÊNCIA DA ESTRELA PRIMÁRIA

A influência de Alphard confere sabedoria natural e uma profunda compreensão da natureza humana. Você aprecia as artes, tem grandes ambições e uma natureza sensível. Alphard adverte contra o perigo do excesso de indulgência, intemperança e falta de autocontrole. Esta estrela sugere turbulências e, algumas vezes, revoluções. Alphard também adverte contra o risco de todas as formas de envenenamento e infecções.
Ligada ao grau do seu Sol, esta estrela confere habilidades executivas, posições de autoridade e grandes oportunidades de progresso na vida. Você tende a buscar cargos de proeminência e a luz dos holofotes. Contudo, deve ser justo e imparcial, senão as outras pessoas irão deixá-lo de lado. Isso se aplica também à vida profissional e às relações pessoais, nas quais o ciúme pode se manifestar, embora você muitas vezes procure escondê-lo.

- **Positivo**: confiança, capacidade para fazer o próprio nome, fama
- **Negativo**: complicações e disputas judiciais, perda do autocontrole, ciúme

Consulte o Apêndice para obter mais informações acerca das estrelas fixas.

ALGUÉM ESPECIAL

Você tem mais chance de assumir um compromisso sério com alguém que tenha nascido em uma das seguintes datas:

Amor & amizade: jan: 11, 21, 28, 31; fev: 9, 19, 26, 29; mar: 17, 24, 27; abr: 5, 15, 22, 25; mai: 13, 20, 23; jun: 1, 11, 18, 21; jul: 9, 16, 19; ago: 7, 14, 17, 31; set: 5, 12, 15, 29; out: 3, 10, 13, 27, 29, 31; nov: 1, 8, 11, 25, 27, 29; dez: 6, 9, 23, 25, 27

Relacionamentos benéficos: jan: 9, 12, 18, 24, 29; fev: 7, 10, 16, 22, 27; mar: 5, 8, 14, 20, 25; abr: 3, 6, 12, 18, 23; mai: 1, 10, 16, 21, 31; jun: 2, 8, 14, 19, 29; jul: 6, 12, 17, 27; ago: 4, 10, 15, 25; set: 2, 8, 13, 23; out: 6, 11, 21; nov: 4, 9, 19; dez: 2, 7, 17

Atrações fatais: jan: 3; fev: 1, 15, 16, 17; abr: 30; mai: 28; jun: 26; jul: 24; ago: 22; set: 20; out: 18; nov: 16; dez: 14

Relacionamentos desafiantes: jan: 7, 8, 19, 28; fev: 5, 6, 17, 26; mar: 4, 3, 15, 24; abr: 1, 2, 13, 22; mai: 11, 20; jun: 9, 18; jul: 7, 16; ago: 5, 14; set: 3, 12; out: 1, 10; nov: 8; dez: 16, 14

Alma gêmea: jan: 3, 19; fev: 1, 17; mar: 15; abr: 13; mai: 11; jun: 9; jul: 7; ago: 5; set: 3; out: 1

20 de Agosto

Amigável, charmoso e ambicioso, dotado de uma natureza orgulhosa, você é um leonino capaz de criar harmonia e paz com o seu talento natural para lidar com as pessoas. Intuitivo e prático, você sabe combinar as suas aspirações e mente excepcionalmente perceptiva, mas precisa de motivação, pois gosta das coisas fáceis e do conforto material.

Felizmente, a subinfluência do regente do seu decanato, Áries, sugere que, quando você tem também objetivos, tem energia e impulso para a ação, especialmente quando se trata de conquistar prestígio e dinheiro. Essa influência indica também que você tem disposição para trabalhar duro a fim de alcançar posições de influência ou o sucesso.

Perceptivo e responsável, você pode às vezes se preocupar em estar fazendo menos do que o esperado, e precisa ser reconhecido pelos seus esforços. Entretanto, você sabe combinar os negócios com o prazer e fazer com que as pessoas se sintam à vontade. Como sabe valorizar as coisas, você consegue superar os obstáculos com a sua determinação e perseverança.

♌

SOL: LEÃO
DECANATO: ÁRIES/MARTE
GRAU: 26°45'-28° LEÃO
MODO: FIXO
ELEMENTO: FOGO

♌

Você tem amor pelo conhecimento e sabe o poder que ele pode conferir, o que sugere a sua disposição de compartilhar as suas idéias ou seu conhecimento. Com o seu senso dramático natural, você pode, muitas vezes, inspirar as pessoas com a sua maneira original de ver as coisas. Você pode sentir um conflito entre o idealismo e o materialismo, o que sugere que talvez seja necessário desenvolver uma filosofia de vida que lhe dê clareza quanto ao caminho a seguir.

Até os 31 anos de idade, o seu Sol progredido está no signo de Virgem, enfatizando a importância da praticidade e da ordem na sua vida cotidiana. Durante esse período, você tem a tendência a analisar as coisas no sentido de melhorá-las. Quando o seu Sol progredido entra no signo de Libra, aos 32 anos de idade, a sua vida passa por uma transformação que se destaca pela maior importância que você passa a dar aos seus relacionamentos, à sua criatividade e ao equilíbrio. Aos 62 anos, quando o seu Sol progredido entra no signo de Escorpião, você passa a dar mais atenção aos aspectos mais profundos e mais transformadores da sua psique e a conquistar um maior poder pessoal.

O Seu Eu Secreto

A sua determinação e sua necessidade de manter o controle sugerem que você gosta do poder. Se essa inclinação for usada construtivamente, você terá mais dinamismo, mas deve evitar a tendência à crueldade e à manipulação. Trabalhador, com uma aptidão natural para os negócios, você sabe comercializar seus talentos. Apesar de independente, você tem consciência da importância de trabalhar em conjunto com outras pessoas.

Você pode, em algumas ocasiões, ser uma pessoa decidida, trabalhadora e metódica e, em outras, sentir falta de propósito ou de energia; por isso, é importante manter o equilíbrio construtivo entre o trabalho e a diversão. Você pode às vezes ficar ansioso, mas qualquer preocupação em relação à sua vida financeira é infundada. Felizmente, você tem resistência e habilidade natural de cura, e mesmo quando as coisas ficam difíceis consegue se erguer e superar as adversidades.

Trabalho & Vocação

Inteligente e determinado, você tem mais chance de ser bem-sucedido em carreiras nas quais possa usar o seu potencial mental. O seu senso dramático e sua necessidade de auto-expressão podem levá-lo a escrever ou a se envolver com o mundo do entretenimento. A sua capacidade mental é excelente para carreiras associadas ao magistério, a meios de comunicação e à área editorial. Se trabalhar na área dos negócios, a sua necessidade de manter o controle sugere que você é uma pessoa altamente independente e que se sairia bem trabalhando por conta própria. Como tem uma diplomacia natural, você pode se sentir atraído pelo mundo da política ou de relações públicas. Esta data de aniversário muitas vezes indica talento artístico ou musical ou inclinação à filantropia.

Numerologia

Como uma pessoa número 20, você é intuitivo, sensível, adaptável, compreensivo e muitas vezes integrante de um grupo maior. Você gosta de atividades cooperativas, nas quais possa interagir, compartilhar experiências e aprender com as outras pessoas. Charmoso e encantador, você tem habilidades diplomáticas e se mistura facilmente em qualquer círculo social. Todavia, talvez precise desenvolver a autoconfiança e superar a tendência a se magoar facilmente com as atitudes e críticas alheias ou a ser excessivamente dependente. Você é um mestre quando se trata de criar atmosferas agradáveis e harmoniosas. A subinfluência do mês número 8 sugere que você é pragmático e determinado, mesmo que um conflito interno entre o desejo de liderar e de pertencer a um grupo também seja indicado. Você, na maior parte das vezes, é uma pessoa ambiciosa, direta, empreendedora, ativa e vigorosa, que aceita corajosamente os desafios colocados pela vida. Entre as suas diversas qualidades, destacam-se convicções fortes, engenhosidade e capacidade de julgamento.

♌

ESTRELAS FIXAS

Alphard; Adhafera, também chamada de Al-Serpha; Al Jabhah

ESTRELA PRIMÁRIA

Nome da estrela:
Alphard
Posição:
26°17'-27°28' de Leão, entre os anos de 1930 e 2000
Magnitude:
2
Força:
★★★★★★★★
Órb:
2°10'
Constelação:
Alpha Hidra
Dias:
19, 20, 21 e 22 de agosto
Qualidades da estrela:
interpretações variadas: Saturno/Vênus e Sol/Júpiter
Descrição:
uma estrela gigante laranja, localizada no pescoço de Hidra.

♌

Positivo: boas parcerias, gentileza, tato, receptividade, intuição, consideração, harmonia, agradável, embaixador da boa vontade

Negativo: desconfiado, falta de confiança, subserviência, timidez, excesso de sensibilidade, egoísmo, ardiloso

Amor & Relacionamentos

Inteligente e ponderado, você é uma pessoa compreensiva e uma companhia estimulante. Ainda que seja muito dramático na sua vida amorosa, você tem um grande desejo de manter a paz e ter relacionamentos harmoniosos, mas deve tomar cuidado para não se comprometer e acabar fazendo o papel de mártir. Mas, você pode também ser uma pessoa dominadora e, por isso, é importante estabelecer um equilíbrio de poder. No entanto, você está disposto a dar generosamente o seu amor e afeição, e, com a sua incrível habilidade social, é charmoso e carismático.

INFLUÊNCIA DA ESTRELA PRIMÁRIA

A influência de Alphard confere sabedoria natural e uma profunda compreensão da natureza humana. Você aprecia as artes, tem grandes ambições e uma natureza sensível. Alphard adverte contra o perigo do excesso de indulgência, intemperança e falta de autocontrole. Esta estrela sugere turbulências e, algumas vezes, revoluções. Alphard também adverte contra o risco de todas as formas de envenenamento e infecções.
Ligada ao grau do seu Sol, esta estrela confere habilidades executivas, posições de autoridade e grandes oportunidades de progresso na vida. Você tende a buscar cargos de proeminência e a luz dos holofotes. Contudo, deve ser justo e imparcial, senão as outras pessoas irão deixá-lo de lado. Isso se aplica também à vida profissional e às relações pessoais, nas quais o ciúme pode se manifestar, embora você muitas vezes procure escondê-lo.

- **Positivo**: confiança, capacidade para fazer o próprio nome, fama
- **Negativo**: complicações e disputas judiciais, perda do autocontrole, ciúme

Consulte o Apêndice para obter mais informações acerca das estrelas fixas.

ALGUÉM ESPECIAL

Você pode encontrar um parceiro que compreenda a sua sensibilidade e sua necessidade de amor entre as pessoas nascidas nas seguintes datas:

Amor & amizade: jan: 8, 12, 18, 22; fev: 16, 20; mar: 14, 18, 28; abr: 6, 12, 16, 26; mai: 10, 14, 24; jun: 2, 8, 12, 22; jul: 6, 10, 20, 29; ago: 4, 8, 18, 27, 30; set: 2, 6, 16, 25, 28; out: 4, 14, 23, 26, 30; nov: 2, 12, 21, 24, 28; dez: 10, 19, 22, 26, 28

Relacionamentos benéficos: jan: 6, 10, 25, 30; fev: 4, 8, 23, 28; mar: 2, 6, 21, 26; abr: 5, 19, 24; mai: 2, 17, 22; jun: 15, 20, 30; jul: 13, 18, 28; ago: 11, 16, 26; set: 9, 14, 24; out: 7, 12, 22; nov: 5, 10, 20; dez: 3, 8, 18

Atrações fatais: fev: 16, 17, 18; mai: 29; jun: 27; jul: 25; ago: 23; set: 21; out: 19; nov: 17; dez: 15

Relacionamentos desafiantes: jan: 13, 29, 31; fev: 11, 27, 29; mar: 9, 25, 27; abr: 7, 23, 25; mai: 5, 21, 23; jun: 3, 19, 21; jul: 1, 17, 19; ago: 15, 17; set: 13, 15; out: 11, 13; nov: 9, 11; dez: 7, 9

Alma gêmea: jan: 6, 25; fev: 4, 23; mar: 2, 21; abr: 19; mai: 17; jun: 15; jul: 13; ago: 11; set: 9; out: 7; nov: 5; dez: 3

21 de Agosto

Com muita vontade de ser bem-sucedido e ativo, você é um leonino dinâmico e versátil, dotado de uma natureza ambiciosa e fortes instintos. Em geral, você é uma pessoa orgulhosa e mentalmente rápida, curiosa e determinada para que as coisas sejam do jeito que quer. A sua perspectiva otimista e seu espírito empreendedor o impelem a extrair o máximo da vida. Esse entusiasmo sugere também que você precisa expressar a sua própria individualidade de forma criativa.

Embora a subinfluência do regente do seu decanato, Áries, adicione vitalidade e impulso à sua personalidade, ela também indica que você pode ter tendência a agir com precipitação ou a se entediar com facilidade. Você precisa evitar a impulsividade e a inclinação a iniciar projetos sem antes planejá-los. O grande potencial indicado pelo seu dia de aniversário implica também que você precisa canalizar positivamente as suas energias para superar a tendência à insatisfação.

♌

SOL: LEÃO
DECANATO: ÁRIES/MARTE
GRAU: 27°30'-28°30' LEÃO
MODO: FIXO
ELEMENTO: FOGO

♌

Você precisa de constante estímulo mental e pode divertir as pessoas com a sua espirituosidade e respostas rápidas. Com a sua oratória persuasiva e senso dramático, você sempre encanta as pessoas. Contudo, você não tem paciência com pessoas enfadonhas e pode, às vezes, ser franco, egoísta ou arrogante. Ainda que tenha muitos talentos e goste de se manter em atividade, você pode se beneficiar se desenvolver uma habilidade específica ou por meio da educação e da aprendizagem.

No início da sua vida, o seu Sol progredido entra no signo de Virgem e, durante os trinta anos seguintes, você sofre a influência das qualidades deste signo, como, por exemplo, a praticidade, o criticismo e o perfeccionismo. Você pode também desenvolver a vontade de ser mais eficiente no seu ambiente de trabalho. Aos 31 anos de idade, quando o seu Sol progredido entra no signo de Libra, a sua vida passa por uma transformação, dando-lhe uma maior consciência da importância dos seus relacionamentos. As suas habilidades criativas também aumentam, e você pode ser levado a desenvolver algum talento musical, artístico e literário adormecido. Aos 61 anos, o seu Sol progredido entra no signo de Escorpião e acentua as questões ligadas ao seu poder pessoal e transformação. Essa influência também aprofunda a sua consciência e seus sentimentos.

O Seu Eu Secreto

Ao mesmo tempo em que a sua sensibilidade emocional pode torná-lo uma pessoa muito intuitiva, ela pode também puxá-lo em direções diferentes: uma parte sua deseja coisas novas e interessantes e a outra quer segurança e estabilidade. Se isso não for construtivamente canalizado, pode deixá-lo inquieto, instável ou com propensão a tendências escapistas. Se mantiver planos e projetos positivos para coisas novas e animadoras, você pode escapar da tendência ao cinismo ou à rebeldia. Quando vai atrás dos seus ideais e desejo de verdade, você fica estimulado a ser generoso, compassivo e humanitário.

Franco e honesto, você espera o mesmo dos outros, e apesar de carinhoso e amoroso, deve evitar a tendência ao sarcasmo. As viagens e educação superior podem ser meios excelentes para você entrar em contato com o lado mais aventureiro da sua natureza. Como tem charme e espontaneidade, você pode explorar talentos artísticos e criativos adormecidos associados ao seu dia de aniversário.

Trabalho & Vocação

Como assimila as coisas que lhe interessam rapidamente, você precisa de variedade para ter sempre um desafio a enfrentar. O seu intelecto vivaz pode levá-lo a seguir uma carreira na área de educação, literatura ou no mundo editorial. O ideal é que você se envolva em atividades nas quais possa usar a sua excelente habilidade social e, se isso incluir viagens para outros países ou mudanças, melhor ainda. Mas o seu desejo de auto-expressão pode levá-lo ao mundo da arte, da música ou do entretenimento, e o esporte pode ser também uma saída positiva para a sua necessidade de ação.

ESTRELAS FIXAS

Régulo, também chamada de Coração do Leão; Alphard; Adhafera, também chamada de Al-Serfa; Al Jabhah

ESTRELA PRIMÁRIA

Nome da estrela:
Régulo, também chamada de Coração do Leão

Posição:
28°51'-29°48' de Leão, entre os anos de 1930 e 2000

Magnitude:
1

Força:
★★★★★★★★★★

Órb:
2°30'

Constelação:
Alpha Leão

Dias:
21, 22, 23, 24, 25 e 26 de agosto

Qualidades da estrela:
Marte/Júpiter

Descrição:
uma estrela tripla, brilhante, branca e azul, localizada no corpo da constelação de Leão.

Numerologia

Dinamismo e personalidade expansiva estão geralmente presentes nas pessoas nascidas no dia 21. Socialmente inclinado, você tem muitos interesses e contatos felizes. Na maior parte das vezes, você exibe a sua personalidade amigável e gregária. Intuitivo, dotado de espírito independente, você é altamente original e inventivo. Com o dia de aniversário número 21, você pode ser uma pessoa magnética, criativa, com charme social e que gosta de se divertir. Mas, pode também ser tímida e reservada, com necessidade de desenvolver a assertividade, especialmente nos relacionamentos mais próximos. Na sua vida, você terá muitas oportunidades e pode ser bem-sucedido com as outras pessoas. Você tem inclinação a relacionamentos cooperativos para o casamento, mas sempre quer ser reconhecido pelos seus talentos e habilidades. A subinfluência do mês número 8 indica que você é mentalmente inquieto, tem fortes instintos e muita força de vontade. Você normalmente tem muita vitalidade, mas deve evitar o excesso de ansiedade ou a falta de praticidade. Embora aprenda rápido e se adapte facilmente a novas situações, você pode também ser uma pessoa inflexível e voluntariosa.

⬆ **Positivo**: inspiração, criatividade, uniões amorosas, relacionamentos duradouros

⬇ **Negativo**: dependência, nervosismo, falta de visão, desapontamento, preocupação

Amor & Relacionamentos

Espirituoso e divertido, você tem uma personalidade brilhante. Como é amigável, você tem uma vida social ativa. Você pode ser um excelente anfitrião e uma companhia estimulante. Atraído por pessoas independentes e bem-sucedidas, quando se envolve em algum relacionamento precisa de liberdade e autoconfiança. Um dos lados da sua natureza é muito dramático e amoroso, mas o outro pode ser desconfiado ou retraído, embora, de uma maneira geral, proteja a sua família e as pessoas pelas quais tem responsabilidade.

INFLUÊNCIA DA ESTRELA PRIMÁRIA

Régulo é uma estrela real que ocupa o papel principal no infinito elenco de estrelas. Régulo confere nobreza, honrarias elevadas e poder de projetar uma personalidade respeitável. Esta estrela confere habilidade natural para tomar decisões rapidamente e lidar com situações difíceis. Ela também concede o desejo de poder e a habilidade para liderar e comandar os outros. Você tem muita força de vontade e espírito empreendedor, que muitas vezes o levam ao desejo de ter liberdade e independência. Segundo Régulo, é possível que esses benefícios não sejam necessariamente duradouros. Ligada ao grau do seu Sol, esta estrela confere ambição, poder e autoridade, além de oportunidades de alcançar posições elevadas em órgãos do governo ou em grandes corporações. Se você não ocupar um cargo proeminente, é provável que tenha amigos influentes. Esta estrela sugere que você deve ser uma pessoa amável com os outros quando está subindo na vida, pois provavelmente os encontrará quando estiver descendo.

- **Positivo**: altamente espirituoso, franqueza, coragem, honra e riquezas, posições de proeminência, autoridade
- **Negativo**: teimosia, indisciplina, dominação, grandeza, mas também muitos defeitos (especialmente devido à desonestidade), sucesso e fama fugazes

Consulte o Apêndice para obter mais informações acerca das estrelas fixas.

ALGUÉM ESPECIAL

Você pode ter mais estabilidade em relacionamentos amorosos com as pessoas nascidas nas seguintes datas:

Amor & amizade: jan: 4, 13, 19, 23; fev: 2, 11, 17, 21; mar: 9, 15, 19, 28, 29, 30; abr: 7, 13, 17, 26, 27; mai: 5, 11, 15, 24, 25, 26; jun: 3, 9, 13, 22, 23, 24; jul: 1, 7, 11, 20, 21, 22; ago: 5, 9, 18, 19, 20; set: 3, 7, 16, 17, 18; out: 1, 5, 14, 15, 16, 29, 31; nov: 3, 12, 13, 14, 27, 29; dez: 1, 10, 11, 12, 25, 27, 29

Relacionamentos benéficos: jan: 7, 15, 20, 31; fev: 5, 13, 18, 29; mar: 3, 11, 16, 27; abr: 1, 9, 14, 25; mai: 7, 12, 23; jun: 5, 10, 21; jul: 3, 8, 19; ago: 1, 6, 17, 30; set: 4, 15, 18; out: 2, 13, 26; nov: 11, 24; dez: 9, 22

Atrações fatais: fev: 16, 17, 18, 19

Relacionamentos desafiantes: jan: 6, 9, 14, 30; fev: 4, 7, 12, 28; mar: 2, 5, 10, 26; abr: 3, 8, 24; mai: 1, 6, 22; jun: 4, 20; jul: 2, 18; ago: 16; set: 14; out: 12; nov: 10; dez: 8

Alma gêmea: abr: 30; mai: 28; jun: 26; jul: 24; ago: 22; set: 20; out: 18, 30; nov: 16, 28; dez: 14, 26

22 de Agosto

Como nasceu na cúspide de Leão e Virgem, você pensa de forma criativa e tem uma maneira pragmática de encarar a vida. Você possui uma extraordinária determinação e amor ao empreendimento. Ambicioso e orgulhoso, dotado de senso de honra, você sabe como utilizar o conhecimento que possui. Como tem capacidade de se concentrar em um projeto específico e agir rápida e decisivamente, você é um organizador capaz, dotado de uma mente resoluta.

A subinfluência do regente do seu decanato, Áries, sugere que você gosta de levar uma vida ativa. Ousado e corajoso, você tem uma personalidade dinâmica e muitas vezes ocupa a liderança e é assertivo. Com uma mente cheia de idéias, você sabe concretizar os seus pensamentos e planos. Embora, na maior parte das vezes, você tenha sucesso nos seus empreendimentos e seja visto pelas pessoas como conservador, você precisa superar a tendência à inquietude e à impaciência. Você precisa evitar a teimosia, aprendendo a equilibrar a sua necessidade de independência e liberdade com uma certa rebeldia, especialmente nas questões ligadas à autoridade.

SOL: CÚSPIDE DE LEÃO/VIRGEM
DECANATO: ÁRIES/MARTE, MERCÚRIO
GRAU: 28°30'-29°30'LEÃO
MODO: FIXO
ELEMENTO: FOGO

Você se sente mais feliz quando está trabalhando e não desperdiçando a sua energia, além disso precisa de desafios intelectuais para não se entediar. Como gosta de expandir o seu conhecimento, a educação, formal ou autodidata, lhe é sempre benéfica e o leva ao sucesso. Ainda que tenha uma grande inclinação materialista, a sua tendência ao idealismo sugere que você é uma pessoa humanitária que pode defender uma causa ou idéia com grande entusiasmo.

No primeiro ano da sua vida, o seu Sol progredido entra no signo de Virgem. Nos trinta anos seguintes, você sofre a influência das qualidades deste signo, como, por exemplo, a ordem prática e a sistematização. Aos 30 anos de idade o seu Sol progredido entra no signo de Libra. Essa influência faz com que você tenha uma maior consciência da importância dos seus relacionamentos. As suas habilidades criativas geralmente ficam ainda maiores , e você pode ser levado a desenvolver algum talento musical, artístico e literário adormecido, bem como a ampliar o seu círculo social. Aos 60 anos de idade você passa por outra mudança, quando o seu Sol progredido entra no signo de Escorpião e acentua as questões ligadas ao seu poder pessoal e transformação. A sua consciência se amplia devido a essa progressão solar.

O Seu Eu Secreto

Alguns dos seus maiores desafios podem envolver o sacrifício, o altruísmo e a humildade. Você tem muita consciência das suas responsabilidades e sabe que a sua maior paz de espírito advém do desenvolvimento da harmonia no seu ambiente. Isso pode envolver obrigações domésticas, aconselhar ou proteger outras pessoas.

Quando é afetuoso e perdoa os defeitos alheios, você pode superar muitas dificuldades, mas você deve evitar ser muito crítico, dominador ou interferir na vida das pessoas. Ao entrar em contato com o próprio centro e manter-se calmo, você pode lidar com as suas inquietações. Você pode também canalizar as suas insatisfações buscando a sabedoria ou viajando.

Apesar de prático, você tem uma sensibilidade emocional que pode se manifestar pela realização dos seus ideais elevados.

Trabalho & Vocação

Você tem habilidade para liderar e sabe organizar e planejar. Se trabalhar na área de negócios, você será mais feliz trabalhando por conta própria; seja independente, você pode vir a descobrir que as parcerias ou o trabalho em equipe podem ser muito produtivos. Sempre cheio de idéias e com uma incrível capacidade para lidar com as pessoas, você pode ser bem-sucedido na área dos negócios, especialmente em vendas, promoção ou publicidade. Você pode se sentir atraído por profissões nas quais possa usar a sua boa capacidade mental, como educação, literatura ou advocacia. Como é talentoso ou dramático, você pode se destacar no mundo do entretenimento ou da música.

Numerologia

Como indivíduo número 22, você é uma pessoa orgulhosa, prática e altamente intuitiva. Este é um número mestre e pode vibrar tanto como número 22 quanto como número 4. Muitas vezes honesto e trabalhador, dotado de capacidade natural de liderança, você tem uma personalidade carismática e uma profunda capacidade de compreender as pessoas e as suas motivações. Reservado, você sempre se preocupa com o bem-estar dos outros, mas nunca perde de vista a sua posição pragmática ou realista. Em geral, uma pessoa culta e mundana, você tem muitos amigos e admiradores. Os que são mais competitivos podem ser bem-sucedidos com a ajuda e o encorajamento dos outros. Muitas pessoas nascidas neste dia têm fortes laços com irmãos ou irmãs e costumam ajudá-los e apoiá-los. A subinfluência do mês número 8 indica que você é uma pessoa segura e eficiente, dotada de um senso comum refinado. Como é perceptivo e imaginativo, você gosta de solucionar problemas e pode às vezes surpreender as pessoas quando encontra soluções simples para problemas difíceis.

♌

ESTRELAS FIXAS

Régulo, também chamada de Coração do Leão; Alphard; Adhafera, também chamada de Al-Serfa; Al Jabhah; Phecda, também chamada de Phacd

ESTRELA PRIMÁRIA

Nome da estrela:
Régulo, também chamada de Coração do Leão

Posição:
28°51'-29°48' de Leão, entre os anos de 1930 e 2000

Magnitude:
1

Força:
★★★★★★★★★★

Órb:
2°30'

Constelação:
Alpha Leão

Dias:
21, 22, 23, 24, 25 e 26 de agosto

Qualidades da estrela:
Marte/Júpiter

Descrição:
uma estrela tripla, brilhante, branca e azul, localizada no corpo da constelação de Leão.

♌

Positivo: universalismo, direção, elevada intuição, pragmatismo, praticidade, habilidade, construtividade, capacidade de organização, realismo, habilidade para solucionar problemas, realização

Negativo: esquemas de enriquecimento rápido, nervosismo, autoritarismo, falta de visão, preguiça, autopromoção

Amor & Relacionamentos

A sua personalidade carismática e amigável atrai muitas pessoas e aumenta a sua vida social. Nos seus relacionamentos pessoais, você pode às vezes achar difícil manifestar amor e pode se sentir atraído por pessoas pouco convencionais. Em geral, forte e independente, você pode ser uma pessoa calorosa e que protege quem está sob a sua responsabilidade. Você precisa de alguém inteligente que não se deixe dominar, mas que ao mesmo tempo o mantenha jovial e divertido

INFLUÊNCIA DA ESTRELA PRIMÁRIA

Régulo é uma estrela real que ocupa o papel principal no infinito elenco de estrelas. Régulo confere nobreza, honrarias elevadas e poder de projetar uma personalidade respeitável. Esta estrela confere habilidade natural para tomar decisões rapidamente e lidar com situações difíceis. Ela também concede o desejo de poder e a habilidade para liderar e comandar os outros. Você tem muita força de vontade e espírito empreendedor, que muitas vezes o levam ao desejo de ter liberdade e independência.
Segundo Régulo, é possível que esses benefícios não sejam necessariamente duradouros.
Ligada ao grau do seu Sol, esta estrela confere ambição, poder e autoridade, além de oportunidades de alcançar posições elevadas em órgãos do governo ou em grandes corporações. Se você não ocupar um cargo proeminente, é provável que tenha amigos influentes. Esta estrela sugere que você deve ser uma pessoa amável com os outros quando está subindo na vida, pois provavelmente os encontrará quando estiver descendo.

- **Positivo**: altamente espirituoso, franqueza, coragem, honra e riquezas, posições de proeminência, autoridade
- **Negativo**: teimosia, indisciplina, dominação, grandeza, mas também muitos defeitos (especialmente devido à desonestidade), sucesso e fama fugazes

Consulte o Apêndice para obter mais informações acerca das estrelas fixas.

ALGUÉM ESPECIAL

As suas chances de ter felicidade e amor são maiores quando se relaciona com alguém que tenha nascido em uma das seguintes datas:

Amor & amizade: jan: 3, 4, 14, 20, 24, 25; fev: 2, 12, 14, 15, 16, 18, 22; mar: 10, 16, 20, 29, 30; abr: 8, 14, 18, 27, 28; mai: 6, 12, 16, 25, 26, 31; jun: 4, 10, 14, 23, 24, 29; jul: 2, 8, 12, 21, 22, 27; ago: 6, 10, 19, 20, 25; set: 4, 8, 17, 18, 23; out: 2, 6, 15, 16, 21, 30; nov: 4, 13, 14, 19, 28, 30; dez: 2, 11, 12, 17, 26, 28, 30

Relacionamentos benéficos: jan: 4, 8, 21; fev: 2, 6, 19; mar: 4, 17, 28; abr: 2, 15, 16; mai: 13, 24; jun: 11, 22; jul: 9, 20; ago: 7, 18, 31; set: 5, 16, 29; out: 3, 14, 27; nov: 1, 12, 25; dez: 10, 23

Atrações fatais: jan: 3; fev: 1; mai: 31; jun: 29; jul: 27; ago: 25; set: 23; out: 21; nov: 19; dez: 17

Relacionamentos desafiantes: jan: 7, 10, 15, 31; fev: 5, 8, 13, 29; mar: 3, 6, 11, 27; abr: 1, 4, 9, 25; mai: 2, 7, 23; jun: 5, 21; jul: 3, 19; ago: 1, 17; set: 15; out: 13; nov: 11; dez: 9

Alma gêmea: mar: 31; abr: 29; mai: 27; jun: 25; jul: 23; ago: 21; set: 19; out: 17, 29; nov: 15, 27; dez: 13, 25

Pessoas famosas de Leão

23 de julho
Raymond Chandler, Michael Wilding, Max Heidel, Woody Harrelson, Belinda Montgomery, Calvert de Forest (Larry "Bud" Melman), Coral Browne, Raymond Chandler

24 de julho
Alexandre Dumas, Zelda Fitzgerald, Linda Carter, Michael Richards, Karl Malone Bella Abzug, Arrelia Earhart, Peter Yates, Simón Bolívar, Afonso Guimarães

25 de julho
Maxfield Parrish, Thomas Eakins, Iman, Estelle Getty, Brad Renfro, Roger Clinton, Barbara Harris, Walter Payton, Jerry Paris, Ari Quintela

26 de julho
Carl Gustav Jung, George Bernard Shaw, Mick Jagger, Aldous Huxley, Stanley Kubrick, Blake Edwards, James Lovelock, Sandra Bullock, Dorothy Hamill, Helen Mirren, Kevin Spacey, Celso Furtado

27 de julho
Bobbie Gentry, Maureen McGovern, Hilaire Belloc, Alexandre Dumas (filho), Peggy Fleming, Bugs Bunny, Napoleão Bonaparte, Jerry Dyke, Norman Lear

28 de julho
Jacqueline Kennedy Onassis, Beatriz Potter, Marcel Duchamp, Mike Bloomfield, Bill Bradley, Sally Struthers, Vida Blue, John Ashbery, Daniela Mercury

29 de julho
Dag Hammarskjōld, Benito Mussolini, Clara Bow, Bill U'yth, Peter Jennings, Patti Scialfa, Wil Wheaton, Ken Burns, Paul Taylor

30 de julho
Kate Bush, Henry Ford, Arnold Schwarzenegger, Emily Brontë, Daley Thompson, Henry Moore, Peter Bogdanovich, Patricia Schroeder, David Sanborn, Laurence Fishburne, Marcos Vilaça

31 de julho
Geraldine Chaplin, Jonathan Dimbleby, Wesley Snipes, Primo Levi, Sherry Lansing, Stanley Jordan, Ignácio de Loyola Brandão, William Bennett, Casey Stengel

1º de agosto
Jerry Garcia, Yves Saint-Laurent, Dom DeLuise, Herman Melville, Tempestt Bledsoe, Alfonse d'Amato, Robert Cray

2 de agosto
Peter O'Toole, James Baldwin, Ira Progoff, Myrna Loy, Cynthia Stevenson, Carroll O'Connor, Félix Pacheco, Aldir Blanc

3 de agosto
Martin Sheen, Tony Bennett, Stanley Baldwin, John Landis, Arme Klein, Martha Stewart, Jomarie Payton, Victoria Jackson, Maggie Kuhn

4 de agosto
A Rainha Mãe da Inglaterra, Percy Bysshe Shelley, Roger Clemens, Mary Decker Slaney, Richard Belzer, Helen Thomas, Louis Armstrong, Mário Jorge Lobo Zagalo

5 de agosto
Patrick Ewing, Neil Armstrong, John Huston, Loni Anderson, Jonathan Silverman, Loni Anderson, Marechal Deodoro da Fonseca, Oswaldo Cruz, Guy de Maupassant

6 de agosto
Lord Tennyson, Lucille Ball, Robert Mitchum, Freddy Laker, Howard Hodgkin, Alexander Fleming, David Robinson, Gian Francesco Guarnieri, Andy Warhol, Louella Parsons, Adoniran Barbosa, Baden Powell

7 de agosto
Mata Hari, Alan Leo, Manitas De Plata, Roland Kirk, Nicholas Ray, Louis Leakey, Alan Page, Garrison Keillor, Alberto Salazar, Rodney Crowell, Don Larsen, Ralph Bunche, Caetano Veloso

8 de agosto
Dustin Hoffman, Keith Carradine, Connie Stevens, Andy Warhol, Esther Williams, Nigel Mansell, David Evans, Deborah Norville, Mel Tillis

9 de agosto
Whitney Houston, John Dryden, Melanie Griffith, Joe Jackson, Henry V, Jean Piaget, Deion Sanders, Sam Elliot, David Steinberg, Rod Laver, Hurricane Jackson, Ken Norton

10 de agosto
Herbert Hoover, Eddie Fisher, Norma Shearer, Wolfgang Paul, Jane Wyatt, Patti Austin, Rosanna Arquette, Bobby Hatfield, James Dean, Ronnie Spector, James Dean, Gonçalves Dias

11 de agosto
Arlene Dahl, Hulk Hogan, Enid Blyton, Alex Haley, Phil Ochs, Claus Von Bullow, Jerry Falwell, Louise Bogan

12 de agosto
Cecil B. De Mille, Mark Knopfler, Madame Blavatsky, George Hamilton, Pat Matheny, Porter Wagoner, Christy Mathewson, Pese Sampras, Clara Nunes, Ana de Holanda

13 de agosto
Alfred Hitchcock, Annie Oakley, Dan Fogelberg, Fidel Castro, Bobby Clarke, Danny Bonaduce, Kathleen Batlle

14 de agosto
Steve Martin, Gary Larson, Danielle Steel, David Crosby, Sarah Brightman, Magic Johnson, Gary Larson, Sussan St. James, Lina Wertmiiller, Russell Baker

15 de agosto
Napoleão Bonaparte, Princesa Arme, Oscar Peterson, Julia Child, Sir Walter Scott, Sri Aurobindo, Linda Ellerbee, Ethel Barrymore, Vernon Jordan, T. E. Lawrence (Lawrence da Arábia)

16 de agosto
Madonna, Katharine Hamnett, Timothy Hutton, Frank e Kathy Lee Gifford, J. T. Taylor, Ariano Suassuna

17 de agosto
Robert De Niro, Sean Penn, Belinda Carlisle, Mae West, Maureen O'Hara, Nelson Piquet, Robin Cousins, Davy Crockett, Ted Hughes, Jim Courier, Christian Laettner, Ed Motta, João Donato, Elba Ramalho

18 de agosto
Patrick Swayze, Robert Redford, Martin Mull, Roman Polanski, Caspar Weinberger, Shelley Winters, Madeleine Stowe, Christian Slater, Malcolm Jamal Warner

19 de agosto
Bill Clinton, Coco Chanel, P.D. Ouspensky, Malcolm Forbes, Orville Wright, Ginger Baker, Jill St. John, Peter Gallagher, John Stamos, Gene Roddenberry, Ogden Nash

20 de agosto
Rajiv Gandhi, Isaac Hayes, Robert Plant, Jim Reeves, Connie Chung, William Gray III, Peter Horton, Jacqueline Susann, Don King, Graig Nettles, Cora Coralina

21 de agosto
Princesa Margaret, Count Basie, Aubrey Beardsley, Kenny Rogers, Wilt Chamberlain, Jim McMahon, Harry Smith, Josué Montello

22 de agosto
Claude Debussy, John Lee Hooker, Valerie Harper, Ray Bradbury, Dorothy Parker, Carl Yastrzemski, Bill Parcells, Norman Schwartzkopf, Debbi Peterson

Estrelas fixas de Leão

Para as pessoas que nasceram em dias que recebem a influência de mais de uma estrela fixa, segue aqui uma lista completa das estrelas fixas e de seus atributos. Você também pode usar este apêndice juntamente com o seu mapa astrológico para aprender mais a respeito do significado destes corpos celestiais.

Praesepe

Nome da estrela: Praesep, também chamada de Praesaepe
Posição: 6°16'-7°16' de Leão entre os anos de 1930 e 2000
Magnitude: 5
Força: ★★
Órb: 1°
Constelação: M44 Câncer
Dias: 30 e 31 de julho e 1º de agosto
Qualidades da estrela: Marte/Lua
Descrição: um agrupamento de mais de quarenta estrelas localizado na cabeça do Caranguejo.

Praesep confere uma natureza aventureira mas engenhosa e um senso aguçado para os negócios. Esta estrela também sugere fortuna e pode indicar o envolvimento na fundação de grandes empresas. Contudo, Praesep também tem uma influência que sugere impulsividade e inquietude e adverte contra a inclinação para criar problemas desnecessários devido à insolência. Esta estrela também adverte contra o envolvimento em ações judiciais e transações arriscadas.
Ligada ao grau do seu Sol, esta estrela confere energia e vitalidade, orgulho interior e habilidade para se concentrar nos objetivos com muita determinação. Depois que se decide por algo, você se recusa a desistir e se esforça até atingir o seu objetivo final. A influência desta estrela pode atrair amigos, trazer popularidade e levar a posições proeminentes e até mesmo à fama. Praesep, no entanto, adverte contra as oscilações de humor, dúvidas e medos que podem surgir de mal-entendidos com outras pessoas e resultar em um comportamento autodestrutivo.

- **Positivo**: entusiasmo, espírito empreendedor, força de vontade, abertura, franqueza
- **Negativo**: falta de objetivo, rebeldia, incompatibilidade, personalidade mal-compreendida, reclusivo

Asellus do Norte

Nome da estrela: Asellus do Norte
Posição: 6°34'-7°35' de Leão, entre os anos de 1930 e 2000
Magnitude: 5
Força: ★★
Órb: 1°
Constelação: Gamma Câncer
Dias: 30 e 31 de julho, 1º de agosto
Qualidades da estrela: Marte/Sol
Descrição: uma estrela dupla amarela e branca pálida localizada no corpo do Caranguejo.

Asellus do Norte confere vitalidade e vigor, talento criativo, amor pela arte e ganhos inesperados. Embora tanto Asellus do Norte quanto Asellus do Sul indiquem uma natureza atenciosa e, portanto, responsabilidade, a Asellus do Norte é conhecida como a estrela benéfica e concede poder de realização e perspectiva caridosa e generosa. Esta estrela também sugere que a intolerância e a agressividade não levam aos resultados almejados.

Ligada ao grau do seu Sol, esta estrela confere talento para o trato com o público, boas conexões sociais e amigos em posições influentes. Você pode receber honrarias elevadas na educação, especialmente em Filosofia e Religião, ou sucessos nos negócios em grandes corporações.

- **Positivo**: destemido, natureza competitiva, muita paciência até a determinação de um curso de ação
- **Negativo**: precipitação, teimosia, inquietação

Asellus do Sul

Nome da estrela: Asellus do Sul
Posição: 7°44'-8°44' de Leão, entre os anos de 1930 e 2000
Magnitude: 4
Força: ★★★★
Órb: 1°30'
Constelação: Delta Câncer
Dias: 30 e 31 de julho e 1, 2 e 3 de agosto
Qualidades da estrela: Marte/Sol
Descrição: uma estrela dupla amarela pálida localizada no corpo do Caranguejo.

Asellus do Sul sugere que você deve tomar muito cuidado para ser uma pessoa responsável, especialmente se ocupar cargos de autoridade. Esta estrela indica que você deve evitar ser temerário e colocar sua vida em risco. A Asellus do Sul também adverte contra afirmações caluniosas que podem voltar para você, provocando perda de reputação ou problemas domésticos.
Ligada ao grau do seu Sol, esta estrela, quando em configuração favorável com outros planetas, concede uma perspectiva caridosa e generosa. A Asellus do Sul também concede energia e determinação, mas menos pendor pelo trato com o público do que a sua estrela gêmea, a Asellus do Norte. Esta estrela sugere que a cautela pode ajudá-lo nas suas conexões sociais e com amigos em posições influentes. Contudo, há um risco de erros que resultam em mal-entendidos e causam perda de credibilidade ou problemas nos negócios.

- **Positivo**: ponderação, cuidado, cautela
- **Negativo**: franqueza, descuido, ofensa

Kochab

Nome da estrela: Kochab
Posição: 11°56'-12°45' de Leão, entre os anos de 1930 e 2000
Magnitude: 2
Força: ★★★★★★★★
Órb: 2°10'
Constelação: Beta Ursa Menor
Dias: 4, 5, 6 e 7 de agosto
Qualidades da estrela: Saturno/Mercúrio
Descrição: uma estrela laranja gigante localizada na Ursa Menor.

A influência de Kochab concede lógica, concentração e habilidade para ir direto ao cerne das questões. Você, muitas vezes, gosta de ordem e limpeza e tem uma boa capacidade de organização. Esta estrela confere oportunidades de elevação a posições de autoridade. Ligada ao grau de seu Sol, esta estrela indica que, se você for determinado, pode alcançar uma grande realização. Você tem habilidade para lutar com energia e coragem até o final sem nunca desistir. Esta estrela também adverte contra o engano e a malícia ou atividades escusas.

- **Positivo**: determinação, persistência, coragem para superar os obstáculos
- **Negativo**: precipitação, malícia, pessimismo

Acubens

Nome da estrela: Acubens, também chamada de Sertan
Posição: 12°40'-13°36' de Leão, entre os anos de 1930 e 2000
Magnitude: 4
Força: ★★★★
Órb: 1°30'
Constelação: Alpha Câncer
Dias: 5, 6, 7 e 8 de agosto
Qualidades da estrela: Mercúrio/Saturno
Descrição: uma estrela dupla com elementos brancos e vermelhos, localizada na presa sul do Caranguejo.

Acubens confere uma mente lógica e racional, perseverança e ideais elevados. Você tem uma aparência enérgica e pode ser uma pessoa bastante franca. Esta estrela confere profundidade de pensamento e talento para organização, mas também revela uma tendência à dominação.
Ligada ao grau do seu Sol, Acubens confere boa estrutura e habilidade executiva. Há um potencial inato para dar contribuições extraordinárias na sua área de especialização. Honrarias ligadas à educação, incluindo o estudo da Astrologia e da Ciência, também são indicadas, e pode haver um talento para escrever. Esta estrela era originalmente associada a lugares ocultos e refúgios para criminosos e, por isso, adverte contra o risco de ir contra a lei.

- **Positivo**: natureza pragmática, paciência e determinação
- **Negativo**: especulação, rebeldia, inquietude, mau uso do conhecimento

Dubhe

Nome da estrela: Dubhe
Posição: 14°9'-15°2' de Leão, entre os anos de 1930 e 2000
Magnitude: 2
Força: ★★★★★★★★
Órb: 2°20'
Constelação: Alpha Ursa Maior
Dias: 6, 7, 8, 9 e 10 de agosto
Qualidades da estrela: interpretações variadas: Mercúrio/Vênus ou Marte
Descrição: uma estrela binária amarela localizada nas costas da Ursa Maior.

Dubhe confere idealismo, autoconfiança, ousadia e orgulho. Esta estrela concede inteligência, discurso articulado e expressão persuasiva. Embora seja provavelmente uma pessoa aventureira, você pode às vezes sentir-se inseguro e permitir se deixar levar pela suspeita e desconfiança.
Ligada ao grau do seu Sol, Dubhe confere determinação para alcançar o sucesso e superar os obstáculos. O amor pelo aprendizado e o desejo de realização pode levá-lo a se dedicar a estudos elevados, à Astrologia, à advocacia ou a assuntos militares. Mas você pode também ter inclinação para Literatura e Filosofia. Esta estrela adverte contra o materialismo excessivo e sugere que você canalize positivamente o seu poder para que ele não se torne destrutivo.

- **Positivo**: aprendizado superior, talentos artísticos, bela voz
- **Negativo**: preocupação, insegurança, falta de imaginação, inclinação ao materialismo

Merak

Nome da estrela: Merak
Posição: 18°29'-19°34' de Leão, entre os anos de 1930 e 2000
Magnitude: 2
Força: ★★★★★★★★
Órb: 2°10'
Constelação: Alpha Ursa Maior

Dias: 10, 11, 12, 13 e 14 de agosto
Qualidades da estrela: Marte
Descrição: uma estrela gigante e branca localizada na parte lateral da Ursa Maior.

Merak confere o amor pelo comando e capacidade de liderança, embora também indique uma inclinação para ser excessivamente dominador. A sua determinação indica que é provável que você realize muito na vida e alcance sucesso onde outras pessoas fracassam.
Ligada ao grau do seu Sol, esta estrela confere coragem, assertividade e vitalidade. O poder de realização associada a esta estrela garante que a sua vida será cheia de atividade. A influência de Merak traz oportunidades e a possibilidade de famas e honrarias.

- **Positivo**: amor pela vida, atividade e criatividade, ambição, coragem
- **Negativo**: precipitação, teimosia, tensão

Al Genubi

Nome da estrela: Al Genubi, também chamada de Asad Australis
Posição: 19°44'-20°43' de Leão, entre os anos de 1930 e 2000
Magnitude: 3
Força: ★★★★★★
Órb: 1°30'
Constelação: Epsilon Leão
Dias: 12, 13, 14 e 15 de agosto
Qualidades da estrela: Saturno/Marte
Descrição: uma estrela amarela localizada na boca do Leão.

A influência de Al Genubi confere resistência, talento artístico e poder de expressão. Esta estrela também sugere que você possui uma personalidade ousada e corajosa.
Ligada ao grau do seu Sol, Al Genubi confere determinação, necessidade de ser produtivo e habilidade executiva natural. Com a sua capacidade de organização, você muitas vezes alcança cargos de autoridade. A sua necessidade de auto-expressão e criatividade pode levá-lo ao mundo das artes e a outras profissões glamourosas. Esta estrela adverte que, se você não encontrar meios para se expressar de maneira construtiva, pode vir a ter um comportamento destrutivo.

- **Positivo**: resistência, criatividade, habilidade artística, vitalidade, magnetismo pessoal
- **Negativo**: dominação, orgulho, arrogância, crueldade

Alphard

Nome da estrela: Alphard
Posição: 26°17'-27°8' de Leão, entre os anos de 1930 e 2000
Magnitude: 2
Força: ★★★★★★★★
Órb: 2°10'
Constelação: Alpha Hydrae
Dias: 19, 20, 21 e 22 de agosto
Qualidades da estrela: interpretações variadas: Saturno/Vênus e Sol/Júpiter
Descrição: uma estrela laranja gigante localizada no pescoço da Hydra.

A influência de Alphard confere sabedoria natural e uma profunda compreensão da natureza humana. Você aprecia a arte e tem ambições aguçadas e uma natureza sensível. Alphard adverte contra o excesso de indulgência, intemperança e falta de auto-controle. Esta estrela sugere turbulência e ocasionalmente reviravoltas. Alphard também adverte contra todas as formas de envenenamento e infecções.
Ligada ao grau do seu Sol, esta estrela confere habilidade executiva, posições de autoridade e grandes oportunidades de progresso. Você tende a buscar cargos proeminentes e a ficar em evidência. Contudo, você deve pro-

curar ser sempre justo e imparcial para não ser rejeitado pelas outras pessoas. Isso também se aplica às suas relações pessoais e profissionais, pois você pode sentir ciúme, embora, freqüentemente, tente escondê-lo.

- **Positivo**: confiança, capacidade de fazer o próprio nome, fama
- **Negativo**: complicações e disputas legais, perda do auto-controle, ciúme

Adhafera

Nome da estrela: Adhafera, também chamada de Al-Serpha
Posição: 26°35'-27°34' de Leão, entre os anos de 1930 e 2000
Magnitude: 3.5-4
Força: ★★★★★
Órb: 1°30'
Constelação: Zeta Leão
Dias: 19, 20, 21 e 22 de agosto
Qualidades da estrela: Saturno/Mercúrio
Descrição: uma estrela amarela dupla localizada na juba do Leão.

Adhafera confere profundidade de pensamento, amor à ordem, habilidades práticas e capacidade para se concentrar. Você é engenhoso e tem habilidade para se concentrar em grandes projetos. Esta estrela adverte contra o uso de métodos não ortodoxos e sugere que você evite atividades ilegais.
Ligada ao grau do seu Sol, esta estrela confere uma mente rápida, amor ao aprendizado e uma abordagem pragmática. Adhafera também confere determinação, resistência e excelente habilidade para resolver problemas.

- **Positivo**: habilidades práticas, capacidade de concentração
- **Negativo**: obstinação, inflexibilidade, pessimismo

Al Jabhah

Nome da estrela: Al Jabhah
Posição: 26°55'-27°52' de Leão, entre os anos de 1930 e 2000
Magnitude: 3.5
Força: ★★★★★
Órb: 1°30'
Constelação: Eta Leão
Dias: 19, 20, 21 e 22 de agosto
Qualidades da estrela: Mercúrio/Saturno
Descrição: uma estrela localizada na juba do Leão.

Al Jabhah confere ambição e grande potencial para o sucesso e a realização profissional. Você freqüentemente possui boa capacidade de julgamento e determinação para alcançar a riqueza e o sucesso. Esta estrela adverte que você pode passar por momentos de ansiedade e períodos de instabilidade se adotar um comportamento interesseiro e oportunista.
Ligada ao grau do seu Sol, esta estrela concede uma natureza competitiva, habilidades executivas e capacidade de se concentrar em projetos criativos por meio da aplicação de um método. Esta estrela adverte contra a tendência a ser excessivamente confiante e a agir com rebeldia, pois você pode, mais tarde, arrepender-se.

- **Positivo**: resistência, determinação, boa estrutura, criatividade
- **Negativo**: imprudência, precipitação, decisões impulsivas

Regulus

Nome da estrela: Regulus, também chamada de Coração do Leão
Posição: 28°51'-29°48' de Leão, entre os anos de 1930 e 2000
Magnitude: 1
Força: ★★★★★★★★★★

Órb: 2°30'
Constelação: Alpha Leonis
Dias: 21, 22, 23, 24, 25 e 26 de agosto
Qualidades da estrela: Marte/Júpiter
Descrição: uma estrela tripla, brilhante, branca e azul localizada no corpo do Leão.

Regulus é uma estrela real que tem um papel de liderança entre um elenco quase infinito de estrelas. Regulus confere nobreza, honrarias elevadas, muito carisma e o poder de projetar uma personalidade respeitável. Esta estrela concede uma habilidade natural para tomar decisões rápidas e lidar com situações difíceis. Ela também concede desejo de poder e habilidade para liderar e comandar outras pessoas. Você tem muita força de vontade e amor aos empreendimentos, o que muitas vezes o leva a desejar liberdade e independência. Regulus adverte que esses grandes benefícios não são necessariamente duradouros.
Ligada ao grau do seu Sol, esta estrela confere ambição, poder e autoridade, além de oportunidades de alcançar posições elevadas em órgãos do governo ou em grandes corporações. Se você não ocupar um cargo proeminente, é provável que tenha amigos influentes. Esta estrela sugere que você deve ser uma pessoa amável com os outros quando está subindo na vida, pois provavelmente os encontrará quando estiver descendo.

- **Positivo**: altamente espirituoso, franqueza, coragem, honra e riquezas, posições de proeminência, autoridade
- **Negativo**: teimosia, indisciplina, dominação, grandeza mas também muitos defeitos (especialmente devido à desonestidade), sucesso e fama fugazes

Phecda

Nome da estrela: Phecda ou Phachd
Posição: 29°41' Leão -0°9' de Virgem, entre os anos de 1930 e 2000
Magnitude: 3
Força: ★★★★★★
Órb: 2°
Constelação: Gamma Ursa Maior
Dias: 22, 23, 24 e 25 de agosto
Qualidades da estrela: interpretações variadas: Marte/Júpiter ou Vênus
Descrição: a terceira maior estrela da Ursa Maior.

Phecda confere espírito empreendedor, amor ao luxo e uma personalidade carismática. Esta estrela muitas vezes está associada ao entusiasmo e à necessidade de expansão constante e criatividade. Esta estrela confere ambição e habilidade para tomar decisões com rapidez. Phecda também concede amor pela boa vida, mas adverte contra a tendência à preguiça ou à auto-indulgência.
Ligada ao grau do seu Sol, esta estrela indica popularidade, personalidade atraente e boa habilidade social. Phecda muitas vezes indica talento criativo e potencial para literatura. Mas ela pode estimulá-lo a ser bem-sucedido no mundo dos negócios, como resultado do desejo de ter um estilo de vida mais luxuoso.

- **Positivo**: habilidade social, popularidade, amigos influentes, espírito empreendedor
- **Negativo**: exagero, arrogância, oportunismo, vaidade, orgulho, excesso de confiança

As autoras

GERALDINE SULLIVAN, nascida em 4 de junho, é astróloga profissional, com vinte anos de experiência, e dá palestras em vários países, além de entrevistas a programas de televisão nos Estados Unidos. Com uma carreira astrológica bem-sucedida, Geraldine ministra *workshops* e cursos de extensão em Londres. Formada em Astrologia e em Psicologia, a autora também conduz pesquisas acerca de temas como inconsciente, sonhos e experiência mística.

SARAH CRAWFORD, nascida em 28 de maio, é numeróloga e astróloga profissional, com treze anos de experiência. Sarah trabalha como consultora astrológica em Londres e ministra cursos e *workshops* acerca de Astrologia e Numerologia. Sua dissertação de mestrado em Ciências Sociais teve como temas história e filosofia da civilização ocidental e incluiu pesquisas a respeito da História da Astrologia, Hermenêutica e Reflexividade.

Software para Astrologia

O programa

Canopus Astrologia 2003 é um programa de computador voltado para a produção de trabalhos de Astrologia, tais como Mapas Natais, Trânsitos, Progressões, Revoluções e outros mais especializados.

Este software está sendo oferecido como brinde na compra do livro *O Poder dos Aniversários*, de Saffi Crawford e Geraldine Sullivan. Ele é de propriedade da Canopus LTDA, empresa que mantêm o *site* esotérico ESTRELA GUIA e possui inúmeros outros produtos. Para saber mais visite o *site* www.estrelaguia.com.br.

Curiosidades

Canopus, a Alfa da constelação Carina, é a segunda estrela mais brilhante do hemisfério sul. É também denominada Estrela Guia. Está situada no conjunto de constelações que formam o mitológico navio ARGUS, a nau dos argonautas. O ARGUS é constituído pelas constelações da Quilha (Carina), Popa e Vela. Canopus situa-se sobre a quilha do ARGUS, próximo à popa. Canopus, personagem mitológico, seria o piloto do ARGUS e teria aprendido navegação com Quiron, o centauro. Canopus é facilmente visível e identificável no céu do hemisfério sul.

Requisitos mínimos

Para poder utilizar o Canopus 2003 o usuário deverá ter acesso a um microcomputador do padrão PC, com processador Pentium II ou superior, ou AMD K6 ou superior, tendo espaço livre em disco rígido de, no mínimo, 30 Mb livres e 32 Mb de RAM, onde esteja instalado o ambiente operacional gráfico Windows 98 ou superior. Monitores SVGA asseguram os melhores resultados face à resolução superior.

É fundamental que o usuário esteja familiarizado com a operação do ambiente Windows no que tange ao uso do *mouse* e ao uso das janelas e da função de Ajuda (HTMLHELP) que caracterizam este ambiente operacional. Placas aceleradoras gráficas garantem melhor *performance* para o programa.

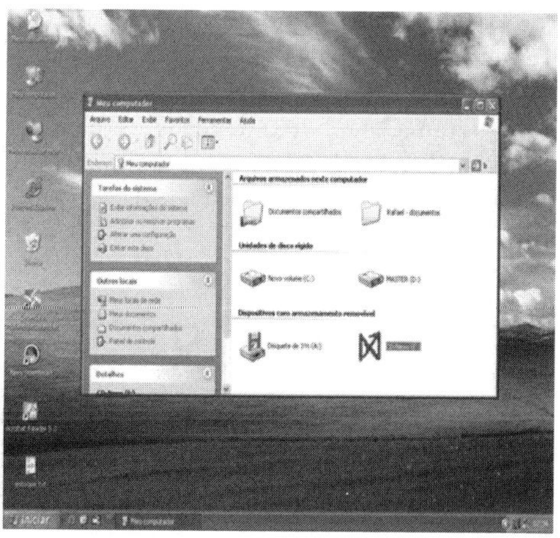

Neste CD você tem programas gratuitos e pagos. O *Astrologia Jr.* é gratuito. O *Astrologia Completo* você pode testar grátis por 30 dias. O programa *Agenda Esotérica Meu Astral* é pago. Se quiser mais informações clique em www.meuastral.com.br

Instalando o programa

Procedimentos para a instalação:

a) insira o CD-ROM no drive adequado do seu computador.

b) aguarde o programa NEXO.EXE rodar automaticamente ou vá para Meu Computador na área de trabalho e dê um duplo clique no ícone CD-Nexo, semelhante à ilustração abaixo.

c) em seguida, selecione Astrologia 2003 e o programa SETUP.EXE copiará o programa para o seu computador e criará o grupo de programas no Windows.

d) leia com atenção os procedimentos passo a passo até completar a instalação do programa.

Licenciamento

Depois de realizada a instalação, o programa sempre rodará apresentando um quadro com uma imagem do livro e perguntando se você gostaria de rodá-lo como Júnior, (opção gratuita distribuída com o livro) ou como versão completa, a qual necessitará da aquisição (compra) de uma licença que poderá ser fornecida pelo telefone: (0 xx 21 3852-7401), pelo *e-mail:* vendas@estrelaguia.com.br ou pelo endereço: http://www.estrelaguia.com.br/canopus (é importante que você informe que conheceu o programa *Canopus Astrologia* por meio do livro *O Poder dos Aniversários*, de Saffi Crawford e Geraldine Sullivan), para então liberar o programa para uso definitivo.

ATENÇÃO: ESTES TELEFONES, E-MAILs E URLs SÃO APENAS PARA VENDA. PARA SUPORTE, VEJA A SEÇÃO "SUPORTE" ABAIXO NESTE MANUAL. Optando por rodar o programa completo, será apresentado outro quadro solicitando sua licença, caso você ainda não a possua, você ainda poderá rodar o programa completo como teste por 30 dias.

Se você adquirir sua licença e optar por rodar o programa completo, os dados da mesma deverão ser digitados conforme forem fornecidos, pois a licença é gerada a partir do nome do usuário.

Após informar o nome e a licença, pressione o botão Registrar e em seguida o botão Ok.

O botão Júnior é utilizado para que o usuário possa registrar o programa como uma versão Júnior, ou seja, uma versão que não permite que o usuário possa usufruir todas as opções existentes no programa, já o botão Renovar é utilizado para restaurar para mais 30 dias o período de teste.

Ao lado está a figura da janela referente ao licenciamento do programa.

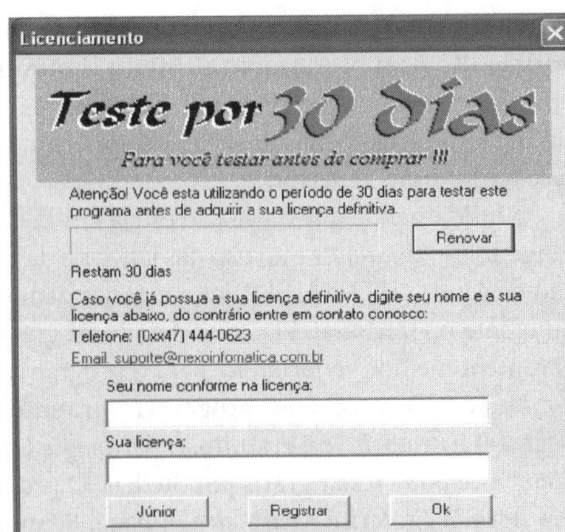

Fazendo Mapas Natais

Este programa Júnior permite que você faça seu Mapa Natal (gráfico) e uma interpretações básica acerca da influência do seu ascendente, planetas e a respeito do seu signo lunar.

Como fazer

Abra o programa na versão Júnior. Na tela que irá se abrir há um texto: Lista de selecionados. Abaixo dela, o primeiro ícone é "Dados do cliente". Clique nele para inserir os dados de quem você quer fazer o mapa. Ao terminar, clique em "OK". Em seguida, aparecerá seu Mapa Natal. Depois, clique na régua superior Ferramentas → Interpretação e você terá o seu mapa com as principais indicações astrais do seu nascimento.

Documentação

Se você estiver com dúvidas ou dificuldades em utilizar o *Canopus Astrologia 2003*, basta pressionar a tecla F1, que é a tecla de atalho para o arquivo de ajuda, e você encontrará desde dicas de como utilizar melhor o seu *software* até como preencher o formulário para entrada de dados dos usuários que posteriormente serão usados para gerar mapas. O usuário também poderá imprimir o arquivo de ajuda para utilizá-lo como um manual de instruções do programa.

Desinstalando o programa

Para desinstalar o *Canopus Astrologia 2003* de seu computador:
Clique no menu Iniciar | Programas | Nexo | Astrologia 2003 | Uninstall
que sua cópia será desinstalada corretamente.

Suporte

Para obter suporte sobre a versão Júnior que acompanha este livro, utilize um dos meios abaixo:
Internet: http://www.nexoinformatica.com.br/suporte/canopus
E-mail: suporte@nexoinformatica.com.br
Telefone em horário comercial: (0xx47) 444-0623

ATENÇÃO: Este suporte é exclusivo para a versão Júnior que acompanha este livro.

Antes de acionar o suporte via telefone, visite a página de suporte indicada acima, pois nela você encontrará dicas e atualizações do programa.

Problemas Conhecidos

Erro ao tentar abrir o banco de dados dos clientes ou das cidades:

É importante ressaltar que para o programa ser executado corretamente é necessário que o seu computador já contenha o gerenciador de acesso à banco de dados DAO que é parte integrante da versão Windows 98 ou superior. Se você possui o Windows 95, certifique-se de que o DAO está instalado, caso contrário, instale-o na opção Complementos.

E se você estiver utilizando o Windows XP com o Service Pack 2, poderá ter de executar um comando para rodar este programa. Você deverá registrar uma DLL no windows que o Service Pack 2 não registra corretamente. Para isso, terá de localizar em seu computador o arquivo DAO360.DLL, que geralmente está no seguinte diretório:

C:\Arquivos de programas\Arquivos comuns\Microsoft Shared\DAO

Siga os passos abaixo:

1. para localizar o diretório correto da DLL no seu computador acione o menu iniciar|localizar (ou pesquisar)

2. procure no seu disco C: o arquivo dao360.dll
Ex: C:\Arquivos de programas\Arquivos comuns\Microsoft Shared\DAO

3. veja em qual diretório ele se encontra. Você precisará desta informação adiante:

4. entre no modo DOS por meio do menu Iniciar|Programas|Prompt do MS-DOS (win98 pode ser diferente no seu windows) ou Iniciar/Programas/Acessórios/Prompt de Comando

5. vá para o diretório onde está a DLL (dao360.dll), utilize o seguinte comando cd \(nome do diretório que você guardou no item 2) – no caso do exemplo citado: cd(espaço)\ Arquivos de programas\Arquivos comuns\Microsoft Shared\DAO

6. Digite o seguinte comando: regsvr32 dao360.dll
Em seguida, aparecerá uma tela informando que o registro foi bem-sucedido.

7. saia do modo DOS digitando: exit

O programa rodará normalmente.

Esta obra foi impressa pela gráfica Edigraf
em off sete sobre papel off sete da Ripasa
para a Ediouro Publicações S.A.
em abril de 2005.